Les Derniers Jeux de Pompéi

www.casterman.com

ISBN 978-2-203-04130-1

Imprimé en avril 2011, en Italie.
Dépôt légal : mai 2011 ; D.2011/0053/371
Déposé au ministère de la Justice, Paris (loi n°49.956 du 16 juillet 1949 sur les publications destinées à la jeunesse).

Anne Pouget

Les derniers jeux de Pompéi

I

Pompéi

9e année du règne de Vespasien
Calendes de mai, an 78

Comme chaque matin, le bébé de la maison mitoyenne réveilla Lucius. Agacé par les cris stridents du nouveau-né, que rien ne semblait vouloir calmer, il pesta :

— Par Jupiter ! Quand ta mère va-t-elle se décider à s'occuper de toi ?

Son frère, sur lequel il venait de poser le regard, grogna dans son sommeil :

— Moi, si j'ai des enfants, je les veux tous muets !

Lucius sourit à la remarque : bien que son aîné de quatre ans, Beryllus était simple d'esprit... Pas méchant, non, mais il réfléchissait comme un enfant de sept ans.

Couchés sur le dos, les yeux vissés au plafond, ils écoutèrent les premiers bruits de la rue : Bello-Bello, l'âne du boulanger, poussait ses braiments convulsifs ; çà et là, les coqs, auxquels les aboiements des chiens faisaient écho, s'évertuaient à réveiller les Pompéiens, tandis que, par intervalles, oies, poules ou canards y ajoutaient leurs caquetages ou cancans.

Comme chaque matin, les deux frères attendirent que Papiria frappât le pied de l'échelle à l'aide de son bâton pour marquer le début de la journée de travail. Lorsqu'elle le fit, tous les commis s'extirpèrent des différentes soupentes, le cheveu en bataille, la tunique froissée, les paupières fripées.

Après s'être débarbouillés, ils s'installèrent un à un sur des bancs et dévorèrent des fouaces[1] arrosées d'huile d'olive et recouvertes de fromage de chèvre, se passant la cruche de lait. Le ciel, au-dessus de leurs têtes, était rose et encore nimbé des brumes matinales.

Peu à peu les dernières bribes de sommeil s'estompèrent et les voix commencèrent à s'affirmer : la foulonnerie[2] s'éveillait. Lorsque Stephanus, le maître des lieux, apparut sur le seuil de son officine privée un gobelet à la main, les commis comprirent qu'il était temps pour eux de se mettre au travail.

Lentement, chacun se leva et alla s'atteler à sa tâche : les commis foulaient le linge dans les bacs remplis d'urines puis les passaient à Papiria, qui le jetait dans un bassin rempli d'eau chaude et de soude, y ajoutait de la craie en poudre puis le battait pour en infiltrer la trame ; d'autres ouvriers prenaient le relais, rinçant et essorant le linge avant de le mettre à sécher sur la terrasse ; Lullo, quant à lui, soumettait les tissus destinés aux autels à un soufrage pour les rendre encore plus éclatants, les suspendant sur une cage

1. Petits pains de froment cuits au four à bois, que l'on garnit de fromage de chèvre, de miel, d'épices, selon la saison ou la fête, et qui peuvent être salés ou sucrés.
2. Blanchisserie.

d'osier placée au-dessus d'une chaudière allumée. Puis, inlassablement et dans une touffeur infernale, Cissa, la vieille repasseuse, œuvrait avec sa presse pour rendre un linge impeccable à la clientèle.

Lucius prépara la carriole avec le tonnelet pour sa première collecte d'urines. Avant de quitter la foulonnerie, il lança à son frère, déjà plongé dans le bac où il piétinait le linge :

— Tiens-toi tranquille surtout, sinon gare à toi !

— S'il m'embête, je l'enroule dans un drap mouillé, ajouta Papiria à haute voix pour être entendue par l'intéressé, lequel baissa les yeux en faisant une moue bougonne.

Rassuré, Lucius pouvait commencer sa tournée.

Comme tous les matins, Verecundus, leur vis-à-vis, ouvrait son échoppe ; après avoir échangé quelques mots avec le drapier, Lucius passa son chemin.

Tirant sa mule, il se hâta de faire avancer son petit attelage en direction du forum. Ici ou là, les commerçants ouvraient leurs officines en faisant glisser les battants de bois sur les rails creusés dans le sol, tandis que quelque fils de patricien, accompagné de l'esclave qui portait les affaires de son jeune maître, se rendait à l'école. Lucius appréciait ce moment de la journée où Pompéi s'éveillait dans la fraîcheur matinale, moment de grâce avant que la rue ne soit gorgée de monde et de cris...

Il remonta jusqu'à la boulangerie de Modestus, hésita puis entra, le cœur battant. Ça sentait bon le pain qui cuit doucement et s'étire en gonflant, qu'accentuait le fumet délicat des fouaces parfumées aux épices.

Julius Helenus, le maître d'école privé, faisait bataille aux garnements qui s'attroupaient autour des paniers regorgeant de gâteaux au miel ou aux figues, désireux de se faire servir rapidement.

L'arrivée de Lucius fut accueillie par les braiments de Bello-Bello, l'âne qui actionnait la grande meule ; des yeux, le collecteur d'urines chercha la douce silhouette d'Alba. Lorsqu'il reconnut la chevelure aux longues boucles cuivrées, son cœur en frémit de satisfaction. Chaque matin, cette vision lui procurait le même effet : l'impression de contempler le soleil après une longue journée de pluie. Occupée au pétrissage, lui tournant le dos, elle ne l'avait pas vu et bavardait avec une autre employée. Hésitant, Lucius s'approcha des deux jeunes filles. Celle qui se tenait face à lui pouffa, souffla quelque chose à Alba, qui se retourna tout sourire.

—*Salve*, Lucius… Je suis heureuse de te voir !

—*Salvete*. Souhaites-tu me confier du linge ? Cela t'évitera de te déplacer…

Sans suspendre son geste, Alba lui adressa un regard reconnaissant.

—Oh, vraiment ! Que ferais-je sans toi ? Pour te remercier, repasse donc à l'heure du repas, nous partagerons quelques fouaces au miel !

Ravi et en coutumier des lieux, Lucius alla chercher le ballot de linge posé dans une petite réserve. Après avoir salué, et sous les rires joyeux des deux jeunes filles, il s'en fut le cœur léger.

Le travail du jeune Pompéien consistait à sillonner les rues pour collecter l'urine publique : aux thermes, aux latrines, mais également le long des murs, où elle était recueillie dans des amphores sans col, placées de lieu en lieu pour le confort des passants ; transvasé dans le tonnelet, puis rapporté à la foulonnerie, le précieux liquide était utilisé pour dégraisser et assouplir le linge à laver.

Lucius emprunta le lacis de venelles qui quadrillait les quartiers malfamés où s'alignaient tripots et tavernes. Renommé pour sa crasse et son bruit, on y voyait traîner la pire engeance dans ses rues pâteuses de détritus. Ici, les amphores étaient souvent renversées à la suite d'une rixe, ou vides, les passants ivres préférant se soulager contre les murs ; de nombreux *graffiti* témoignaient de la colère des gargotiers : « Va faire tes besoins ailleurs... », « Va faire caca devant la maison de Laïus de ma part ! » L'odeur qui montait du sol, mêlée à celles de friture ou d'un *garum*[3] de mauvaise qualité, était infecte. Les tentures qui masquaient les entrées n'étaient que chiffons gras des mains qui les manipulaient, au point que d'aucuns en avaient oublié leur couleur d'origine.

Voulant éviter un attelage mal disposé, Lucius se retrouva en mauvaise posture, une roue de sa charrette coincée entre deux blocs de pavés mal fichés. Il tira sa mule, poussa le charreton alourdi par le tonnelet à moitié rempli, en vain. Le soleil, déjà, dardait ses rayons sur la cité et il était en nage, prêt à invoquer les dieux, lorsqu'une voix lui lança :

— Occupe-toi de tirer ta mule, je pousserai ta carriole !

---

3. Principale sauce utilisée dans le monde romain, faite à base de poisson salé et fermenté, arrosé d'eau (l'équivalent du nuoc-mâm asiatique).

Le jeune collecteur se retourna et, consterné, regarda la masse immense aux muscles d'airain qui se tenait près de lui. L'homme souleva la charrette sans difficulté et la remit sur le chemin. Lucius le remercia.

— Je ne t'ai jamais vu par ici, interrogea-t-il.

— En effet, j'arrive tout droit d'Ostie.

Un coup d'œil à la musculature sculpturale et Lucius ajouta :

— Ta force est impressionnante ! Serais-tu gladiateur ?

— Bien trouvé, mon garçon ! Et d'ailleurs je cherchais mon chemin.

— Suis-moi, je vais te conduire à la caserne... Et si tu m'aides, nous irons deux fois plus vite !

L'homme lâcha un rire tonitruant.

— Tu es un petit malin !... D'accord : tu t'occupes de ce côté-ci de la rue, moi de l'autre...

Ensemble, ils progressèrent tout en faisant connaissance.

— Tes parents seraient-ils foulons ?

Lucius hocha la tête.

— Non, ils sont morts...

Il fulmina contre un passant qui l'avait heurté au coude, lui faisant renverser une partie de sa précieuse amphore, puis poursuivit :

— Je suis né l'année du tremblement de terre. Ma mère, qui était près de me mettre au monde, se trouvait alors à Misène ; mon père et ma sœur Norelia, restés ici, ont trouvé la mort dans l'éboulement de notre maison. Mon frère aîné, Beryllus – *(Il s'arrêta pour préciser :)* mon frère est né avec un esprit simple –, qui avait encore fugué pour courir la campagne, a échappé à la mort.

— Mais… et ta mère, si elle n'était pas à Pompéi lors du drame ? demanda le gladiateur en ramassant une amphore d'urines, qu'il transvasa dans le tonnelet.

— Elle est morte en me donnant le jour. Ensuite, mon frère et moi avons été recueillis par Stephanus, le foulon pour lequel nous travaillons aujourd'hui. Mon frère piétine le linge, quand il ne fugue pas, et moi je suis collecteur d'urines. Voilà mon histoire…

Ils arrivèrent au croisement de la rue de l'Abondance et s'arrêtèrent à la fontaine publique pour s'abreuver. Un marchand ambulant, qui tambourinait sur les casseroles attachées par une corde et jetées par-dessus son épaule en criant ses boniments, fut pris à partie par des passants qui ne s'entendaient plus dans ce vacarme assourdissant. Ajouté à cela les mendiants et leurs suppliques, les chars de marchandises, les cris des enfants ou les voix de leurs mères, on ne s'entendait plus penser.

Lorsqu'ils longèrent la rôtisserie d'Asselina, Lucius expliqua :

— Si tu as faim, mieux que les fouaces des marchands ambulants ou les tavernes crasseuses où je t'ai rencontré, tu viens ici : le comptoir de restauration d'Asselina est le plus réputé de Pompéi !

La patronne, qui servait des clients, releva la tête et répondit au signe de main de Lucius avant d'attarder un regard intéressé sur la montagne de muscles qui l'accompagnait.

Cheminant et bavardant, ils arrivèrent en vue du grand théâtre.

Lucius pointa son doigt vers le vaste portique situé derrière le mur de scène du théâtre que l'on avait transformé en caserne des gladiateurs après le tremblement de terre.

— Te voilà arrivé !

— Merci l'ami. Nos chemins se séparent-ils ici ?

Lucius rit :

— Tu me verras tous les jours…

— Ah oui : ta collecte de pipi !

Un rire complice et ils se saluèrent. Lucius s'était éloigné de quelques pas lorsque la voix tonitruante l'interpella :

— Au fait, collecteur, comment te nomme-t-on ?

— Lucius, et toi ?

— Mon nom d'arène est « Héraclès », car on me dit aussi fort que le héros de la Grèce antique ! Ça me va bien, non ?

Un sourire en guise de réponse et Lucius l'abandonna pour retourner à la foulonnerie.

Dans le bassin de l'entrée, Jenna et Neonia dégraissaient la laine. Un coup d'œil aux cuves de foulage du fond de la cour fit perdre à Lucius tout son entrain.

— Où est encore passé Beryllus ?

La vieille Jenna se contenta de hausser les épaules.

Le jeune homme délaissa son charreton, gravit rapidement les marches menant à la terrasse tout en appelant son frère, passa entre les draps étendus, en vain.

Il s'adossa au balustre, balaya la cité d'un regard dépité sans savoir où le poser et soupira. Après avoir marmonné son agacement, il dévala l'escalier, apostropha un commis :

— Si Stephanus me demande, dis-lui que je suis allé chercher mon frère.

Le jeune homme se dirigea vers la sortie, laissa passer une litière richement ornée, tourna sur sa gauche en direction du forum, suivit un instant le vendeur de saucisses ambulant et aperçut enfin son aîné, qui écoutait tout ébahi les déclamations d'un poète. Il s'approcha de Beryllus et posa sa main sur son épaule. Surpris, le jeune fugitif tourna la tête dans sa direction.

— Par Jupiter, j'en ai assez de te courir après ! grogna Lucius.

Le ton rogue défit la belle humeur de son frère.

— Mais je voulais entendre les vers de Sorros !

Lucius ravala son exaspération.

— Viens, il faut qu'on retourne chez Stephanus... Et puis, ça va être l'heure du repas ; n'as-tu donc pas faim ?

Cette agréable perspective donna des ailes à Beryllus. Il se redressa d'un bond et, ensemble, les deux frères revinrent sur leurs pas...

À peine eurent-ils franchi la porte de la foulonnerie que Stephanus, en pleine conversation avec Trebius Valens, un notable de la cité, interpella Lucius. Que lui voulait-il ? Le maître était-il las des escapades de Beryllus ? Son frère s'était-il rendu coupable de quelque autre tort ? Après un regard interrogateur à Papiria qui ne trouva aucun écho, Lucius s'approcha. Trebius Valens souriait à pleines dents, augurant une nouvelle moins grave qu'il ne l'avait craint.

— Dis-moi : c'est toi, paraît-il, qui as peint l'enseigne de cette foulonnerie ?

Ce n'était que ça ! Soulagé, Lucius répondit par l'affirmative.

— Je ne te savais pas doué pour le dessin ! Où as-tu appris ?

— Nulle part ; c'est en moi depuis toujours sans que je sache l'expliquer.

L'homme rajusta le pan de la toge qui enveloppait son bras gauche, le prit par l'épaule, presque en aparté.

— J'aimerais te confier une tâche : comme tu le sais, nous approchons à grands pas des élections pour le renouvellement des magistratures municipales et je me porte candidat. Pour cela, j'aimerais organiser des jeux...

Lucius se demanda en quoi pouvait consister son rôle dans un tel projet mais n'eut pas à poser la question : emporté dans son désir d'offrir des jeux exceptionnels pour récolter quelques voix supplémentaires, Trebius Valens poursuivit, le regard perdu dans ses rêves de gloire :

— Un navire est en partance pour Ostie, qui va s'y approvisionner sur les marchés en animaux nécessaires aux chasses[4]. Toi, tu vas t'occuper de mes affiches et t'inspirer pour cela des décors : l'Afrique, la jungle... On lâchera les animaux dans l'arène et les chasseurs, armés de lances, de filets, de piques ou de poignards, viendront les affronter.

— Mais je ne connais rien à l'Afrique, moi ! objecta Lucius.

— Et les spectateurs ? crois-tu qu'ils y connaissent grand-chose ?

---

4. Les chasses ou *venationes*: l'organisateur reconstituait un décor exotique dans l'arène, on y lâchait des animaux et des hommes armés, gladiateurs ou patriciens venaient les combattre et les tuer, comme au cours d'une vraie chasse.

Stephanus ajouta, paternel :

— Ce travail supplémentaire t'assurerait un complément de gain... Il faut que tu penses à ton avenir et à celui de ton frère, que tu auras toute ta vie à charge.

Convaincu par les propos du foulon, Lucius finit par consentir. Au fond, il restait plusieurs mois avant les élections, il aurait le temps de voir...

L'affaire conclue, Trebius Valens lui donna une bourse :

— Voici cent sesterces pour sceller notre parole.

Puis il s'en fut, le sourire aux lèvres.

Lucius se retourna, balaya la cour d'un regard agacé.

— Pendant que tu parlais à Trebius, il a attrapé une fouace et un gâteau et a détalé comme un lièvre ! expliqua Lullo.

— Marre de ce frère ! ronchonna Lucius en attrapant à son tour une galette au miel avant de gagner la sortie.

Les bruits de la rue le happèrent. Il fendit un troupeau de chèvres, sauta sur un trottoir, prêt à se diriger vers leur ancienne maison, lorsqu'il aperçut Beryllus, bouche bée et regard lumineux, devant les jeux d'adresse d'un bateleur.

Il s'en approcha et attendit que le jongleur ait fini son acrobatie.

— Tu m'exaspères ! Viens maintenant.

Son frère se dégagea de l'empoigne.

— Non, je veux regarder, encore...

Lucius sortit sa bourse, la secoua discrètement à l'oreille de son aîné :

— Bon, eh bien, reste si tu veux ; moi je vais acheter quelques fouaces et rendre visite à Bello-Bello.

Beryllus lui accorda soudain toute son attention.

— Qui t'a donné tout cet argent ? C'est Bello-Bello ?

— As-tu déjà vu un âne compter des sesterces ?

Son frère lui emboîta le pas avec enthousiasme.

— Raconte ! Raconte ! Je veux savoir !

En chemin, Lucius lui rapporta la visite de Trebius Valens et le travail qu'il lui avait confié.

— Ils sont où les tigres ? Et les éléphants ? Il y aura aussi des chameaux ? On va les voir ?

— Mais non, ils ne sont pas encore à Pompéi ; un navire doit aller les chercher à Ostie !

— À Ostie ? Tu m'emmèneras, dis ?

Son frère le rabroua :

— Mais je ne vais pas à Ostie, je dois simplement m'occuper des décors.

— Tu m'emmèneras, dis ? Tu m'emmèneras ?

Ils étaient rendus devant la boulangerie de Modestus. Tandis que Beryllus se précipitait pour aller saluer Bello-Bello, son frère se dirigea vers le four à pain, surmonté d'une plaque annonçant en belles lettres rouges : *Hic habitat felicitas,* « C'est ici qu'habite le bonheur ». « Oui, songea Lucius lorsqu'il aperçut la belle Alba, c'est bien ici qu'il habite ! »

La jeune fille, qui faisait griller des bulbes d'asphodèle sous la cendre, fut assaillie par Beryllus.

— Tu sais que mon frère va chasser des lions en Afrique ?

La jeune fille rit de bon cœur ; vexé, le jeune garçon houspilla son cadet :

— Allez, raconte-lui et montre-lui la bourse remplie de sesterces ! Et puis n'oublie pas les gâteaux à la noisette !

Sans hésiter, Alba prit Beryllus par les épaules :

— Va voir avec Claudia pour tes douceurs...

Et, se tournant vers Lucius :

— Toi, pendant ce temps, viens et raconte-moi cette histoire de chasse aux lions...

Elle l'entraîna jusqu'au banc calé à l'ombre d'un figuier et s'installa à son côté, comme ils le faisaient chaque jour depuis leur plus tendre enfance. En proches qui se confiaient tous leurs secrets, ils bavardèrent ainsi jusqu'au retour de Beryllus ; à l'heure des thermes, les deux frères prirent congé.

Le crépuscule tombait avec douceur et noyait d'ombre la rue où se mêlaient encore les cris des enfants. Peu à peu les commerçants tiraient leurs devantures, fermaient leurs boutiques pour la nuit.

Dans la cour de la foulonnerie, les métiers s'étaient également tus. Les commis, installés près des cuves, bavardaient en partageant du pain trempé d'huile aromatisée et une salade de figues. Lucius confia son argent à Stephanus, qui le plaça dans leur amphore personnelle, marquée d'un « L B » pour « Lucius-Beryllus », puis rejoignit son frère, qui ne manqua pas de raconter aux autres comment Lucius allait partir chasser le lion dans la jungle africaine. Après le repas du soir, les deux frères gravirent l'escalier en bois menant à la soupente où ils dormaient. Si Beryllus sombra aussitôt dans un sommeil profond, Lucius vit décliner le soir jusqu'à la nuit totale, la tête emplie de ses nouveaux projets. Avec l'argent gagné ici ou là et grâce à ses économies, il espérait reconstruire leur maison familiale pour y installer son aîné, mais aussi la douce Alba si elle consentait à l'épouser...

Sa mule tenue par la bride, Lucius s'apprêtait à commencer sa tournée lorsque Beryllus, de sa cuve, l'apostropha :

— Tu m'emmènes voir les éléphants, dis ?

— Mais je ne fais que ma collecte, comme tous les matins ! Reste là et ne bouge pas sinon...

« Sinon quoi ? songea-t-il en s'éloignant ; que faire à un innocent d'esprit qui ne comprend pas le monde qui l'entoure ? »

De l'autre côté de la rue, le marchand de feutres frottait un *graffito* sur l'un de ses volets.

— *Salve*, Verecundus ! Que nous vaut ta tête de constipé ce matin ?

Pointant l'inscription sauvage, l'autre grogna :

— J'ignore quel est l'abruti qui est venu abîmer mon volet, mais que Jupiter le fulmine sur place, que Mercure et Vénus, dieux protecteurs de mon modeste atelier, lui envoient des tonnes d'excréments sur le visage !

Riant aux propos de l'artisan, Lucius tira sa mule et laissa son voisin à ses bougonnements. Il passa devant la rôtisserie d'Asselina, déjà à pied d'œuvre.

— *Salve*, Asselina ! Que la journée te soit profitable !

La femme leva la tête et lui fit un signe de main amical.

Après avoir longé la rue de l'Abondance jusqu'à la porte de Sarno et vidé toutes les amphores urinoirs, Lucius revint sur ses pas et transvasa sa première tournée dans la cuve qui alimentait les bacs des foulons ; après quoi il reprit son circuit, en direction du forum cette fois, en fit le tour, collecta les urines des amphores de la basilique, des différents temples qui se concentraient autour de la place. Par chance, il était passé avant son concurrent Karsax, qui travaillait pour Primus, un autre foulon de la cité.

Sous les arcades du forum, Sema, le maître d'école publique, dispensait son cours à une dizaine d'élèves assis sur des escabeaux pliants. Penchés sur leur tablette de cire posée sur les genoux, stylet[5] en main, ils recopiaient leur leçon. Comme un habitué, le jeune Taxos se tenait debout, les pieds liés, exposé à l'humiliation publique.

— Qu'as-tu encore fait pour être puni ? demanda discrètement Lucius tout en transvasant l'amphore d'urines à côté de laquelle l'enfant se tenait.

— Je n'ai pas fait mes devoirs depuis plusieurs jours, et ce matin...

Le maître toussota et jeta à Lucius un regard dissuasif. Le garçon reposa l'amphore vide sur le sol et s'esquiva.

Il croisa Karsax devant le temple de la Fortune et instantanément les deux jeunes gens rivalisèrent d'agilité pour avoir la primeur des brocs. Tous les jours, ils se battaient ainsi pour vider les amphores sans col. Constatant que son concurrent avait déjà collecté les urines devant le sanctuaire des Lares Publics, Lucius décida de poursuivre sa route jusqu'aux thermes centraux. Mais le voyant faire, Karsax lui cria, pas peu fier de l'avoir devancé :

— Pas la peine, j'y suis déjà passé !

5. Stylo en métal, il possède une extrémité en pointe qui sert à écrire, et une plate pour aplanir la cire.

S'immobilisant, Lucius lui lança :

— Dors-tu la nuit ou sillonnes-tu la cité rien que pour me devancer ?

— Je suis plus rapide que toi, c'est tout ! ironisa l'autre.

Lucius empoigna à pleines mains la longe de son âne :

— Alors finis ta tournée ici, la caserne des gladiateurs est pour moi !

Karsax approuva par un ricanement triomphateur.

Lucius emprunta la rue des Augustales, ralentit devant la boulangerie de Modestus et, comme chaque matin, il jeta un coup d'œil dans l'arrière-cour. Bello-Bello lançait ses hi-han tandis qu'on l'attelait pour sa longue marche en cercle de la journée. Ne voyant pas Alba et n'osant entrer, il collecta son lot d'urines et se résolut à poursuivre sa route jusqu'à la caserne des gladiateurs ; au moins aurait-il le temps de saluer Héraclès.

Il transvasa le contenu des jarres urinoirs disposées en divers endroits du portique tout en admirant les gladiateurs accomplissant leurs exercices sur le terrain d'entraînement. D'une avancée en bois située au premier étage, Quintus, le laniste[6], surplombait les combats ; de là-haut il pouvait apprécier la perspective qu'auraient les spectateurs et mieux réfléchir à la mise en scène des tableaux proposés. En coutumier des lieux, Lucius traversa la grande cuisine munie

6. Le laniste, entraîneur professionnel, souvent un ancien gladiateur affranchi, recrute dans tout l'Empire de nouveaux combattants, les entraîne à se battre selon leur spécialité puis propose ou vend ses services au magistrat ou à l'empereur.

d'une cheminée géante à quatre feux, puis la pièce de dépôt des armes d'exercice où s'alignaient épées, casques, jambières, ceintures, protège-épaules, filets ; la cellule attenante, qui contenait les armures de parade, débouchait sur les latrines ; arrivé là, il s'acquitta de sa tâche.

Pris par la curiosité que lui avait inspirée la proposition de Trebius Valens, il se dirigea vers l'entrepôt où l'on rangeait les décors des jeux. Ursius, l'homme à tout faire, vint à sa rencontre, la jambe traînante. Pauvre Ursius : ancien gladiateur qui avait gagné de valeureux combats dans l'arène lui valant son nom Ursius – « fort comme l'ours » –, il avait vaincu des hommes aux muscles d'airain et même combattu des fauves venus des contrées les plus lointaines de l'Empire, dans des mises en scène spectaculaires. Dans ses heures de gloire, il avait joui d'une immense popularité et mis en transe les femmes de Pompéi ! De nombreux *graffiti* gravaient encore dans la pierre le souvenir de ses victoires et il n'était pas un enfant de la cité qui ne se fût pris, dans les jeux de glaive de rue, pour le grand Ursius.

Mais la déesse de la chance avait un jour détourné son regard du héros ; pas longtemps, non, juste le temps pour un autre champion d'arène de lui trancher le jarret avant de lui porter un autre coup d'épée. La foule incrédule, qui avait parié sur la victoire du géant pompéien, s'était levée et, comme un seul homme, au moment où son héros à terre était en voie d'être achevé, avait levé le pouce : non ! Pompéi ne voulait pas voir mourir son brave combattant ! Les esclaves, masqués et déguisés en Orphée ou en Hadès selon la tradition, avaient accouru et avaient traîné le corps blessé dans le sable. Après les jeux, une foule s'était amassée devant le *spoliarium*, l'endroit où l'on transportait les corps des gladiateurs morts durant le combat, pour prendre des nouvelles du héros. Défait de son armure, recouvert de sang, Ursius était entouré du chirurgien et d'une couronne de soigneurs. De la porte, les Pompéiens n'avaient entendu que son souffle, tantôt gémissant, tantôt apaisé, sans rien voir…

Ursius ne recouvra jamais l'usage de sa jambe, ce qui mit un terme à sa carrière de gladiateur. Une forte solidarité s'était organisée autour de lui : grâce à l'argent gagné antérieurement, il avait pu acheter un petit appartement et vivre décemment pendant deux à trois années ; si ses combats avaient cessé de faire rêver les femmes, si les affiches avaient oublié son nom pour y voir figurer les derniers héros de l'amphithéâtre, si les enfants avaient renoncé, peu à peu, à jouer à être « fort comme l'ours » pour imiter les nouveaux conquérants de l'arène, la chaîne de soutien ne s'était pas rompue. Réintégré à la caserne des gladiateurs, homme à tout faire, Ursius se chargeait autant du nettoyage des armes que de la réfection des décors tout en donnant, à l'occasion, quelque conseil de combat… Son visage portait la marque de nombreux coups, témoignages de son passé. Mais surtout, il avait gardé son nom d'arène : Ursius, « fort comme l'ours », et nul à Pompéi ne l'appelait autrement qu'ainsi…

Ursius chercha son trousseau de clés et, traînant la jambe comme un tronc mort, il accompagna Lucius jusqu'à la réserve.

Dans une aire souterraine s'entassaient arbres exotiques, fausses lianes, lanternes, masques, colonnes, statues et autres décors faits de chiffons amidonnés et peints, de calcaire taillé et coloré, de cire durcie, bien souvent abîmés par la rage des représentations. Lucius en admira la technique, les couleurs, les dessins. Toute cette débauche d'exotisme, là réunie, était magique à ses yeux ; peu à peu, des idées lui vinrent, qu'il imprégna dans sa tête. Satisfait, il revint sur ses pas.

Son tonnelet rempli, le jeune garçon reposa la dernière amphore urinoir sur le sol et s'assit, loin du nuage de poussière, spectateur des exercices des combattants. Il reconnut aisément Héraclès, qui n'avait pas volé son nom. Lorsque le laniste ordonna la fin de l'entraînement, chacun alla se réhydrater à grandes goulées. L'ayant aperçu, Héraclès se dirigea vers lui, le salua avec entrain. Dans leurs échanges de nouvelles, Lucius évoqua le projet que lui avait confié Trebius Valens.

— Oh, j'ignorais que tu avais d'autres dons que ceux de ramasseur de pipi !

Ce n'était pas dit sur le ton de la moquerie, cela Lucius l'avait bien compris pour avoir discerné la simplicité dans le cœur du gladiateur.

Le soleil jetait ses reflets d'ambre sur les murs de la caserne ; les bruits des armes que l'on range, les rires des combattants, leurs discussions animées après une matinée d'exercices, résonnaient dans les pièces. Les odeurs de poisson et d'oignons frits couvrirent peu à peu celles de la sueur et de l'effort.

— Il faut que j'y aille ! lâcha enfin Lucius à contrecœur.

Récupérant sa mule, il revint sur ses pas.

Dès qu'il franchit la grande arche de la foulonnerie et qu'il ne vit pas Beryllus, il chercha une explication dans les yeux de Lullo, qui devança sa question :

— Ne te voyant pas revenir, il a craint que tu ne sois parti « chasser les lions » tout seul… Lorsque je suis redescendu de la terrasse – le temps d'aller étendre le linge –, il avait encore disparu !

Le tonneau vidé, Lucius confia l'attelage à un commis et partit – une nouvelle fois – à la recherche de son frère.

Il commença par la boulangerie, là où Beryllus passait le plus clair de son temps à raconter sa journée à Bello-Bello. Ne l'y trouvant pas il remonta jusqu'à ce qui fut leur maison, près de la porte de Sarno, sans plus de résultat. Exaspéré, il revint sur ses pas, arpenta la cité, traversa le forum, espérant l'y trouver au milieu de la foule de badauds venus écouter les charlatans vanter les qualités de leurs drogues, quelque astrologue prédire l'avenir à un spectateur intéressé… Mais, si artisans et commerçants connaissaient tous Beryllus, personne ne l'avait vu récemment.

Où pouvait-il être ? La colère de Lucius monta.

Ses pas le conduisirent sur la berge, où les vagues venaient lécher la chapelure dorée de la plage. Au loin, dans le ciel rougeoyant, sur la croupe de la colline, les chênes-lièges se découpaient, immobiles et noirs.

Épuisé, Lucius s'assit sur le sable mouillé, écoutant le lancinant clapotis des vagues. De loin en loin parvenaient quelque aboiement de chien, les clochettes du bétail, des cris d'enfants ou ceux d'une mère réunissant sa marmaille. Sous les effets du soleil couchant, la surface de la mer semblait recouverte de glaives de cuivre. Glaives de cuivre... jeux... Les animaux ! Comment n'y avait-il pas songé plus tôt ? Trebius Valens avait évoqué une galère en partance pour Ostie. C'est sur le port que devait déambuler Beryllus, dans l'espoir insensé de voir des lions et des éléphants !

Mû par cette certitude, il s'y précipita.

Le quai était pratiquement désert, les commis ayant fini leur journée et les marins étant sans doute à la soupe. Sans peine, il reconnut le seul navire capable de transporter des animaux aussi imposants que des lions ou des hippopotames. N'apercevant pas son frère sur l'embarcadère, il emprunta la passerelle et monta à bord. Sur le pont s'entassaient les cages vides qui contiendraient les bêtes féroces ; il s'y faufila, appela son frère, sans résultat.

Une porte était ouverte, il s'y aventura ; elle menait à la cale, où s'entassaient cordages et marchandises à vendre ou à troquer à Ostie. Son frère était bien capable de trouver refuge dans des endroits aussi improbables !

— Beryllus ? où te caches-tu ?

Un bruit lui fit relever la tête. Il n'eut pas le temps d'esquiver un baril mal encastré, qui chut et l'assomma.

Un roulis le tira peu à peu de sa léthargie ; un filet de sang séché lui masquait en partie la vue, sa tête lui faisait horriblement mal, tout semblait remuer autour de lui. Lorsque Lucius se remit sur pied, il tituba encore, s'accrocha aux cordages, s'agrippa aux ballots, complètement sonné. Il mit du temps à réaliser que ce n'était pas tant sa tête qui tournait que la coque du navire qui tanguait… Il remonta et s'offrit au regard stupéfait des matelots qui actionnaient les voiles.

— Il sort d'où, celui-là ? demanda l'un d'eux.

Lorsque Lucius regarda l'horizon, il ne vit que de l'eau, de part et d'autre.

— Où sommes-nous ? demanda-t-il, hébété.

— En route pour Ostie ! répondit un marin…

II

Ostie

Ides de juin, an 78

— Que se passe-t-il ici ? On n'arrive plus à s'entendre réfléchir.

L'homme qui venait d'interrompre les âpres discussions entre le capitaine de la galère et Lucius était un magistrat, reconnaissable à sa toge bordée de pourpre.

— Il y a un passager clandestin à bord, noble Julius Maïus.

Puis le capitaine passa le relais de la conversation au magistrat, lequel prit place sur le siège pliant qu'avait rapidement déplacé derrière lui un esclave.

Lucius, une fois encore, raconta les circonstances qui l'avaient conduit à bord, insista sur le souci qu'il se faisait à propos de son frère.

— Il m'a l'air sincère et, de toute manière, nous ne pouvons pas le jeter par-dessus bord, conclut l'homme à l'adresse du commandant du navire.

— Et comment va-t-il payer son passage ? bougonna ce dernier.

Le magistrat toisa le jeune garçon avec calme avant de répondre :

— Il va s'acquitter de son dû en se mettant à mon service le temps du voyage, ensuite au tien jusqu'à son retour.

Puis, à l'adresse de Lucius :

— Qu'en dis-tu ?

Dépassé par le cours du destin, le jeune garçon haussa naïvement les épaules.

L'homme à la toge bordée de pourpre sourit enfin, dévoilant des dents jaunes et mal alignées, se tourna vers le capitaine pour lui demander sur un ton qui n'aurait essuyé aucun refus :

— Alors ? Qu'en penses-tu ?

Résigné, l'homme laissa tomber l'affaire et grogna un ordre aux marins, qui s'éparpillèrent pour regagner leur poste.

Le magistrat se leva et retourna vers la proue, immédiatement suivi par son esclave, siège en main. Lucius leur emboîta le pas.

— Qui est-ce ? murmura le jeune homme à l'esclave.

— C'est Julius Maïus, préfet de l'annone[7].

— Que faisait-il à Pompéi ?

L'homme se tourna brusquement, imposant le silence par son seul regard. En un geste bien rodé, l'esclave reposa le siège et son maître s'y assit. Après un long moment de silence, il demanda :

— Viens Lucius, assieds-toi et raconte-moi encore ton histoire…

Le passager clandestin s'assit sur un rouleau de cordages et répéta son aventure. Le préfet de l'annone ferma les yeux et, le visage offert à la brise, il ne bougea

7. Magistrat de Rome spécifiquement chargé de l'approvisionnement en blé.

plus ; à un point de son discours, Lucius finit sa phrase dans un chuchotement, prêt à se relever.

— Pourquoi t'arrêtes-tu ? commanda la voix.

— Je... je croyais que tu t'étais assoupi, bafouilla le jeune Pompéien.

— Apprends à ne jamais te fier aux apparences, mon petit. Et sache que je pourrais te répéter mot pour mot ce que tu m'as dévoilé de ton expédition...

Le magistrat leva la main et, peu de temps plus tard, son esclave apparut, déplia une petite table devant son maître, qu'il garnit aussitôt d'une coupe de fruits, de pain et de fromage, de deux gobelets de voyage et d'un broc.

— Ton estomac grognasse autant qu'un ours en cage, mange !

Reconnaissant, Lucius se servit.

En regardant les voiles claquer au vent et la mer si lumineuse, le jeune homme réalisa pleinement ce qui lui arrivait : c'était la première fois qu'il prenait la mer et il allait voir de ses yeux le port de la capitale du monde. Jupiter, Mars et Minerve le gâtaient !

Après de longues journées de traversée, Lucius put poser son regard émerveillé sur la citadelle d'Ostie et le phare au long cou interminable. Il eut, une fois encore, une pensée pour Beryllus : comme il aurait voulu que son frère partageât son émotion devant un tel spectacle !

— Es-tu déjà venu jusqu'à la porte de Rome ? demanda Julius Maïus, qui se tenait à ses côtés et suivait comme lui les manœuvres de la galère entrant dans le port.

— Non et par Saturne jamais je n'aurais même pensé m'y rendre un jour ! répondit Lucius avec la plus grande fraîcheur.

— Sais-tu que le port d'Ostie est le plus grand après celui d'Alexandrie ? C'est ici qu'arrivent les cargaisons en provenance de tout l'Empire, ainsi que des provinces de Sicile, de Sardaigne, d'Afrique et d'Égypte ; puis elles sont acheminées à Rome par le fleuve Tibre.

Fasciné par les explications du magistrat, Lucius écoutait d'une oreille attentive tout en suivant les gestes des marins, qui avaient baissé la voilure pour œuvrer à force de rames afin de rapprocher le navire de la grève.

Lorsque le bâtiment s'immobilisa, les passagers, des marchands pour la plupart, s'amassèrent sur le pont avec leurs commis portant bagages, tandis qu'une nuée de matelots s'agglutinait sur le quai pour parer aux manœuvres de débarquement.

Les passerelles jetées, la galère commença à vomir les voyageurs sous le soleil accablant de juillet.

Julius rajusta un pan de sa toge.

— Nos routes se séparent ici et je le déplore car tu as été un fort agréable compagnon, conclut-il simplement.

« Déjà », pensa Lucius, qui lui aussi avait apprécié cette compagnie si instructive. Il jeta un coup d'œil à l'esclave qui attendait à deux pas, tenant tous les effets de voyage légers pour le confort de la traversée ainsi que le précieux sac de cuir à lanière contenant les précieux rouleaux de comptes du magistrat.

— Que dois-je faire à présent ?

— Tu dois te mettre au service du capitaine comme c'était convenu… Que Junon et Jupiter te protègent, mon enfant.

Le préfet tendit une tablette de cire et un stylet à son compagnon de traversée improvisé.

— Tiens, cela te sera utile pour tes exercices de dessin.

Le jeune Pompéien attrapa timidement les objets, adressa au préfet un sourire reconnaissant, puis le regarda s'éloigner et disparaître dans la foule. Il leva les yeux sur le pont, qui s'arrêtèrent sur le capitaine ; Lucius allait emprunter la passerelle pour le rejoindre à bord lorsque celui-ci lui cria :

— Non, attends en bas, j'arrive !

Pour ne pas déranger le va-et-vient des marins et des commis, le jeune garçon se plaça en retrait et s'assit sur un amas de troncs. Blé, céréales, bois, laine, marbre, amphores d'huile, de vin et de *garum* sortaient du ventre de la galère, s'entassaient sur une procession de chariots tirés par des bœufs, que l'on évacuait dès qu'ils étaient arrivés à complétude pour les remplacer par de nouveaux attelages à charger.

Plus loin, un autre navire déversait une cargaison d'esclaves enchaînés comme des colliers d'oignons, tout droit arrivés de la province romaine d'Afrique. Les quais étaient sécurisés par les légions romaines qui surveillaient le déchargement, gardaient les entrepôts où l'on stockait des denrées et accompagnaient les charrois de marchandises les plus précieuses.

Le capitaine arriva enfin, cria encore quelques ordres avant d'entraîner Lucius dans son sillage.

Ensemble ils longèrent une enfilade d'officines des compagnies marchandes où se disputaient les échanges : sous les portiques, les marchands venus des différentes provinces y présentaient les échantillons de produits que d'autres achetaient en gros. Toutes les denrées du monde méditerranéen y étaient représentées : chandelles, cordages, huiles, vins, parchemin, rouleaux de papyrus, torches, épices, céréales et autres aliments exotiques, fourrures, vêtements, marbres, bois précieux, matériaux de construction. Jamais Lucius n'avait vu un tel assortiment de produits déclinant toutes les odeurs et toutes les couleurs connues.

Après que le capitaine eut échangé des documents, signé des tablettes de cire, il s'exclama :

—Voilà mes affaires réglées. Maintenant, viens avec moi que je t'affecte à ta tâche !

Intrigué, Lucius le suivit dans les rues animées d'Ostie. Le capitaine s'arrêta devant une fontaine où ils se désaltérèrent et, à un marchand ambulant, il acheta des galettes de polenta qu'ils dévorèrent, assis sur une margelle. Le soleil, peu à peu, mangea les franges d'ombre derrière lesquelles on pouvait encore se retrancher ; se levant presque à regret, le capitaine ordonna :

—Viens, sinon on va griller sur place…

Ils quittèrent le cœur de la vie citadine, empruntèrent un passage borgne, longèrent un instant la jetée ; soudain, couvrant le frais du vent du large, une odeur vorace vint les envelopper jusqu'à la nausée : là, devant eux, se tenait la réserve des bêtes destinées aux jeux de cirque. Des cages s'alignaient à perte de vue, devant lesquelles ils passèrent : lions, panthères, léopards, ours rugissaient avec colère ; cerfs, antilopes, éléphants, autruches, hippopotames, rhinocéros, taureaux, chameaux, par troupeaux entiers, s'alignaient le long de ces routes artificielles.

— Les légions romaines semblent avoir écumé l'Afrique et l'Égypte ! s'exclama Lucius, qui n'avait jamais vu autant d'animaux réunis en un même lieu.

— Ostie est le cœur de la traite animalière ; c'est d'ici qu'on alimente tout l'Empire en bêtes alors, forcément, il en transite des milliers par an. Quand on sait que l'empereur Caligula[8], à l'occasion de l'anniversaire de sa sœur, a sacrifié dans les arènes cinq cents ours et cinq cents lions ou panthères en seulement deux jours de jeux...

Un homme vint à leur rencontre, salua le capitaine avec effusion :

— Barbaro ! Quelle joie ! Suis-moi, je te conduis à ta cargaison sans tarder.

— As-tu monnayé les prix comme convenu ?

L'autre lui entoura l'épaule d'un bras amical et, louange en bouche, l'entraîna dans le dédale de cages qui formait une ville plus immense que Pompéi. Çà et là sur leur passage, un babouin sortait le bras de sa cage et tentait de saisir un vêtement, un lion rugissait avec furie, des animaux poussaient des cris rauques.

Ils arrivèrent dans un vivarium délimité ; l'homme qui les avait accueillis tendit le bras pour marquer le début de ce qui était la cargaison dévolue au capitaine et la course se ralentit pour permettre à Barbaro

8. Empereur romain de 37 à 41 après J.-C.

d'étudier chaque spécimen. En retrait des cages à fauves, dont l'odeur montait, suffocante, un parc accueillait une vingtaine de chameaux.

— Et mes autruches ? demanda enfin le capitaine après les avoir vainement cherchées du regard.

— Il n'y en avait malheureusement plus, mon ami ! répondit l'autre d'une voix sucrée de désolation.

Barbaro se retourna, pointa l'index :

— Mais j'en vois des dizaines là-bas...

— Elles sont toutes pour Rome, je n'ai rien pu faire ! répondit le marchand, l'air faussement chagriné.

Le capitaine maugréa, tourna sur lui-même, refit un tour de l'entrepôt, revint dans le secteur qui lui était dévolu. Enfin, il se dirigea vers une toile tendue sous laquelle un groupe d'hommes prenaient leur collation. À la vue des nouveaux arrivants, ils se levèrent tous avec hésitation.

— Voici les soigneurs que tu m'as demandé de trouver, précisa le contremaître.

Le capitaine poussa Lucius dans le groupe :

— En voilà un supplémentaire, ajouta-t-il.

— Mais... je n'y connais rien ! objecta le jeune Pompéien.

Sans doute contrarié par l'absence d'autruches dans sa cargaison, le capitaine lui aboya :

— Eh bien, tu apprendras ! Je te rappelle, au cas où tu l'aurais oublié, que tu es à mon service jusqu'à la fin de la traversée de retour ; le navire étant à quai, je ne vois pas quelle utilité tu pourrais avoir à bord en ce moment, alors tu t'occuperas des bêtes dont j'ai la responsabilité ; si tu refuses ou si tu ne remplis pas ton engagement, je te laisserai à Ostie sans aucune ressource jusqu'à ce que tu aies économisé assez d'argent pour te payer ton voyage de retour !

L'idée de ne pas revoir Beryllus, mais aussi Alba et ceux qui lui étaient chers eut raison des réticences de Lucius. Avait-il le choix ? Docilement, il se mêla au groupe de soigneurs.

— Viens, allons nous rafraîchir à la taverne et discuter affaires, lança le commerçant tout en entraînant Barbaro avec lui.

Lucius balaya la couronne de visages d'un regard désemparé. L'un d'eux, noir comme la suie et qui semblait avoir son âge, lui fit une place à ses côtés, rompit un morceau de pain et lui en donna une portion.

Après s'être repus d'olives et de pain frotté d'ail arrosé d'huile aromatique, les commis, parlant différents patois, se partagèrent des gâteaux au miel saupoudrés de graines de sésame.

Un homme à l'allure revêche arriva, leur intimant de reprendre le travail.

— C'est toi le nouveau ? demanda-t-il à Lucius.

Le garçon hocha la tête. L'homme pointa sur le Noir le fouet qu'il tenait en main :

— Toi, l'Africain, tu lui montreras.

Puis le chef d'équipe tourna les talons et les laissa seuls.

— Que va-t-on faire ? interrogea Lucius.

— On va puiser de l'eau et abreuver les bêtes.

Lucius frissonna de terreur.

— Mais si on ouvre les cages…

Autour de lui, les rires fusèrent.

— Mon pauvre ! Si l'on procédait ainsi, il faudrait remplacer les soigneurs chaque jour !

Son binôme l'entraîna et lui montra la méthode : munis de tonneaux et d'amphores, ils passaient de cage en cage et, à partir d'un tube qu'ils faisaient glisser jusqu'à l'auge de l'animal, ils l'alimentaient en eau.

Bien qu'accoutumé à transporter des tonnelets remplis d'urines, Lucius s'épuisa rapidement : par la nouveauté de la tâche, certes, mais aussi à cause des beuglements, cris, brames, rugissements, qui se heurtaient dans une clameur étourdissante ; ajoutés à la chaleur de l'après-midi et les odeurs pestilentielles, ils le laminèrent. Il s'en plaignit à son compagnon de soins, qui lui répondit :

— Là d'où je viens, il fait plus chaud encore !

— Comment es-tu arrivé d'Afrique à Ostie ? questionna Lucius.

— Lorsque les légions romaines ont remporté leurs victoires, j'ai été fait prisonnier puis esclave ; d'office, on m'a consigné au soin des bêtes promises aux jeux de cirque et embarqué…

Un homme arriva, qui les interrompit.

— Vous deux, allez vous occuper des éléphants au lieu de bavarder !

Les deux garçons s'exécutèrent sans délai.

— Qui est-ce ? demanda Lucius.

— C'est l'un des médecins qui s'occupent des fauves.

Interloqué, Lucius rit comme s'il s'agissait d'une plaisanterie.

— Un médecin qui soigne des bêtes ?

Son compagnon le poussa et lui emboîta le pas pour leur éviter quelque nouvelle remontrance.

— Les bêtes sont précieuses à ceux qui les commandent : sais-tu que le prix payé pour un seul lion équivaut au salaire annuel de plus de deux cents centurions ? Sans compter que les fauves sont transportés par terre et par mer sur des distances impressionnantes et que la moitié meurt en chemin ! Tu comprends peut-être mieux pourquoi les commanditaires s'assurent les services de médecins !

L'Africain lui mit un tonnelet dans les bras ; au regard étonné du jeune Pompéien, il répondit :

— Les éléphants, c'est cent litres d'eau par bête et par jour et bien plus en nourriture ! Heureusement qu'on n'en transporte pas plus de trois ou quatre par cargaison !

— Pourquoi ? demanda encore Lucius avec la naïveté du débutant, tout en s'acquittant de sa tâche.

— À cause de leur poids, qui provoquerait des naufrages ! répondit le jeune Noir.

Lucius fixa son attention sur les pattes grosses comme des troncs d'arbres, les pieds immenses de l'animal... L'Africain lui donna une tape dans le dos pour le sortir de sa rêverie, car du travail les attendait.

Les ombres peu à peu glissèrent dans la lumière ambrée de la fin du jour et, leurs corvées achevées, les garçons rejoignirent leurs compagnons ; ils burent de l'eau de légionnaire[9] puis apprêtèrent les mets : olives, fromage, bouillie de céréales, haricots cuits, pain ramolli dans du lait de brebis. Dans la tiédeur du soir et à la lueur d'une torche, les soigneurs

9. Eau coupée de vinaigre que buvaient les légionnaires en campagne, pour mieux étancher la soif.

s'assirent en cercle et partagèrent le repas dans une odeur à laquelle Lucius n'était pas encore accoutumé mais qui semblait ne pas ou ne plus perturber ses compagnons…

Plus d'une semaine s'écoula, dans la poussière, la touffeur, le remugle immonde des bêtes dont on ne se souciait pas de changer la litière régulièrement. Lucius s'était acclimaté aux fauves et il craignait moins à présent leurs cris et leurs brusques revirements dans les cages.

Il chargea la charrette de feuilles, de fruits, de tubercules, et la tira pour aller nourrir les éléphants. Comme chaque jour, il croisa médecins, dresseurs, marchands ou curieux, qui se mêlaient aux commis et encombraient le passage. Une silhouette familière lui apparut au détour d'un passage : Julius Maïus, le préfet de l'annone.

L'homme, toujours accompagné de son fidèle esclave, lui sourit et l'accueillit avec bonhomie.

— J'étais près d'ici et, ayant réglé une affaire plus rapidement que prévu, je me suis dit : tiens, allons nous assurer que notre passager clandestin n'a pas fini dans l'estomac de quelque lion !

Sa remarque fit rire Lucius.

— C'est un honneur pour moi, noble Julius… Mais comment as-tu su où je me trouvais ?

— J'ai tout bêtement posé la question au capitaine du navire ! Que dirais-tu de m'accompagner au marché ?

Lucius n'osa objecter qu'à demi-mot :

— C'est que… mes corvées m'attendent !

— Ne t'inquiète pas : le capitaine t'accorde de faire quelques pas en ma compagnie car je lui ai dit que tu m'étais indispensable.

— Indispensable ? ânonna Lucius, étonné.

Le magistrat leva la main pour faire taire son jeune protégé ; puis, tournant les talons, il le précéda dans le dédale de cages où s'impatientaient les bêtes.

Le long de la rade, Lucius inspira profondément l'air du large. Depuis une semaine qu'il n'avait rien respiré d'autre que les nuisances animales, l'air iodé l'enivra. Que le bonheur était simple ! Il admira la mer, immensité d'or qui offrait ses reflets au soleil. En contrebas, de nombreux navires à peine sortis des chantiers navals attendaient leur mise à l'eau.

Les deux promeneurs franchirent l'une des portes d'Ostie et se retrouvèrent dans la rue principale grouillante de monde ; de nombreux temples, édifiés par des particuliers, prenaient le relais des chapelles votives. Ils passèrent devant un bâtiment qui suscita la curiosité de Lucius.

— À quel dieu est dévoué ce temple ? Je n'y vois aucune statue de Jupiter ou d'Isis[10], ni d'aucun dieu d'ailleurs…

— C'est le lieu de culte de la secte juive… ou chrétienne, je ne sais plus[11] !

— Et que promet ce culte ?

Le préfet de l'annone haussa les épaules :

---

10. Le culte d'Isis était le culte le plus répandu dans l'Empire.

11. La synagogue d'Ostie est la première du genre dans le monde romain (Ier siècle). Mais les Romains ne faisaient pas la distinction entre juifs et chrétiens, qui pour eux faisaient partie de la même *secte*.

— Bah ! comme tous les autres, introduits par esclaves, marins, marchands ou soldats qui nous les amènent depuis les lointaines provinces d'Afrique et d'Asie, je pense que ce culte aussi nous assure de la protection de son dieu, même s'il est unique, et les champs Élyséens après la mort ! Du moment qu'ils respectent l'empereur et qu'ils nous vendent blé, huile et vin, qu'ils assurent la prospérité de Rome, ils peuvent bien croire en ce qu'ils veulent, ces juifs ou ces chrétiens ! Mais nous arrivons.

— Le marché ? constata Lucius.

Julius Maïus lui adressa un visage amusé :

— Oui… C'est là que l'on bavarde et, à écouter les verbiages des uns et des autres, on apprend beaucoup de choses, crois-moi !

Sans mot dire, Lucius le suivit.

Ici, plus qu'à Pompéi, les communiqués par voie d'affiche sur les murs provoquaient des attroupements d'amateurs : arrivage ou vente de denrées, promesses des hommes politiques, notifications diverses ou insultes suscitaient des commentaires ; les annonces de combats, quant à elles, attisaient discussions animées et paris en tous genres. Plébéiens ou patriciens[12], tous se délectaient de ces déclarations que les crieurs se chargeaient de répercuter à travers les rues.

Ils fendirent la foule où chacun allait de sa criée, arrivèrent devant les comptoirs des artisans : ici on cardait la laine, là on vendait du feutre et du cuir, plus

---

12. Patriciens : ce sont les familles riches, ayant de hautes fonctions. La plèbe est le peuple.

loin un papetier exposait tablettes de cire et *codices*[13], mais aussi des feuilles de papyrus enroulées autour d'un bâton. C'est là que le magistrat s'arrêta.

— As-tu pensé à tirer profit de ton séjour à Ostie ?

Son interlocuteur secoua la tête :

— J'ai tellement de travail avec les soins aux bêtes que je n'ai même jamais eu le temps de quitter mon enclos ! Depuis une semaine en ces lieux, je n'ai rien vu d'autre que des tonnes de crottin et de nourriture, des citernes d'eau à distribuer…

Le magistrat acheta des *codices*, ainsi qu'un rouleau de papyrus, qu'il tendit à Lucius.

— Sache, mon ami, que le temps est ce que tu en fais. Tu vis au plus près des bêtes et rien de tel pour les observer, les écouter, les dessiner…

Lucius lui jeta un regard amusé :

— À quoi me servirait de les écouter pour les dessiner ? Leur cri ne se voit pas sur une tablette de cire !

— Détrompe-toi ! En observant l'animal, tu saisis ses traits dans les détails, mais le cri que pousse la bête te donne une idée de sa férocité, de sa détresse, de son âme…

Le jeune Pompéien resta silencieux. Son protecteur tapota le rouleau avec son index fuselé :

— Et voilà de quoi t'exercer ; lorsque tu te sentiras prêt, tu abandonneras la cire pour faire ton dessin sur le support de papyrus.

Le jeune garçon hésita, à la fois comblé et intimidé.

— Mais, pourquoi fais-tu cela ? Je suis plébéien et, de plus, nous ne nous reverrons sans doute jamais…

---

13. Plusieurs tablettes de cire reliées entre elles par un cordon, comme un livre.

Le regard de l'homme se voila de tristesse :

— J'avais un fils qui, comme toi, était doué dans l'art du dessin. La maladie me l'a enlevé mais, dans tes yeux, je retrouve la même énergie.

La gorge nouée, Lucius fixa les objets que le préfet lui avait confiés, puis ils reprirent leur marche en silence. À une buvette ambulante le préfet acheta des gâteaux d'épices, puis il se dirigea jusqu'à un lotissement de bancs et de tables installés sous les frondaisons.

— Je suis venu te rendre visite aujourd'hui pour te saluer : mes affaires à Ostie sont réglées et je dois rentrer à Rome, annonça-t-il.

Lucius suivit des yeux les barges, tirées par des bœufs massifs, qui remontaient le cours d'eau pour transporter les denrées jusqu'à Rome.

— C'est par là que tu vas partir ? demanda-t-il enfin.

— Par le fleuve Tibre, oui... Aimerais-tu me suivre ? Tu pourrais entrer à mon service...

Lucius avala sa bouchée.

— Vivre à Rome doit être excitant, mais j'ai mon frère, et mes ancêtres sont pompéiens. Et aussi...

Il rougit jusqu'aux oreilles avant de lâcher :

— Et aussi, il y a Alba.

Julius Maïus se libéra d'un rire amusé.

— Ah ! je vois ! Tu as été touché par la flèche de Cupidon !

Le jeune homme se fendit d'un large sourire et, gêné, baissa la tête.

Après qu'ils eurent fini leur collation, ils revinrent sur leurs pas.

Le magistrat, qui avait tenu à accompagner Lucius jusqu'à son enclos, parcourut en sa compagnie les allées artificielles du vivarium. Ils s'arrêtèrent devant un parc cerné d'une chaîne de tonneaux où des dompteurs tentaient de dresser les bêtes pour les jeux.

— Comme le monde change ! soupira Julius Maïus. Sais-tu qu'à l'origine, du fait de nos conquêtes, nous ramenions d'Afrique ou d'Asie des centaines d'animaux inconnus et qu'alors il suffisait de les exhiber, de montrer un éléphant écrivant sur le sable avec sa trompe ou attrapant un objet, pour susciter l'enthousiasme du public ? Aujourd'hui, des dompteurs les entraînent à combattre les gladiateurs, à être tués lors des spectacles de chasses ou à se massacrer entre eux... Et après, on porte aux nues ces hommes, comme ce Carpo Florus, devenu l'idole des foules parce que capable de tuer vingt bêtes lors d'un seul combat.

— Mais c'est ce que demande la foule : du pain et des jeux !

L'homme poussa son index sur le front du jeune garçon.

— Et l'homme est-il né pour suivre la foule en tout ? Ne doit-il pas réfléchir par lui-même ? T'es-tu déjà interrogé sur l'utilité du massacre de tous ces animaux ? Satisfaire le vil plaisir d'une foule est-il un motif légitime ? Et où s'arrêtera la surenchère ? Qu'est-ce qui a justifié que Sylla organise la mort de cent lions au cours d'un seul combat ? Ou que Pompée, pour inaugurer son théâtre, ait fait massacrer des centaines de lions, d'éléphants, de singes ou de panthères en seulement deux jours ?

Tandis que les questions s'abattaient comme la pluie un jour d'orage, Lucius se demanda si l'homme qui se tenait face à lui avait toute sa raison. Qui, dans l'Empire, pouvait se soucier du sort de bêtes sauvages ? Leur vie ne valait pas plus que celle des esclaves ou des gladiateurs…

Ses pensées furent subitement interrompues par un drame atroce : l'un des lions, que l'on tentait de dresser au combat, avait sauté sur le dompteur et personne ne put rien pour le malheureux.

Sa proie déchiquetée, le fauve que l'on essayait vainement de maîtriser bondit par-dessus la chaîne de tonneaux et les plessis servant de barrières ; Julius Maïus, que le hasard avait placé précisément à l'endroit où la bête atterrit, fut renversé par la masse de muscles. Le fauve rugit, faisant s'élargir le cercle de badauds et de soigneurs, puis se tourna vers le magistrat, gisant au sol à demi inconscient. Le félin vira sur lui-même, se rapprocha dangereusement du préfet de l'annone.

Sans se l'expliquer, Lucius jeta *codices* et papyrus à la tête de l'animal pour capter son attention, puis se mit à sauter et à agiter les bras en moulinets, en hurlant à l'envi :

— Vite, faites venir les rétiaires !

Son cri resta sans écho : il semblait que, hormis les fauves, tout être humain avait déserté les lieux. La bête s'approcha lentement de lui, au point que Lucius faillit s'oublier sur place. Le lion fit un bond, lui assena un violent coup de patte au visage. Au moment où le jeune Pompéien sentit le coup de griffes lui brûler la peau, des cris parvinrent à ses oreilles ; il eut à peine le temps de voir les rétiaires jeter leurs filets et maîtriser la bête avant de sombrer dans l'inconscience.

Une douleur incisive au visage réveilla Lucius ; il vit, penché au-dessus de lui, le médecin du vivarium qui lui administrait des soins. Catastrophé à l'idée d'avoir été défiguré, le blessé voulut porter sa main à sa joue.

— Ne bouge pas, je suis en train de te recoudre ! murmura le chirurgien.

Ces seuls mots suffirent à faire monter des larmes amères au blessé.

— Ne pleure pas, entendit-il encore, comme un murmure.

Lorsque le médecin eut coupé le dernier fil, Lucius referma les yeux, cherchant l'exil : le soleil de sa cité, la fontaine de la rue de l'Abondance, le bébé de la maison voisine qui le réveillait tous les matins, le rire de Beryllus, les boucles cuivrées d'Alba... Et lui, au visage recousu avec la même grâce qu'un vêtement que son aîné raccommodait lui-même !

Le médecin s'approcha, une timbale en main.

— Tiens, bois ce jus de pavot, tu souffriras moins.

Le blessé avala quelques gorgées de ce breuvage ; presque aussitôt, les voix se fluidifièrent, dansèrent au-dessus de sa tête, la douleur s'estompa et il sombra dans un profond sommeil.

Un remue-ménage inhabituel sortit Lucius des limbes et il ouvrit les yeux : Julius Maïus, le préfet de l'annone, se tenait à son chevet.

— Je voulais te saluer... Mes affaires m'appellent et il faut que je m'en retourne à Rome sans tarder ! Voilà trois jours que tu gis, mais je voulais attendre ton réveil pour te remercier et te dire adieu...

— Trois jours ? articula tant bien que mal son jeune protégé.

L'homme se dépensa d'un regard attendri.

— On t'a donné des potions pour te faire dormir, le temps que la douleur se modère.

Le rappel des événements assombrit le regard de Lucius. Il porta la main à sa joue ; sous ses doigts, la couture assemblait les chairs comme l'ourlet d'un vulgaire sac de cuir.

— Je suis défiguré… Je vais devoir renoncer à mes espoirs…

— Mais que dis-tu là ? On vient à peine de te recoudre ! Tu verras que tu te remettras de ta blessure comme je me remettrai des miennes. Et puis, doit-on renoncer à ses espoirs à ton âge ?

Lucius fronça les sourcils de déplaisir.

— Je voulais parler d'Alba. Jamais plus je n'oserai prétendre à son amour, à son affection, avec la tête que j'ai !

Le magistrat replongea le linge dans l'eau, l'étala sur le front du blessé.

— Mon ami, sache que l'amour ou l'affection que l'on ressent pour un être ne se mesure pas à l'aune de son apparence mais aux qualités de son cœur.

Une perle d'eau s'échappa de l'œil du blessé, roula sur sa tempe pour se perdre dans ses cheveux.

— C'est facile à dire pour toi, tu es presque un vieillard.

Il avait lâché sa pensée comme un épanchement de désespoir, ne réalisant l'insulte qu'après coup. Julius Maïus ne se fâcha pourtant pas.

— Je comprends ton point de vue et il est tout à fait défendable… Écoute, je suis profondément et sincèrement désolé de ce qui t'est arrivé et je ne sais que faire pour te remercier. Veux-tu venir à Rome avec moi ? Je t'y ferai soigner par les plus grands chirurgiens...

Lucius secoua la tête :

— Non, mon frère est à Pompéi : c'est là que m'attend mon devoir, c'est là que je dois retourner.

— D'accord. Alors, dis-moi comment te témoigner ma reconnaissance ?

Lucius fixa la déchirure dans la toile tendue au-dessus de leurs têtes, qu'il imagina être identique à celle de son visage. Que demander ? Il n'avait besoin de rien d'autre sinon que de retrouver son apparence. Mais cela était impossible... Une bourse remplie de sesterces ? Elle ne lui rendrait pas davantage son visage. Son regard chercha une réponse dans celui de son fidèle compagnon de soins, où il ne décela que la tristesse inhérente à la condition d'esclave. Le souvenir de ce que lui avait raconté le jeune Noir sur son parcours de captif lui souffla enfin sa réponse :

— Si tu veux faire quelque chose pour moi, rachète l'Africain et laisse-le me suivre à Pompéi. Il y sera affecté au soin des bêtes du cirque, sa vie y sera plus douce qu'ici...

Dans le regard de l'esclave qu'il croisa à nouveau, il put lire tout l'étonnement du monde.

— Soit ! Je vais régler cette affaire avant mon départ pour Rome, répondit simplement le magistrat.

Après quelques recommandations, Julius Maïus prit congé.

— N'avais-tu rien de plus important à demander, comme de l'argent, ou alors un quelconque bienfait, plutôt que de te soucier de mon sort ? murmura son binôme, encore sous le coup de la surprise.

— Non, je n'avais vraiment rien de mieux à demander, soupira Lucius.

Le soigneur allait s'éclipser lorsque son compagnon lui empoigna le bras.

— Dis-moi... dis-moi comment est mon visage...

L'Africain lui sourit :

— Ne t'inquiète donc pas de ça ! Avec le temps ta cicatrice s'estompera, j'en sais quelque chose... D'ailleurs, je t'apporte une bonne nouvelle : tu es dispensé de corvées jusqu'à ta guérison.

Dépité, Lucius lâcha son étreinte et ferma les yeux. À nouveau, ses doigts effleurèrent la boursouflure fraîchement recousue et le visage d'Alba, une fois encore, s'imposa à son esprit, lui arrachant de nouvelles larmes amères... Il resta là, prostré, écoutant le vent pouffer dans la toile, comme si Éole, le dieu des vents, se moquait de son amour perdu.

Dans l'après-midi, l'esclave de Julius Maïus vint le trouver, les bras chargés.

— *Salve !* Mon maître m'envoie te porter ces rouleaux de papyrus, puisque les tiens ont été abîmés lorsque tu lui as sauvé la vie. Il a tout arrangé pour que tu sois dispensé de corvées jusqu'à ton départ et a réglé ton voyage de retour, aussi auras-tu tout loisir d'exercer ton art pendant ta convalescence.

Lucius jeta un regard chagriné sur le matériel si coûteux, chargea poliment l'esclave de remercier pour lui le préfet de l'annone. Son visiteur lui tendit un autre rouleau scellé :

— Mon maître a également fait le nécessaire pour le transfert de l'Africain à Pompéi et, selon ton souhait, il sera affecté au vivarium. Tu n'auras qu'à remettre ce document à la personne sous les ordres de laquelle il travaillera.

Le blessé se saisit du document et, une fois encore, loua le magistrat pour ses largesses même s'il aurait préféré, bien au-delà de tout, qu'on lui rendît son visage. Semblant l'avoir compris dans ses yeux, l'autre répondit :

— Ne t'inquiète pas, ta cicatrice s'estompera avec le temps. Remercie Jupiter d'être encore en vie.

Puis l'homme salua et s'en fut avec sa discrétion habituelle.

Lucius ne revit pas le préfet et les jours s'écoulèrent. Si sa joue le tiraillait moins, si ses forces revenaient, son appétit de vivre s'était, lui, envolé.

Un matin, en lui apportant une jarre d'eau fraîche, l'Africain le houspilla :

— Allons, fais-moi plaisir, secoue-toi au lieu de rester prostré là pendant des heures !

— Laisse-moi tranquille !

L'esclave déposa tablettes de cire et stylet à son chevet.

— Profite de ton temps libre, fais-moi un dessin.

Lucius repoussa le matériel d'un geste brusque de la main.

— Laisse-moi je te dis ! Je ne veux plus voir personne et je vais avoir peur des bêtes jusqu'à la fin de mes jours ; le comprends-tu ?

Une ombre s'était découpée dans le mur de toile. Les garçons tournèrent la tête vers la silhouette désormais familière du médecin, qui s'exclama sèchement à l'attention du grabataire :

— Par Pluton, si tu ne te lèves pas, je t'enferme dans une cage avec un singe !

L'Africain préféra déguerpir.

L'homme s'accroupit, tâta la boursouflure et y étala un onguent.

— Ça cicatrise très bien.

— C'est ça ! persifla Lucius, mortifié.

Le médecin le tira par le bras puis l'entraîna avec conviction.

— Viens, je veux te montrer quelque chose !

Honteux des regards qui se posaient sur lui, Lucius dissimula son visage sous son bras replié. Ils arrivèrent devant l'enclos des combattants, où le chirurgien lui montra les mutilés.

— Regarde ces hommes ! Depuis des années je soigne des gladiateurs et, crois-moi, il existe bien pire que cette blessure à ton visage ; alors cesse de te lamenter sur ton sort et secoue-toi, ta vie ne va pas s'arrêter pour si peu !

« Si peu ! » Lucius eut envie de cracher au visage de cet homme qui banalisait à ce point son désespoir. « Si peu ! » Il se dégagea de l'étreinte, courut dans les allées, sans but, tandis que les rugissements des fauves saluaient son passage avec violence. Il s'arrêta brutalement devant l'une des cages. Instinctivement, il défia le regard du lion qui ouvrait grand ses mâchoires en poussant son grondement. Lucius s'immobilisa, vibrant de colère contenue. C'était *lui* ; ils s'entre-regardèrent comme s'ils s'étaient mutuellement reconnus.

Le félin rugit encore en imprimant à son cri un brusque mouvement de tête. Alors, pour la première fois, Lucius appréhenda différemment la bête : il vit ses mâchoires, puissantes et capables de dépecer une proie d'un coup de gueule, il vit ses griffes acérées au point de sentir sa douleur au visage se raviver ; en respirant l'odeur de la cage, en regardant le lion au fond des yeux, il en saisit toute la cruauté. Soudain sa peur se volatilisa ; il se précipita sous la toile, ramassa ses tablettes de cire, revint sur ses pas et commença son dessin.

C'est ainsi que l'Africain le trouva. Sans le déranger, le jeune Noir regarda par-dessus l'épaule de son compagnon de peine, admiratif, jusqu'à ce qu'on l'appelât pour une autre tâche... En s'éloignant, il posa sur le Pompéien un regard soulagé : Lucius allait guérir.

Août s'enfuyait, lorsqu'un jour le capitaine du navire emprunta l'allée de leur secteur de ménagerie et interpella Lucius :

— Ça y est : toute la cargaison est chargée dans le ventre de la galère ; il ne reste plus qu'à hisser les bêtes à bord et nous pourrons lever l'ancre !

Il s'amusa des yeux ronds du protégé de Julius Maïus et ajouta :

— Oui, l'ami, on rentre à Pompéi !

Commença alors une agitation sans nom pour transporter les cages jusqu'au port de chargement. Marins, soigneurs et commis s'activaient, poussant les caisses sur un interminable tapis de rondins ; les fauves, bousculés, parfois chavirés et remis sur les rames de glisse, rugissaient ou se jetaient contre les parois des cages, affolés, prêts à dévorer les perturbateurs. Puis il fallut les hisser sur le pont, à l'aide de cordages, de poulies et de treuils pour les plus féroces, par les passerelles pour les bêtes de petite taille. Le plus délicat fut de tirer les éléphants à bord, lesquels, énervés par le remue-ménage, poussaient des barrissements désordonnés.

Il fallut plusieurs jours pour venir à bout de l'imposant chargement : plus de cinquante fauves, deux éléphants, un couple d'hippopotames, un rhinocéros, une dizaine de singes d'espèces différentes et toute une variété de petits animaux qui s'entassaient par centaines dans leurs cages de fer, de bois ou d'osier.

— Toutes ces bêtes sont-elles destinées à Pompéi ? demanda Lucius, éberlué.

— Mais non ! répondit le capitaine ; nous allons nous arrêter dans différents ports, notamment à Naples, pour livrer les spécimens.

Les caisses affermies et les animaux installés, les hommes furent autorisés à prendre quelque repos ; commis et soigneurs assurèrent le relais, se chargeant d'abreuver les bêtes, pour la plupart désorientées par ce brusque changement dans leur quotidien : d'aucunes étaient parquées dans le vivarium d'Ostie depuis près d'un an !

Bien qu'il n'y fût plus contraint, Lucius alla se joindre au groupe dont il avait partagé le quotidien durant près de deux mois, aidant à distribuer l'eau hormis aux éléphants, qui pouvaient rester plusieurs jours sans boire ; heureusement, pour éviter de les rendre d'autant plus malades, les animaux n'étaient pas nourris le temps de la traversée.

Après leur corvée, les soigneurs se réunirent et partagèrent leur repas du soir : une bouillie de céréales assaisonnée de menthe et arrosée de *garum*, quelques fruits, du fromage pilé relevé d'ail. Puis, aux derniers éclats des torches, ils s'étendirent et bavardèrent encore un long moment à la fraîcheur de la nuit, sous la houle des cris d'animaux. Lucius dormit peu et mal, agité par l'idée de revoir Beryllus et Alba...

À la pique du jour, on leva les ancres et les rameurs se mirent à la nage. Progressivement, la coque du navire se détacha des quais et quitta le port d'Ostie.

III

Le retour

Calendes de septembre, an 78

Le voyage fut long, interminablement long, en raison des escales au cours desquelles la coque s'immobilisait durant plusieurs jours à quai pour s'alléger de son exotique cargaison.

Une vie à bord s'était instituée, chacun ayant sa place, ses heures de corvées ou de quart. Bien que connaissant à présent nommément tous les marins, Lucius étouffait dans cette vie qui se jouait sur un si maigre espace : le pont et la cale, avec pour seul horizon la mer ; chaque mouillage dans un port, le temps de décharger la marchandise, était ressenti comme un atermoiement à l'arrivée à Pompéi.

Ainsi, ce fut le cœur serré que Lucius vit apparaître la baie de Naples et, plus loin, les mâts des navires de la flotte de Misène, dont le général Pline avait le commandement.

— Ça sent le connu, on arrive, lança-t-il à l'Africain.

Une dernière escale puis, enfin, la galère entra dans le port de Pompéi. Les yeux de Lucius caressèrent le paysage familier : la crête grisâtre de la montagne Vésuve baignait dans un ciel rosé et, à mi-hauteur de son sommet, les coteaux affichaient leur richesse : c'était l'heure des vendanges. Lucius respira l'air de son pays et, portant la main à sa balafre, il redouta l'instant d'affronter tous les regards. Il craignit aussi, après cette absence de plus de deux mois, de ne pas retrouver sa vie, inscrite dans le sillon de l'ordinaire depuis son plus jeune âge.

— J'avais quitté ma cité avant les *Vestalia*[14] et j'y reviens pour la fête des vendanges.

Lorsque la première passerelle fut jetée pour permettre aux quelques passagers de quitter le bord, Lucius alla voir le capitaine pour prendre congé, avant d'aller saluer les marins puis ses compagnons de soins. Il s'arrêta enfin devant l'Africain.

— Je viendrai te voir dès demain, et tous les jours d'ailleurs, au cours de ma tournée de collecte.

— Oui ! répondit simplement son compagnon, le regard égaré sur ces paysages inconnus auxquels il lui faudrait, une fois encore, s'accoutumer.

Pour savoir la crainte qu'inspirent les horizons nouveaux, Lucius chercha des paroles de réconfort :

— Ne t'inquiète pas, tu seras bien ici. Lorsque tu auras fini d'aider au déchargement, je te recommanderai à Ursius.

— Merci à toi... *Salve*.

— *Salve !*

Quittant celui qui avait partagé son quotidien pendant près de trois mois, Lucius se dirigea vers la

14. Fêtes en l'honneur de Vesta, déesse du feu et du foyer, fixées au 9 juin.

foulonnerie, s'arrêta à son orée, le cœur palpitant. De la rue, il aperçut Beryllus et les commis foulant le linge dans les trois cuves de l'arrière-cour, Jenna et Neonia dégraissant la laine dans l'*impluvium* de l'entrée, Papiria poudrée de craie à blanchir, Lullo et son inséparable cage d'osier, la vieille Cissa derrière la presse de repassage, les esclaves rinçant le linge ; les draps séchaient sur la terrasse, claquant au vent de septembre comme les voiles du navire qu'il venait de quitter. Tableau immuable... Lui seul était changé...

Lucius se pencha machinalement au-dessus de l'amphore urinoir placée devant l'entrée : elle était presque pleine. Lorsqu'il franchit le seuil de la foulonnerie, les gestes se suspendirent un instant, le calme se fit et même les clients, après un bref moment d'étonnement, se turent. Papiria fut la première à s'avancer, l'air marri. Elle dévisagea longuement l'arrivant.

— Par Saturne ! Où étais-tu passé durant tout ce temps ? Nous t'avions cru mort ! Et que t'est-il arrivé ?

— Un lion ! répondit simplement Lucius en détournant le visage pour cacher sa joue meurtrie.

Elle se déporta, lui indiquant la cuve du menton ; il s'approcha de Beryllus, qui le fixa, sourit et s'exclama :

— Tu ressembles à Lucius, mais en plus moche !

— Par Vulcain, mon propre frère ne me reconnaît-il donc pas ?

Beryllus regarda les autres, qui avaient abandonné leur tâche pour s'attrouper autour du nouveau venu. Enfin, réalisant qu'il s'agissait bien là de Lucius, il sortit du bassin en poussant des hurlements de joie et en se jetant au cou de son frère.

— Tu sens le rat mort ! s'exclama-t-il, écœuré.

— Tu peux parler, toi qui trempes dans le pipi toute la journée !

Stephanus, que cette agitation soudaine avait interpellé, sortit de son officine privée.

— Lucius ! C'est bien toi ? Comme tu as forci ! Et ces cheveux longs et crasseux ! Par tous les dieux réunis, je ne t'aurais pas reconnu ! Où étais-tu passé durant tout ce temps ?

Debout au milieu des siens, Lucius raconta son aventure, ses rencontres, sa blessure. Il tira un rouleau de papyrus du sac de cuir à lanière que lui avait offert le préfet de l'annone, montra aux regards éblouis le résultat de ses études animalières. Sur la large feuille se superposaient des têtes de tigre, de paon, d'autruche, de rhinocéros, d'hippopotame et, au centre et en entier, le lion qui l'avait agressé.

Il y eut un long silence admiratif, chacun retenait son souffle. Enfin, Beryllus posa le doigt sur la cicatrice et, naïvement, lui murmura :

— T'es moche avec ça, mais comme tu as sauvé la vie d'un homme c'est bien...

La charrette de la collecte d'urines fit entendre son grincement ; elle entrait dans la cour, tirée par une tête inconnue sur laquelle Lucius fixa son attention.

— On ne savait rien et ça fait trois mois que tu as disparu ! Fallait bien qu'on te remplace ! s'excusa Stephanus.

Puis, se tournant vers ses ouvriers :

— Bon, les clients n'attendront pas, alors tout le monde au travail !

— Et moi ? demanda Lucius, qui se retrouva planté là, tout seul.

— Toi ? Eh bien… En attendant de savoir ce qu'on fera de toi, aide donc ton remplaçant à décharger sa collecte.

La nouvelle du retour de Lucius avait rapidement couru puisque Trebius Valens, le candidat aux élections, arriva après son passage aux thermes, frais et parfumé ; il tomba sur Lucius comme la foudre sur l'arbre mort.

— Tu me montres tes dessins ?

Lucius alla chercher son sac à lanière et en extirpa délicatement un rouleau, qu'il étala sur un plan de pierre.

Le visiteur retint son souffle.

— Magnifique ! Saisissant de réalisme !

Puis, après avoir jeté un regard entendu à Stephanus :

— Je te prends à mon service pour faire mes affiches je suis certain que les tiennes supplanteront celles de cet idiot de Nigidius !

Trebius Valens parlait de son concurrent aux prochaines élections, qui avait lui aussi commandé des jeux dans l'espoir de plaire au plus grand nombre et moissonner quelques voix supplémentaires.

— Quel sera mon rôle ?

— Mais mes affiches, mon ami, mes affiches ! Je veux les plus belles, et qu'on les voie de loin ! répondit l'homme en lui donnant une tape énergique dans le dos.

Stephanus congédia Lucius du regard puis, prenant Trebius Valens par le bras, il l'emmena dans son officine personnelle pour lui servir un rafraîchissement.

Pas de répit pour Lucius, qui fut assailli par les questions de son frère : lions, tigres, hippopotames, voyage, accident, il voulait réentendre l'histoire et dans les moindres détails… Patiemment, et trop heureux de retrouver son aîné en bonne santé, Lucius s'exécuta, pour le plus grand bonheur des autres commis.

— Il faut que j'aille dire à Bello-Bello que mon frère est revenu, lança Beryllus comme une évidence.

— Après les thermes, répondit Papiria en secouant la poudre de craie qui blanchissait ses cheveux.

Puis, tendant à Lucius une tunique propre et l'argent nécessaire :

— Tiens, va te débarrasser de cette odeur de fauve et fais-toi tailler les cheveux avant d'aller voir… Bello-Bello.

Il hésita puis demanda, gêné :

— Comment est mon visage ?

Elle lui effleura la joue abîmée avec la tendresse d'une mère.

— Ne t'inquiète pas de ça ; elle s'est fait tellement de souci qu'elle sera heureuse de te revoir et soulagée de te savoir en vie…

Lucius prit congé. La nouvelle de son retour s'était répandue dans la cité comme les armées de César sur la Gaule et chacun, aux thermes comme dans les rues, y alla de ses questions empressées et de ses souhaits.

Beryllus, qui guettait le retour de son frère, s'abattit sur lui.

— Ça y est, tu ressembles de nouveau à mon frère ! On y va maintenant ? On va voir Bello-Bello ?

Son cadet approuva et, ayant reçu la permission de Stephanus, les deux frères quittèrent la foulonnerie.

Le cœur de Lucius se serrait à mesure qu'ils approchaient de la boulangerie et, un instant, il eut la velléité de rebrousser chemin. Contrairement à ses craintes, lorsqu'il en franchit le porche, Alba lui lança avec joie :

— Il t'en a fallu du temps pour venir me voir !

Elle s'approcha, lui saisit cordialement les mains. Une onde de bonheur parcourut Lucius : il retrouvait son soleil !

— Viens, partageons une grappe de raisin et bavardons ! Je veux tout savoir de ton voyage à Ostie, et de ta bouche cette fois !

Ses yeux verts étaient sereins, elle n'avait fait aucune remarque relative à la cicatrice, ce qui fit tomber toutes les appréhensions de Lucius. Ils s'installèrent près de la table à pétrir, tout près de la pancarte « *Hic habitat felicitas* »... Oui... Lucius avait retrouvé la maison de son bonheur.

Ils suivirent d'un regard amusé le manège de l'âne actionnant inlassablement la meule centrale tandis que Beryllus – marchant au pas à son côté – l'informait dans les détails des derniers événements. Enfin, lorsqu'il fut fatigué de tourner et bavarder, le simple d'esprit vint houspiller son frère.

— Tu m'emmènes voir les lions, dis, tu m'emmènes ? Et puis cet Africain tout noir ?

Beryllus ne laissa plus son cadet en paix au point que, toute conversation entre les jeunes gens étant devenue impossible, la jeune fille conseilla à son ami de contenter son frère. À contrecœur, Lucius entraîna son aîné vers le port.

— Elle n'a rien dit pour ta cicatrice, hein ? demanda Beryllus.

— Non, rien... répondit Lucius, soulagé, étonné par le raisonnement de son aîné.

Ils remontèrent la rue menant à la porte Marine, qui s'ouvrait sur la mer et supportait tout le trafic provenant du port : non seulement la cargaison des galères, mais également les charretons de sel produit dans les salines côtières, les légumes des jardins potagers entourant la cité, des animaux sur pied, du poisson pêché dans les eaux du golfe, que l'on entreposait dans les réserves publiques. Les deux frères empruntèrent l'étroit passage réservé aux piétons et se frayèrent un chemin jusqu'au port. Les cloches des charrettes, à mesure que les cargaisons se croisaient, résonnaient dans un saisissant tintamarre ; une foule compacte s'était amassée sur le quai où l'on déchargeait les derniers fauves, au point qu'il était impossible de passer.

— Je ne vois rien ! Je ne vois rien ! s'agaçait Beryllus en sautant désespérément en l'air comme un ressort.

Son frère lui saisit la main.

— Viens, suis-moi !

Il fendit la masse de badauds par la force, son aîné à la traîne. Ils gagnèrent une à une les places au coude à coude et, interpellant l'un ou l'autre marin, Lucius réussit à se faufiler au cœur du transfert. Il chercha l'Africain mais ne le trouva pas. Il lui fallait surveiller Beryllus, qui courait de cage en cage, grimaçait, riait avec les singes, s'horrifiait devant le rhinocéros, s'esclaffait devant un tigre, s'effrayait devant la trompe d'un éléphant qui se balançait de gauche à droite.

À l'aide de poulies on chargea caisses et cages sur une procession de chariots, lesquels s'ébranlèrent lourdement en direction de la caserne des gladiateurs.

Beryllus voulut suivre le charroi mais Lucius l'en dissuada :

— Non, nous devons retourner à la foulonnerie maintenant et puis je meurs de faim ; nous irons après, lorsque les bêtes seront installées dans le vivarium, d'accord ?

— Pourquoi ? Pourquoi donc qu'on n'y va pas maintenant ? insista le simple d'esprit.

Lucius lui montra sa joue.

— Tu vois ça ? Je t'ai déjà expliqué que c'est un lion échappé qui me l'a fait. Tu veux finir comme moi ?

— Oh, non ! répondit son frère avec la plus grande conviction.

Le pas traînant, et à contrecœur, Beryllus suivit son frère.

À leur retour à la foulonnerie, Lucius alla trouver Stephanus :

— Suis-je sans emploi à présent que tu m'as remplacé ?

L'homme le regarda de biais, un peu embarrassé.

— Mais non ! Écoute, on verra demain matin. Pour l'heure, va donc au forum : beaucoup d'habitués ont suggéré que tu ailles raconter ton histoire en public... Et n'oublie pas de préciser que tu travailles pour moi, ça pourrait me rapporter de nouveaux clients !

Lucius se racla la gorge :

— Je n'ai pas encore eu l'occasion de te remercier ; je veux dire : on me croyait mort et j'aurais pu l'être, pourtant tu as pris soin de mon frère...

Stephanus bougonna par pudeur :

— On n'allait pas le laisser à la rue ! Et puis, c'est un

commis comme un autre, qui travaille pour gagner son pain !

— *Comme un autre :* il fugue plus qu'il ne travaille et n'a pas toute sa raison. Et si je n'étais pas revenu du tout ?

Stephanus laissa ses comptes, se leva et poussa Lucius vers la sortie en ronchonnant :

— On l'aurait fait rôtir et on l'aurait arrosé de *garum*, puis mangé... Écoute, va donc trouver notre noble candidat Trebius Valens, ou saluer ton lion, ou déclamer sur la place publique ou que sais-je encore, mais ouste, dehors ! J'ai du travail !

Comprenant que son employeur tentait de masquer sa pudeur, le jeune Pompéien fit ce qu'on lui avait conseillé...

Les rues de la cité s'étaient quelque peu vidées : hormis les boutiquiers habituels, la plupart des habitants aidaient aux vendanges : le vin des coteaux de Pompéi était fort renommé et se vendait à Rome en bonne concurrence avec les vins de Capoue, de Salerne ou de Messine. Des arrière-cours montait l'odeur âcre accompagnant les récoltes et partout dans des tombereaux s'entassait la bourbe issue du pressurage, composée des peaux, de pépins et de rafle, qui saturait l'air d'exhalaisons capiteuses.

Lucius s'arrêta devant un mur, heureux de retrouver des noms familiers sur les affiches[15] peintes en belles lettres rouges ; on reconnaissait aisément celles d'Æmilius, le plus célèbre *scriptor* de Pompéi : ses

15. Lorsque l'on parle d'« affiches » il ne s'agit pas de feuilles collées sur les murs, comme de nos jours, mais de dessins ou textes peints directement sur le mur par un *scriptor*, un écrivain spécialisé dans ce domaine.

annonces étaient de véritables œuvres d'art, jalousées et bien souvent sabotées par les *graffiti* de ses concurrents ou les autres dessinateurs de la cité. Le seul nom d'Æmilius était gage d'affiches réussies ; jaloux de son art, il travaillait seul mais ne manquait jamais de clients : pour sa propre publicité, il avait fait graver son nom sur tous les murs, accompagné d'un véritable système de guidage pour amener les éventuels preneurs jusqu'à son officine.

Après que les anciennes annonces ainsi que dessins, caricatures, lazzi avaient été effacés par la couche de chaux passée par un commis blanchisseur, le *scriptor* – juché sur une échelle que tenait fermement un aide – posait la calligraphie d'une nouvelle affiche. Durant l'absence de Lucius, la plupart avaient été remplacées par des annonces dédicatoires, des promesses des candidats aux prochaines élections, des sentences du tribunal ou des délibérations publiques, de la propagande pour tel vin paillé ou telle taverne vantant sa cuisine et le confort de ses chambres.

Laissant les badauds spéculer sur le message qui apparaissait en partie sur l'affiche, Lucius emprunta la venelle qui débouchait sur la maison de Trebius Valens, à la façade simple et agrémentée d'une belle porte de bois donnant directement sur la rue.

Il frappa. L'esclave de porte l'invita à entrer dans le *vestibulum* de la maison simple mais plaisante, dont les pièces s'articulaient autour d'un péristyle enjolivé par de nombreux éléments décoratifs : mosaïques en marbre, peintures murales, statues et, au centre, un jet d'eau vivifiant. Trebius Valens n'étant pas encore rentré des thermes, Lucius s'installa sur le marbre frais sous une travée de colonnes, à l'ombre et au calme ; il ferma les yeux, écoutant le grelot de cuivre d'un âne voisin, le ramage des oiseaux, le ruissellement rafraîchissant et joyeux de la fontaine.

Il se laissait sombrer dans cette torpeur lorsque Trebius Valens arriva, rasé de près, vêtu de propre et dégageant une ondée d'huiles de massage : les thermes, pour un homme politique en campagne, étaient le lieu idéal pour consolider ses relations.

— Viens avec moi ! ordonna le candidat avec entrain.

Lucius le suivit dans sa bibliothèque personnelle, où s'entassaient *codices* et stylets jetés pêle-mêle sur une grande table de marbre. Les *volumina*, ces feuilles de papyrus enroulées autour de bâtons de bois ou d'os et qui se déployaient horizontalement, s'empilaient sur une armoire bibliothèque. De front, des étiquettes fixées en bout de papyrus indiquaient le titre ou le contenu de chaque rouleau.

Plusieurs sacs de cuir à lanière, destinés à contenir jusqu'à dix rouleaux, s'étalaient sur le sol.

Lucius se pencha sur un feuillet de papyrus où s'alignaient des lettres grecques ; si le latin était la langue officielle de l'Empire, le grec était celle des personnes cultivées et des savants, utile pour lire les œuvres des plus éminents penseurs. D'ailleurs, les enseignants réputés de Pompéi – Julius Helenus, ou Potitus en tête – étaient grecs et bien plus recherchés que les professeurs romains.

Trebius Valens fouilla dans le bric-à-brac étalé sur la table de marbre, en sortit des tablettes de cire, attrapa deux stylets, dégagea un établi du plat de la main.

— Prends un siège et installe-toi, là...

Il posa le matériel devant son élève.

— Je veux que mes affiches supplantent toutes les autres ; entraîne-toi et, quand tu seras prêt, dis-le-moi.

Lucius lut le texte que lui avait confié le candidat : « Pour le salut de l'empereur Vespasien[16] et de ses fils, Trebius Valens organisera des jeux à Pompéi, sans aucun ajournement, trois jours avant les Ides de novembre[17]. Des gladiateurs y combattront des fauves. » Lucius releva la tête :

— Mais... et de tes promesses électorales ? Tu n'en parles pas ?

Trebius Valens leva les bras au ciel.

— Pas encore, malheureux ! Il faut déjà proposer des festivités au peuple pour me faire aimer ! Chaque chose en son temps ! Toi, dessine-moi un beau gladiateur combattant un tigre... et ajoutes-y un lion... et aussi un éléphant... Et le rhinocéros ! Tu crois que ça serait une bonne chose ? Ou des singes ? Qu'en penses-tu ?

Lucius mordit la pointe de son stylet :

— J'en pense que pour tout ça il faudrait utiliser des murs entiers de Pompéi !

— Mais utilise les murs des temples ! Et aussi ceux de la voie des Sépulcres ! Et aussi...

— Bien sûr ! Mais là je crains que les jeux ne débutent avant que j'aie fini de peindre toutes tes affiches !

---

16. L'empereur romain Vespasien régna de 69 à 79.
17. Vers le 12 novembre.

L'homme s'approcha, attrapa les épaules de son dessinateur et le secoua ; puis, d'une voix théâtrale digne d'un grand acteur et exhalant son haleine saturée d'ail :

— Il faut que je gagne ces élections ! Comprends-tu ? J'ai englouti une partie de ma fortune dans ces jeux !

Il avait soudain l'air d'un enfant inquiet. Réalisant la lourde tâche qui lui incombait, Lucius se demanda s'il serait à la hauteur de ce que l'on exigeait de lui.

— Je me mets au travail tout de suite...

Ouvrant un codex, il commença ses exercices.

— Veux-tu des fruits ? de l'eau de légionnaire ?

— Ça ira, merci, répondit poliment Lucius.

L'homme rajusta sa toge.

— J'ai quelques visites à faire pour ma propagande. Ne m'attends pas !

Trebius Valens parti, Lucius mangea un fruit puis se mit au travail ; de temps à autre, il levait la tête et admirait le flanc bleuté de la montagne Vésuve, qui ressemblait à un géant en sommeil ; il y puisait un souffle de sérénité, une force tranquille, avant de se pencher de nouveau sur son ouvrage.

Lorsque les ombres du soir s'allongèrent sur sa table de travail, Lucius rangea ses affaires, protégea précautionneusement ses tablettes. Rendu à la rue, il hâta le pas : Beryllus devait l'attendre de pied ferme !

Les cuisines dégageaient des odeurs d'oignon ou de poisson frit, qui se mêlaient aux émanations âpres de la fermentation du vin et des mises en conservation : avant l'hiver, on finissait de fumer, cuire ou mettre en salaison les derniers légumes de saison relevés d'une savoureuse combinaison d'arômes, que l'on emmagasinerait ensuite dans des pots de terre, des jarres ou des amphores, soigneusement conservés dans les greniers avec les réserves de farine, de fruits secs et d'olives.

Revenus des thermes, les commis proprement vêtus s'étaient installés autour de la table et jouaient aux dés ou aux osselets en attendant l'heure du repas du soir.

Stephanus arriva à son tour des bains, parfumé et rasé de près. S'adressant à Lucius :

— J'ai réfléchi... Pour l'heure je vais garder Pinuzzo, ton remplaçant, ce qui allégera ta tâche. Toi, tu te chargeras uniquement de la collecte du quartier des thermes et de la caserne des gladiateurs ; ainsi, le reste du temps, tu pourras te mettre au service de Trebius Valens.

Lucius remercia son employeur pour ses largesses sans toutefois se méprendre sur les intentions de Stephanus : faciliter l'élection du candidat était se promettre une solide amitié et de sûrs appuis en cas de victoire...

Après le repas et comme promis, le jeune homme emmena Beryllus jusqu'à la caserne des gladiateurs.

— Hâte-toi, la nuit va bientôt tomber ! lança-t-il à son frère, tout occupé à uriner dans une amphore placée sur le bord de la route.

— C'est pour toi, c'est pour toi que je le fais, pour que tu aies du travail demain ! plaisantait ce dernier en le rattrapant.

Dès qu'ils arrivèrent sur le lieu de vie des professionnels de l'arène, Beryllus s'agita : à son tour de courir en avant, de s'arrêter, de houspiller son frère qui n'avançait pas suffisamment vite à son gré...

Toute la zone entre le quadriportique et l'arrière-scène de l'amphithéâtre avait été dévolue au parcage des bêtes, les cages installées le long d'une double allée et les animaux en liberté groupés dans un enclos. Une nuée d'enfants curieux s'attroupait derrière la barrière de délimitation, tendant le cou pour mieux voir, se disputant une meilleure place, se bousculant, en venant parfois aux mains. Lucius et Beryllus firent bien des envieux lorsque Ursius leur ouvrit un maigre passage, pour eux et eux seuls.

—*Salve ! Salve !* cria Beryllus en se précipitant vers l'enclos où barrissait l'éléphant.

—*Salvete !* répondit laconiquement le mutilé.

Le cœur de Lucius se serra lorsque le regard désolé d'Ursius fixa sa joue. Lui qui se lamentait de sa blessure avait soudainement honte face à l'ancien gladiateur au jarret tranché, au corps lacéré de vilaines cicatrices, au visage ébréché de coups de lame. Pour la première fois, il remarquait chacune de ces entailles non plus comme une laideur mais comme la souffrance morale qui accompagnait chacune d'elles. Il eut envie de s'excuser, de demander à Ursius de lui pardonner de n'avoir jamais compris ce qu'il pouvait ressentir, de n'avoir jamais vu en lui autre chose qu'un laissé-pour-compte, mais il n'osa pas. Ils marchèrent jusqu'à l'endroit où les soigneurs se reposaient.

L'Africain vint à leur rencontre.

—Il faudrait penser à te laver parce que tu es noir de crasse et puis tu sens la chèvre sous les aisselles ! lança Beryllus avec une moue dégoûtée.

Lucius allait le semoncer mais l'Africain objecta :

— Laisse ! Ce n'est rien !

Puis, s'adressant au simple d'esprit :

— Je dois aller abreuver les bêtes. Tu viens m'aider ?

Avec la plus vive excitation, Beryllus précéda les deux amis. Il s'extasia devant un éléphant qui remplissait sa trompe d'eau et s'en aspergeait le sommet du crâne, puis suivit Lucius qui l'entraînait plus loin. Là, dans sa cage, le lion rugissait. Lorsqu'ils s'arrêtèrent devant lui, il sembla à Lucius que la bête, d'instinct, l'avait reconnu. Se reposant sur ses quatre pattes, elle resta un instant à le fixer puis, soudain, elle bondit en avant. Dans un réflexe commun, les trois jeunes gens reculèrent. Beryllus tomba sur son séant, se releva et avança vers la cage avec colère :

— Idiot d'animal ! Je te déteste ! Regarde ce que tu as fait à mon frère ! À cause de toi, il a une tête de Gorgone.

Le fauve grogna et Beryllus l'imita, heureux d'avoir – croyait-il – effrayé le fauve puisque celui-ci s'était détourné… Après quoi, il imita l'Africain dans sa tâche.

Voyant les ombres du soir ternir les flancs de la montagne, Lucius rappela son aîné, qui se fit bien prier pour quitter les lieux…

Lucius se tenait sur le seuil de la boutique de Carminox, le parcheminier ; il n'était pas un pan de mur qui ne fût envahi par des rouleaux à écrire de toutes grandeurs et de toutes qualités.

Sur un établi étriqué, un esclave préparait de l'encre

noire : à l'eau, il mélangea de la suie, du noir de seiche et de la gomme arabique ; il la transvaserait ensuite dans les amphores qu'il alignait sur ses étagères de vente, à côté des encriers en métal ou en terre cuite, de la plus simple facture aux plus richement ornés. Sur une table, rassemblés dans des pots, s'exposaient calames, plumes de volatiles, stylets ou roseaux fendus, ainsi que des porte-plume, allant eux aussi de la fabrication simple à l'œuvre d'art. Sur le sol et dans une bassine s'entassaient les petites éponges nécessaires à la correction des fautes et un empilement de tablettes de cire. Dans ce bric-à-brac, il ne restait au parcheminier que la place pour tourner sur lui-même lorsqu'il servait la clientèle.

Carminox avait préparé une caissette d'où dépassaient quelques rouleaux de papyrus dépréciés qu'il posa sur un coin du comptoir.

— C'est pour Sema ! commenta le parcheminier... Quelle injustice quand on voit avec quelle passion il enseigne ! Rien à voir avec Potitus ou Julius Helenus ! À ces maîtres privés rien ne manque, leur fortune est assurée... Mais Sema qui enseigne à la plèbe, mal payé, il me fait bien de la peine à venir quémander des invendus...

— J'ai entendu dire qu'il a offert son stylet à un élève qui n'en avait pas et que depuis, lui, le maître d'école, écrit sur ses tablettes de cire avec un simple clou...

Entendant cela, Carminox se retourna, attrapa un stylet et le fit glisser dans la caissette.

— Tu es vraiment généreux ! admit Lucius.

Le parcheminier servit son jeune client puis compta les sesterces que celui-ci lui tendait. Ayant récupéré son matériel, Lucius salua et s'éloigna.

Il allait emprunter la rue de l'Abondance lorsque des commentaires joyeux captèrent son attention. Il s'approcha du mur où le *scriptor*, juché sur son échelle, finissait son texte d'une belle encre rouge : « Pour le salut de l'empereur Vespasien et de ses fils, pour la gloire de Pompéi et de ses habitants, la compagnie des gladiateurs de Nigidius combattra des fauves à Pompéi, dont un lion, sans aucun ajournement, aux calendes de novembre. »

Le lion qui l'avait défiguré était ainsi destiné à Nigidius ! Lucius poursuivit son chemin, se demandant comment annoncer la nouvelle à Trebius Valens, mais n'eut pas à le faire : le nez levé sur un mur, le candidat, en route pour les thermes, prenait connaissance de l'affiche, déjà peinte en divers endroits de la ville. Apercevant Lucius, il pointa son index.

—Tu as vu ça ? Il va donner des jeux, et une quinzaine de jours avant moi !

—Ne t'inquiète pas, les citoyens sont versatiles dans leurs promesses et tu réussiras sans doute à récupérer quelques voix si tes jeux arrivent après les siens !

L'homme, à nouveau, l'oublia et fixa toute son attention sur l'annonce.

—Deux jours de jeux... sans ajournement... et un lion ! marmonna-t-il de dépit.

Il releva la tête, lut une fois encore l'annonce qu'il devait connaître par cœur. Soudain il fit volte-face, attrapa le bras de Lucius et l'entraîna avec lui comme une mère ramenant son enfant turbulent en lui tirant l'oreille.

À peine rendu à son domicile, Trebius Valens fit étaler les dessins de Lucius sur le sol, en cala les bords à l'aide de galets ramassés dans son jardin, puis tourna autour en ruminant sa colère, s'arrêtant brusquement de temps à autre comme s'il allait proférer une sentence avant de repartir de plus belle. Enfin, il pila net et un sourire lui fendit le visage d'une oreille à l'autre.

— Tu peux rentrer à présent, nous nous verrons demain.

Lucius allait proposer de rouler les papyrus mais Trebius Valens l'en dissuada et le poussa vers la sortie.

— Non, non, laisse, je veux les étudier… Il faut que je réfléchisse ! À demain…

IV

SOLIDARITÉS

Ides d'octobre, an 78

Des éclats de voix et des rires inhabituels parvenaient de la rue.

— Que se passe-t-il encore ? grogna Lucius, à moitié endormi, pestant contre ceux qui le réveillaient de si bonne heure.

N'obtenant aucune réponse de Beryllus, il tendit l'oreille : dans la cour, des ouvriers ou des esclaves, sans doute eux aussi réveillés par ce vacarme inaccoutumé, s'éparpillaient dans la rue. Brusquement intrigué car son frère ne débitait pas ses niaiseries habituelles, il se tourna : Beryllus n'était pas dans sa couche. Pourvu que ce ne soit pas lui qui…

Le foulon sauta promptement du lit et à demi vêtu dévala l'escalier, fulminant contre son aîné.

Lucius suivit le mouvement de la foule ; partout sur son passage les affiches de Nigidius avaient été blanchies à la hâte ou recouvertes de *graffiti*, de boutades ou de dessins grossiers caricaturant le personnage, scènes dont les spectateurs se délectaient. Conscient que Trebius Valens y était pour quelque chose, car Nigidius était son principal rival aux élections et l'avait devancé dans la campagne d'affichage, il prit le chemin de sa demeure d'un pas décidé. Un attroupement, sur une placette, bruissait de rires et de commentaires moqueurs. C'est là qu'il vit son frère, assis sur le sommet de l'échelle servant aux commis chargés de blanchir les murs, les mains trempées de peinture. Lucius fendit la foule, désemparé.

— Regarde, lui dit fièrement son aîné, on voit mes mains partout sur le mur... Je suis un artiste, comme toi !

— Descends immédiatement ! ordonna Lucius, effondré.

Ne comprenant pas ce qui pouvait mettre son frère dans une pareille colère, Beryllus perdit instantanément son humeur joviale et, penaud, descendit l'escabeau. Il essuya ses mains sur son vêtement puis leva encore les yeux sur son œuvre, ravi :

— Je trouve pourtant que c'est beau !

Déjà Nigidius arrivait, renforcé par une escorte de la garde citoyenne. Ils s'arrêtèrent à leur hauteur.

— On le prend en flagrant délit de sabotage ! aboya le candidat aux élections, déjà humilié par les commentaires et les moqueries qui couraient dans les rues. Je demande réparation ! Ces affiches m'ont coûté une véritable fortune !

Lucius s'interposa :

— Tu sais bien que mon frère n'a pu commettre pareil sacrilège et sur tous les murs de la ville de surcroît ! Il n'a ni mauvais fond ni logique et encore moins une raison de te porter préjudice !

— Je n'ignore pas que tu as été chargé par Trebius Valens de faire ses affiches, et quand on sait que nous sommes concurrents dans cette élection... rétorqua l'autre candidat.

Beryllus n'arrangeait pas les affaires de Lucius : tandis que l'on débattait, il continuait à apposer ses mains sur le bas du mur avec fierté.

Le chef de la garde prit la parole :

— Écoute ! En attendant d'éclaircir cette situation, je vais devoir emmener ton frère...

L'homme avait parlé en lorgnant du côté de Nigidius et Lucius comprit que, sous l'influence du magistrat, il n'avait d'autre choix pour l'heure.

On encadra Beryllus, tout heureux de son exploit et fier de se voir emmener en si belle escorte.

Des bruits de pas discrets parvinrent aux oreilles de Lucius et il se retourna : c'était Stephanus, le vêtement mal ajusté, le cheveu en broussaille, une grappe de raisin à la main.

Après avoir écouté le récit de son commis, il lui souffla en confidence :

— Va trouver le prêtre Amandus, il est influent.

Lucius posa sur lui un regard interrogateur :

— Crois-tu...

— Je n'en sais malheureusement pas plus que toi. Va, je te dis, et vois s'il peut intercéder en faveur de ton frère, lui répondit le maître foulon en le poussant dans la direction indiquée.

La rue avait retrouvé son silence, les panneaux qui fermaient les boutiques étaient encore tirés. Il avait plu durant la nuit et l'eau s'écoulait entre les pavés qui tapissaient la chaussée. Un calme serein montait des arrière-cours où la vie commençait à frétiller doucement. Lucius n'eut que quelques pas à faire, la maison d'Amandus se trouvant dans le voisinage de la rôtisserie d'Asselina. Il sauta les blocs de pierre servant de passage pour piétons, bien utiles lorsque la rue était inondée par la pluie comme ce matin. Les volets de la maison du prêtre étaient encore fermés et Lucius hésita un moment avant de revenir sur ses pas. Il se lova sous un balcon pour se protéger de la pluie qui s'était remise à tomber et attendit, transi de froid.

Des panneaux que l'on déplaçait le délogèrent de son carré : c'était Asselina qui ouvrait boutique. Elle passa la tête par l'ouverture et, découvrant son jeune voisin, lui lança :

— Mais que fais-tu là ?

— Je dois parler à Amandus.

La femme le tira par le bras :

— Tu es trempé ! Viens, rentre au moins attendre à l'abri !

Soulagé, Lucius s'approcha du comptoir en forme d'équerre dallé de morceaux de marbre et sur lequel cruches et casseroles, au fil du temps, avaient laissé des cercles indélébiles.

Asselina, qui pouvait se vanter de posséder la meilleure rôtisserie de Pompéi, alluma le four. Tout en vérifiant le contenu des jarres encastrées dans la maçonnerie et qui servaient à conserver les denrées alimentaires qu'elle présentait à la vente, elle demanda :

— C'est pour ton frère, n'est-ce pas ?

— Oui, répondit simplement le jeune collecteur tout en gardant les yeux rivés sur la porte d'Amandus, étonné de voir à quelle vitesse les nouvelles se répandaient dans la cité.

Asselina fit glisser dans sa direction la lampe phallique destinée à éloigner le mauvais œil, qui ne quittait jamais le comptoir.

—Approche-toi de sa lueur et fais une prière à Isis.

Tandis que l'invité de fortune tendait les mains vers la flamme, Asselina puisa, à l'aide d'une louche, une portion de purée d'olives au fenouil et à la menthe qu'elle étala sur un morceau de pain.

—Tiens, mange ! On ne fait rien l'estomac vide !

Le jeune garçon remercia, dégusta la tartine en humant l'harmonieuse combinaison d'arômes dont seule Asselina avait le secret, tandis qu'elle préparait ses mets pour la journée. Près d'elle, sur un tréteau soutenu par des piliers de pierre et soigneusement conservées dans des jarres et des amphores, s'alignaient toutes les denrées de base indispensables à sa cuisine : farine, miel, huile, olives en saumure, *garum*, fenouil, menthe, ail, coriandre, céleri, aneth, cornichons et raisins secs.

Enfin, un battant de bois s'entrouvrit dans la maison d'en face, ravivant la fébrilité de Lucius.

—Finis ton pain et laisse-lui descendre le deuxième pied du lit ! insista-t-elle.

Lucius acquiesça sans plus quitter du regard les volets d'Amandus ; après un temps décent, n'y tenant plus, il remercia sa voisine, traversa la rue et frappa.

Le prêtre, à moitié échevelé, avait à peine eu le temps de passer une ample tunique d'intérieur. En quelques mots, Lucius lui exposa la raison de sa visite.

—Entre, lui répondit Amandus en dégageant un renvoi écœurant de saumure.

L'homme précéda son visiteur dans une pièce

donnant sur la rue, le fit installer sur un siège confortable ; du péristyle arrivaient les senteurs de terre mouillée, que venait malheureusement couvrir de temps à autre l'haleine pestilentielle du prêtre.

Après que Lucius eut donné plus de détails sur les faits qui incriminaient son frère, la cloche annonçant l'ouverture des temples sonna ; Amandus se leva et raccompagna le jeune homme :

— En attendant que la journée avance, va au temple d'Isis et prie la déesse de te venir en aide. Je demanderai l'aide d'Apollon et de Vénus.

Rendu à la rue, Lucius prit comme un bon présage un rayon de soleil soudain.

— Alors ? demanda Asselina, aux aguets.

Reconnaissant de sa sollicitude, Lucius traversa la rue et lui fit un résumé de son entretien avec le prêtre. Elle avait enfermé ses longs cheveux noirs sous un fichu et, à présent, arrosait les maquereaux fermentés avec leur propre jus de macération pour faire mûrir le *garum* ; des émanations s'en échappaient, identiques à celles des renvois d'Amandus.

Les premiers clients mirent fin au calme doucereux de ce début de matinée. Lucius remonta la rue de l'Abondance, jeta un regard à la montagne Vésuve qui disparaissait presque entièrement dans le brouillard de novembre avant de tourner et descendre vers le temple d'Isis, l'un des rares monuments de Pompéi presque complètement reconstruits, après le tremblement de terre qui les avait mis à bas l'année de sa naissance, et pour cause : le culte d'Isis, rapporté d'Égypte, était devenu le culte principal de la cité.

Lucius passa l'entrée du sanctuaire. Près de la porte

à triple battant, une amphore destinée à recevoir les offrandes et deux élégants récipients de marbre blanc accueillaient le visiteur. Après être passé par le sas où tout entrant se purifiait par ablution de l'eau sacrée du Nil contenue dans une vasque, Lucius avança jusqu'à l'endroit où présidait la statue d'Isis, enveloppée d'une draperie fine colorée de pourpre et ornée d'or ; elle tenait dans la main la croix de vie égyptienne.

Il s'approcha de l'autel, s'arrêta devant les deux grandes oreilles en stuc – celle d'Isis et celle de Bacchus –, symboles de l'écoute des dieux aux prières qu'on leur adressait. Il se pencha et, sur le ton du murmure, adressa sa demande à la déesse. Puis, s'inclinant, il fit une longue prière avant de quitter les lieux.

Il remonta vers le forum, emporté par la mouvance et le bruit ; partout, les amateurs d'annonces attroupés lisaient et commentaient encore l'incident du matin.

Sur la place rectangulaire du forum, cœur de la vie politique et religieuse de la cité, les grandes dalles de marbre faisaient un miroir d'eau où se reflétait le bleu du ciel, qui se découpait entre deux nuages.

Lucius hésita un instant avant d'aller implorer les dieux Lares, les dieux du foyer, dont le temple donnait de toute sa longueur sur le forum.

Incertain, il s'attarda sur les affiches : des inscriptions traitant des affaires publiques et sentences des tribunaux se mêlaient aux programmes de jeux des gladiateurs, chevauchant le calendrier des jours de marché, annonçant les promesses de campagne électorale ou l'appel à voter pour tel ou tel candidat ; et combien étaient surchargées de *graffiti* tracés à la pointe dure dans le stuc ! Ainsi on pouvait lire un élégant :

« Votez pour Cnaius Helvius Sabinus, édile, il est digne des charges publiques » à côté de : « J'ai attrapé un rhume » ou « Une urne de bronze a disparu de notre taverne. Si quelqu'un la rapporte, il recevra 65 sesterces. S'il indique le voleur de manière à nous permettre de récupérer notre bien, 20 sesterces. » Plus loin : « Fleur de *garum* de maquereau, en vente chez Nintus » et « Tu aimes Iris qui ne t'aime pas ». « Toi qui veux faire caca au pied du mur, sache que les orties sont hautes. » Il y en avait vraiment pour tous les goûts !

Le crieur public, sur son socle habituel, proclama : « Demain, jour néfaste en raison des Ides, évitez les activités personnelles. Le tribunal sera fermé et l'assemblée du peuple ne pourra se réunir. » Après une respiration, il ajouta : « Si quelqu'un rencontre Lucius Metullus, qu'il lui dise de se rendre sur-le-champ à la basilique afin qu'il soit informé de la justice que l'on va administrer à propos de son frère Beryllus. »

L'intéressé se précipita jusqu'à la basilique, prit sa respiration pour se donner du courage, passa l'entrée principale puis traversa le vestibule cerné de colonnes. Renseignement pris, il frappa à la porte de la pièce où se tenait la séance des magistrats, entra timidement, n'osant pas saluer autrement que par un signe de tête. Il reconnut le prêtre Amandus, debout près de la bibliothèque, qui ébaucha un sourire empathique.

Après que Lucius, selon la loi, eut décliné son nom, le magistrat tendit la main vers le greffier, qui chercha un *volumen* sur la grande table de marbre. L'édile parcourut silencieusement l'acte avant de relever vers le jeune garçon un visage radouci.

— Le prêtre Amandus, ici présent, a plaidé votre cause, nous rappelant le courage et la difficulté qui sont les tiens à prendre soin de Beryllus… Nous connaissons tous aussi sa simplicité d'esprit, ce qui nous a amenés à prendre la décision suivante : estimant que pour blanchir toutes les affiches de Nigidius il faut avoir une certaine suite dans les idées, le Conseil en a conclu que ton frère n'aurait pu mener à bien une tâche aussi… sensée. Quant aux *graffiti*, il va de soi que leur auteur ne peut non plus être ton frère ! Comme demain est jour néfaste en raison des Ides, que le tribunal sera fermé et qu'aucune assemblée ne pourra se réunir… bref : je voulais t'annoncer que tu peux emmener ton frère ; il est dans la pièce du dépôt, deux portes plus loin sur ta droite.

Libéré d'un poids immense, Lucius remercia les magistrats, jeta un regard plein de gratitude au prêtre Amandus avant de quitter la pièce, porté par un soulagement inexprimable. Deux portes plus loin, il frappa discrètement ; ce fut Beryllus lui-même qui ouvrit. Surpris, fou de joie, il se jeta dans les bras de son puîné.

— Lucius ! Je savais que tu viendrais me chercher…

— Mais… tu es tout seul ?

Beryllus répondit fièrement :

— Oui, ils ont dit que je ne suis pas bien méchant et ils m'ont demandé de t'attendre ici et de ne toucher à rien !

Son frère le fixa et, de l'air le plus sérieux du monde, il lui assena :

— Promets-moi que tu ne recommenceras jamais, ou bien la prochaine fois on te condamnera et on sera séparés !

— Je te le promets sur la foi d'Isis et aussi sur la vie de Bello-Bello ! répondit Beryllus.

Attendri par la simplicité d'âme de son frère, Lucius lui prit la main et l'entraîna vers l'extérieur.

Le soleil déjà haut dans le ciel avait asséché le sol et, si Lucius n'en eût été témoin, il aurait juré qu'il n'avait pas plu quelques heures plus tôt. En dévalant les marches de la basilique il aperçut Karsax, l'éternel concurrent, qui vidait une amphore sans col et lui adressa un signe amical. Les deux frères longèrent le porche où Sema dispensait ses leçons. Pour ne pas déroger à sa réputation, Taxos était debout, près d'un pilier, les mains et les pieds liés, exposé aux regards des passants, tandis que les autres élèves, penchés sur leur tablette de cire, travaillaient en silence pour résoudre un problème d'arithmétique.

— Qu'as-tu fait pour avoir encore subi le piquet ? demanda Beryllus.

Sa voix, forte et insouciante, avait fait relever la tête à tous les élèves et provoqué le froncement de sourcils du maître, qui grogna sur un ton faussement sévère.

— Passe ton chemin, Beryllus, au lieu de distraire ma classe, sinon je t'attache avec Taxos.

Lucius bâillonna son aîné du plat de la main et le tira en toute hâte. Karsax, qui avait suivi la scène et les avait attendus, s'approcha d'eux :

— J'ai appris pour Beryllus... et aussi pour toi, ajouta-t-il en évitant tout regard trop appuyé sur sa cicatrice pour ne pas gêner Lucius. Tu me manques ! Ton remplaçant, ce n'est pas toi ! J'aimais bien notre compétition, elle me stimulait !

— En fait, je ne collecte les urines que dans le quartier des théâtres, ce qui me permet…

— Je sais, je sais, interrompit Karsax.

Voyant un autre collecteur d'urines arriver sur le forum, il attrapa son charreton comme si rien n'avait plus d'importance :

— Faut que j'y aille avant de me faire doubler par cet abruti !

Il fonça droit devant lui, laissant les deux frères poursuivre leur chemin.

Empêchés par la pluie, les promeneurs étaient ressortis de leurs abris et emplissaient peu à peu la place.

— On va voir Bello-Bello, dis ? insista Beryllus.

— Ah non ! On retourne à la foulonnerie, du travail nous attend !

Déjà Beryllus n'écoutait plus son frère et s'était précipité vers un attroupement qui lisait une nouvelle annonce sur le mur d'une maison, sautillant d'une jambe sur l'autre pour mieux voir. À nouveau, Lucius dut le traîner pour le faire avancer.

Au croisement de la rue de l'Abondance et de la rue de Stabies, ils rencontrèrent Héraclès.

— *Salvete*, mes amis !

Pendant que Beryllus lui palpait les muscles des bras, le gladiateur s'adressa à Lucius :

— J'ai appris, pour ton frère…

Il se tut, fixa un instant Beryllus avant d'ajouter :

— Je voulais te dire que, si un jour il devait subir une condamnation aux jeux par le tribunal, et comme le permet la loi, je me proposerai de combattre en son nom.

— Je suis vraiment touché par ta sollicitude, Héraclès…

Un charreton chargé d'amphores et de jarres les poussa sur le trottoir, faisant se clore la conversation.

Pudiquement, Héraclès salua et s'éloigna.

Les deux frères regagnèrent la foulonnerie où tous leurs compagnons les accueillirent, laissant Beryllus raconter fièrement son épopée. Puis, sur une semonce de Stephanus, chacun se remit au travail.

Le lendemain, jour déclaré néfaste pour le commerce, Pompéi était au repos. Même la montagne Vésuve, aux flancs à présent dépouillés de ses grappes juteuses, dormait sereinement sous sa couverture de brouillard.

Lucius profita de ce jour férié pour aller, en compagnie de son frère, remercier le prêtre Amandus. La rue de l'Abondance, de la porte Marine à la porte de Sarno, avait clos ses lourds battants ornés de clous de bronze. Les auvents à tuiles au-dessus des boutiques, les balcons, les galeries dépassaient fièrement du corps des façades, heureux d'être enfin vus.

La porte d'Amandus étant ouverte, ils entrèrent.

Le prêtre d'Isis était attablé, caché derrière un monticule de rouleaux de papyrus. Lucius attendit qu'il eût fini sa lecture avant de manifester sa présence. L'homme releva son crâne dégarni et luisant.

—*Salve*, Amandus ; je venais te remercier pour…

Le prêtre l'interrompit avec humilité :

—Je t'en prie… Fais une offrande à la déesse en citant mon nom.

—Je n'y manquerai pas, acquiesça son visiteur, reconnaissant.

Après avoir parlé quelques instants avec Beryllus

pour lui faire comprendre la gravité de son acte, Amandus retourna à sa table, signifiant aux deux frères la fin de l'entretien.

Ils revinrent sur leurs pas.

—Veux-tu qu'on aille voir la mer ? demanda Lucius.

—Je préfère aller voir le lion, répondit Beryllus tandis qu'ils arrivaient à la hauteur du grand théâtre.

À son grand bonheur, Lucius consentit sans rechigner.

Ils passèrent le porche qui formait l'entrée de la caserne des gladiateurs ; le terrain d'exercice, détrempé par les récentes pluies, était vide. Devant la vaste salle où les combattants prenaient d'ordinaire leur repas se tenaient quelques hommes aux muscles d'acier, au cou épais et court, au crâne rasé, qui bavardaient.

Lucius entraîna son frère vers l'enclos réservé aux bêtes du cirque.

—Je n'espérais pas ta visite car j'ai entendu parler de tes soucis, commença l'Africain en regardant Beryllus qui s'était précipité devant la cage du lion.

Le jeune homme avait ramassé une branche sur le sol et s'apprêtait à la passer entre les barreaux lorsqu'une voix, derrière eux, leur parvint :

—Je crois qu'il vaut mieux ne pas trop le titiller !

C'était Scalus, le chirurgien, qui s'approchait. Ils le saluèrent.

—Tu viens couper les griffes du méchant lion pour qu'il ne blesse plus personne ? demanda naïvement Beryllus.

L'homme au visage hâlé posa sur lui son regard rieur :

— Non ! Je venais voir une guenon malade.

— Une guenon ? s'étonna Beryllus. En aurais-tu assez des humains pour te mettre à soigner des animaux ?

— Mais non ! Il fallait inciser un abcès et recoudre une plaie.

Son regard s'attarda sur le visage de Lucius.

— On m'a raconté, pour ta blessure… Pourquoi n'être pas venu me trouver ?

Le foulon détourna le visage pour dissimuler la joue affectée.

— De toute façon, je n'ai pas d'argent.

Scalus hocha simplement la tête, salua, s'éloigna et, sans se retourner, lui lança :

— Passe quand même me voir en fin de journée !

— Aïe !

Le soigneur, qui venait de pousser ce petit cri de douleur, frappa les doigts de Beryllus.

Lucius fixa son frère d'un regard interrogateur.

— Ben quoi : je voulais voir si la couleur noire s'en va quand on gratte la peau !

— Tu as autant de cervelle qu'une huître ! Tu mériterais parfois…

— Laisse, intervint l'Africain, qui les invita à l'aider pour la corvée d'eau.

Tout à sa joie, Beryllus allait de cage en cage, écoutait pieusement les conseils de l'Africain, remplissait les bacs d'eau, parlait aux animaux, imitait leurs cris ou leurs grimaces.

Enfin, les trois jeunes gens longèrent l'enfilade de cellules aménagées pour le logement des gladiateurs sur le flanc du portique et entrèrent dans la grande cuisine. Autour des tables massives, les combattants en repos buvaient du vin chaud aromatisé, jouaient aux dés ou parlaient des prochains jeux dans un bourdonnement convivial.

— Si tu cherches Héraclès, il est parti pour un rendez-vous amoureux ! lança un gladiateur d'une voix tonitruante.

— Tant pis ! Salue-le pour moi, répondit Lucius avant de rejoindre Beryllus et l'Africain, qui s'étaient installés près d'un brasero pour se réchauffer.

Ils traînèrent là un moment puis finirent par se séparer.

— On va voir Bello-Bello, dis ? lança Beryllus dès qu'ils se retrouvèrent dans la rue.

— Il est tard, soupira Lucius.

— Mais non, regarde, le soleil ne s'est pas encore couché !

Lucius hésita puis répondit :

— On fait comme ça : je t'y dépose, je passe chez le chirurgien et tu attends que je vienne te rechercher ; d'accord ?

Trop heureux, son frère acquiesça.

Ils remontèrent ensemble la rue de Stabies et, dès qu'ils arrivèrent au croisement de la rue des Augustales, Beryllus s'enfuit en agitant les bras :

— Je connais le chemin ! Je connais le chemin !

Sans attendre son reste, il passa la porte de la boulangerie de Modestus. Lucius remonta vers la rue de la Fortune ; devant la maison de Primus, qui jouxtait la teinturerie du foulon le plus riche de Pompéi, Orpheo, un chien imposant toujours attaché à sa chaîne, se mit à aboyer sur son passage.

— Vilaine bête ! lui souffla malicieusement Lucius pour l'agacer davantage.

Ce qui ne manqua pas de faire bondir le molosse lequel, si la chaîne sur laquelle il tirait ne l'en empêchait, se serait jeté sur l'importun.

Encore une rue et Lucius se trouva devant la maison à la façade massive et sévère du chirurgien. Il passa la porte, laissée entrouverte.

— Scalus ? appela-t-il de l'entrée.

— Entre, Lucius, et attends-moi ! lui répondit la voix calme.

Le jeune homme s'engagea dans l'*atrium* et patienta devant une peinture en trompe-l'œil. Le chirurgien apparut et entraîna son visiteur dans une pièce attenante, pavée de mosaïques et presque entièrement dépourvue de meubles, à l'exception d'une table de marbre destinée à recevoir les patients, ainsi qu'une autre sur laquelle s'alignaient dans un ordre parfait toute une série d'instruments chirurgicaux : ventouses, spatules, lancettes, couteaux à lames diverses, ciseaux, tenailles, scie, ainsi que d'autres dont Lucius n'aurait même pas su imaginer l'usage. Au-dessus d'une rangée de vases en bronze, en verre ou en terre cuite, on pouvait lire, peint sur un panneau de stuc : *EME HABEBIS*, « Si tu paies, tu auras », qui mit Lucius mal à l'aise.

Scalus, qui avait remarqué la gêne de son visiteur, arbora un sourire désarmant :

— Que veux-tu : les patients sont toujours soulagés de me trouver dans l'urgence, quelle que soit l'heure du jour ou de la nuit, et après ils oublient de me payer... Mais ne te préoccupe pas de ça, viens, approche... Mets-toi à la lumière !

Il attira son visiteur jusqu'à une chaise placée devant une fenêtre, l'y installa, se concentra sur le visage abîmé, palpant, tirant, lissant la joue de son patient.

— Le soigneur d'Ostie a fait du bon travail.

— Tu trouves ? gloussa Lucius. Je suis complètement défiguré !

— N'exagère pas ! La balafre est encore récente et à ton âge le moindre bouton sur le nez est une catastrophe, alors… Je pourrais tenter d'effacer la cicatrice mais il faudra s'y prendre à plusieurs reprises et…

Lucius amorça un geste de repli :

— Non… vraiment. Je n'ai pas d'argent pour ça.

L'homme s'approcha d'une armoire d'où il tira un feuillet de papyrus qu'il tendit à Lucius.

— Tu n'es pas sans te rappeler Julius Maïus, le préfet de l'annone de Rome, à qui tu as sauvé la vie ?

Le souvenir du préfet rencontré sur le navire le menant à Ostie revint instantanément en mémoire à Lucius.

— Il t'a écrit ? articula-t-il en fixant le feuillet, sans toutefois le lire.

— Oui. Oh, je te rassure, je ne le connais pas personnellement ! Il a adressé cette missive « au chirurgien de Pompéi » et y précise qu'il souhaite prendre à sa charge tous les frais de ton intervention : soit en me confiant la tâche, soit, si tu préfères, en t'envoyant un médecin réputé de Rome.

Scalus darda sur son invité ses yeux olivâtres, suspendu à la réaction du jeune homme, qui ne vint pas.

— Le lion t'aurait-il aussi arraché la langue ?

— C'est que…

Le chirurgien se détourna, fit mine de déplacer des instruments dans l'expectative d'une réponse. Lucius s'approcha de l'alignement d'objets à la fois saisissants et terrifiants.

— Et comment procéderais-tu ?

Scalus se défit instantanément de l'ébauche de sourire qui s'était dessinée sur son visage pour répondre avec professionnalisme :

— Je pense atténuer la cicatrice par brûlures successives…

— Par brûlures ? s'étrangla Lucius. Mais ce serait douloureux et il n'y aurait aucune promesse de résultat, qui pourrait même être pire que ça !

Sans se départir de son calme, le chirurgien reposa la petite lame qu'il tenait en main.

— Écoute… Viens demain à la caserne des gladiateurs et je te montrerai quelque chose. Pour l'heure, je vais te congédier car je dois faire ma dévotion aux dieux Lares.

Posant une main affectueuse sur l'épaule de son visiteur, il le raccompagna jusqu'à la sortie.

Une nappe de brouillard montait du sol et courait les rues comme un grand serpent ouaté. Pensif, Lucius redescendit jusqu'à la boulangerie de Modestus pour y récupérer son frère.

Assis près d'un brasero, Beryllus jouait aux osselets avec un jeune commis. Heureusement que la belle Alba n'était pas là, car Lucius ne se serait pas senti de lui parler de son souci, qui ne mettrait que davantage son mal en exergue.

En apercevant son frère, Beryllus se releva prestement et s'abattit sur lui :

— Alors ? fais voir ! lança-t-il en se plaçant du côté abîmé.

— Que veux-tu qu'il y ait à voir ? Rien du tout ! Allez, viens, on rentre !

Après avoir caressé le museau de Bello-Bello, en congé de meule lui aussi, Beryllus partit à sa traîne. Les deux frères revinrent à la foulonnerie.

Tandis qu'un commis puisait de l'eau, d'autres apprêtaient la table : on avait posé quelques petits fromages séchés sur une claie de jonc, une bouillie de fèves et quelques cornichons entiers ainsi qu'une miche de pain et de l'huile d'olive. Cissa apporta quelques gâteaux à base de fromage réduit en poudre et enduits de miel et, à la lueur d'une torche, réchauffés par le feu de deux braseros, les commis prirent leur repas.

V

Le doigt du destin

Cinq jours avant les calendes de novembre, an 78

Tirant sa charrette, Lucius entama sa tournée quotidienne. Pestant contre des ivrognes qui avaient renversé une amphore sans col, il défit un clou mal fiché dans une porte et grava sur la pierre : « Crétin qui renverses ce précieux pipi, puisses-tu en avoir les pieds trempés. » Puis il remit le clou dans sa cavité et descendit la rue de Stabies pour se rendre à la caserne des gladiateurs.

Dans la grande cour rectiligne, les combattants faisaient leurs exercices sous le regard attentif des entraîneurs ainsi que du laniste, juché à l'étage supérieur. Le jeune homme longea les cellules-dortoirs des gladiateurs ; son regard vagabonda sur les femmes de certains, que le règlement autorisait à venir vivre avec eux, et les quelques animaux familiers qui dormaient nonchalamment sur la pierre froide des couloirs.

Lucius avait fini de s'acquitter de sa corvée aux latrines lorsque le coup de sifflet annonça une pause ; s'étant dispersés çà et là, les gladiateurs se désaltéraient ou plaisantaient grassement tandis que des esclaves aspergeaient le sol pour abattre la poussière.

Apercevant Héraclès, le foulon laissa sa précieuse cargaison pour aller le saluer. À mesure qu'il passait entre les combattants, les odeurs corporelles montaient par vagues, lui rappelant par moments celles des cages des animaux.

— Vas-tu voir Némée ? demanda le gladiateur.

— Némée ? répéta Lucius.

Héraclès lui donna une bourrade virile en s'exclamant :

— Némée est le lion qu'a combattu et vaincu Héraclès lors de son premier Travail. C'est ainsi qu'a été baptisé ton pire ennemi pour l'occasion.

— Pour l'occasion ? Quelle occasion ?

Le gladiateur reprit tout son sérieux pour annoncer :

— Nigidius m'a demandé si j'acceptais de le combattre, dans le même contexte qu'Hercule a combattu le célèbre lion lors de ses Douze Travaux.

Lucius se liquéfia : Héraclès n'était pas l'un de ces bestiaires, ces hommes qui affrontaient les bêtes lors des jeux, et qui étaient d'ailleurs considérés comme la plus basse catégorie des combattants ! En outre, les bestiaires se mesuraient aux fauves en un corps à corps inégal, armés simplement d'un pieu ou d'une lance, et vêtus d'une simple tunique.

— Mais tu n'as aucune chance ! protesta le collecteur d'urines.

Le gladiateur fixa l'enclos aux fauves.

— Je ne suis pas venu à Pompéi uniquement pour faire le tour des tavernes, je te rappelle que combattre dans l'arène est mon métier ! Pour ce tableau, Nigidius a tenu à m'avoir et m'a d'ailleurs promis une coquette somme.

Il y eut un long silence, interrompu par l'arrivée au pas de course de l'Africain.

— Je t'ai vu de loin, Lucius ! Le chirurgien est là, il te demande de passer le voir.

— Scalus ? Que te veut-il ? interrogea Héraclès.

Peu convaincu et l'esprit bien ailleurs, l'intéressé répondit sans enthousiasme :

— Il dit qu'il peut atténuer ma cicatrice, mais je ne suis pas séduit par sa méthode !

Héraclès radoucit sa voix, qui prit la tournure d'un conseil avisé :

— Tu as tort ! Je l'ai vu à l'œuvre et, crois-moi, il fait du bon travail !

Le sifflet retentit, annonçant la reprise de l'exercice. Lucius et le soigneur attendirent que les gladiateurs aient regagné le terrain pour le contourner plus paisiblement par le péristyle.

L'Africain emmena son ami au *spoliarium*. Dans la salle vide et propre qui ne servait que les jours de jeux, allongé sur l'un des lits de pierre, un homme à la musculature impressionnante se laissait soigner par Scalus en se libérant, par intervalles, d'un soubresaut de douleur.

Le jeune Noir s'éclipsa et Lucius s'approcha discrètement, les yeux rivés sur la table où un linge recevait les instruments souillés du chirurgien.

— Qui est là ? demanda Scalus sans se distraire de sa tâche.

— C'est moi, murmura le nouvel arrivant.

—Approche ! Ne reste pas dans mon dos.

Le chirurgien montra à Lucius le visage balafré de l'homme.

— Brennus a été blessé lors d'un combat à l'épée ; sa joue avait été emportée et j'ai pu la recoudre. Regarde les contours…

Lucius suivit le tracé du doigt du chirurgien, lequel poursuivit son explication :

— Pour réduire la boursouflure due à la couture, j'ai procédé comme je te l'ai dit : par abrasion.

Le gladiateur, resté docile et silencieux jusqu'alors, prit la parole :

—Je peux te dire que Scalus m'a rendu apparence humaine… À présent je plais à nouveau aux femmes ! Fais-lui confiance.

Évidemment, Lucius connaissait la réputation du chirurgien, qui œuvrait tant au cœur de la population qu'auprès des gladiateurs blessés.

Le jeune garçon posa son regard sur Scalus, qui le fixait silencieusement.

— D'accord ! finit-il par lâcher.

Calmement, le soigneur finit de laver la plaie puis plongea ses instruments dans une bassine remplie d'eau.

Après que la montagne de muscles s'en fut allée, Scalus conclut simplement :

—Viens chez moi ce soir, après la cloche des thermes pour les écoliers.

Laissant le chirurgien sécher ses instruments, Lucius regagna le portique où il avait laissé sa collecte d'urines et quitta la caserne.

Sa belle humeur reprit le dessus lorsqu'il lut, gravé

au poinçon sur le mur du petit théâtre : « Je m'étonne, mur, que tu ne te sois pas effondré alors que tu portes les niaiseries de tous ceux qui ont écrit sur toi. »

Le jeune garçon en sourit : au fond, sa joue était comme les murs de Pompéi, altérés par des *graffiti*, mais qu'une main experte venait blanchir régulièrement pour permettre d'écrire une nouvelle histoire du quotidien. Et Scalus allait procéder de même avec son visage…

Lorsqu'il arriva à la foulonnerie, Trebius Valens, qui bavardait avec Stephanus, lui adressa un signe de la tête. Lucius alla se délester de son chargement dans l'arrière-cour, où Beryllus chantait à tue-tête dans sa cuve de pierre, puis revint vers Trebius Valens qui engagea, l'air faussement penaud :

— Je suis sincèrement marri par l'incident qui est advenu à ton frère.

Lucius ne releva pas. Après quelques échanges de convenance, le candidat passa immédiatement à ce qui l'amenait en réalité ; déployant un rouleau de papyrus, il commenta :

— Voilà l'affiche que j'ai choisie parmi celles que tu as faites. Un *scriptor* se chargera du texte et toi tu dessineras ce gladiateur affrontant un ours. Je préférais ton lion, que tu as superbement dessiné, mais tu comprends… Je n'avais pas les moyens de m'en offrir un ! Je me demande d'ailleurs où Nigidius a pu trouver tout cet argent !

Puis, inquiet :

— J'espère que son spectacle ne va pas rafler toutes les voix qui m'étaient destinées !

— Mais non ! le rassura Stephanus. Mon vote t'est acquis car tu me sembles le plus digne d'être élu !

Flatté, le candidat manifesta sa satisfaction par une lippe réjouie.

La trompe sonna la fin du travail matinal et Trebius Valens prit congé comme si l'accord était assuré ; tous les foulons abandonnèrent leur tâche dans une effusion de bonne humeur, se rincèrent les pieds, enfilèrent leurs sandales et vinrent se regrouper dans la pièce où, l'hiver, ils prenaient leur repas. Deux esclaves apportèrent des fromages de brebis, de la polenta et quelques fruits, tandis que Papiria découpait de grandes tranches de pain. Chacun se servit et mangea avec appétit, ponctuant le repas par les anecdotes ou les plaisanteries habituelles.

Après le déjeuner, sur ordre de Cissa, les commis se remirent au travail dans un calme relatif afin de ne pas déranger Stephanus durant sa sieste.

Lucius étudia ses dessins et y apporta quelques retouches. Lorsque Stephanus fit son apparition dans le chambranle, tunique fripée et cheveux en rince-bouteille, le jeune dessinateur roula ses feuillets et demanda la permission d'aller choisir le pan de mur qui conviendrait le mieux à son affiche principale.

Stephanus lui donna congé d'un mouvement de main ponctué d'un bâillement interminable ; après une recommandation à son frère, le jeune garçon s'en fut et longea la rue de l'Abondance, encore plongée dans la torpeur de la sieste. Il passa devant la boulangerie de Modestus : par amour pour Alba et pour lui montrer le meilleur de lui-même, il espérait secrètement que Scalus serait inspiré par Esculape et rendrait apparence flatteuse à son visage abîmé… Comme avant… Cela était-il possible ? Il osait enfin y croire !

Allant de place en place, Lucius trouva ce qu'il cherchait sur le mur de la bibliothèque municipale : tous les citadins y passaient au moins une fois par jour en se rendant au forum et aux différents édifices publics qui l'entouraient, il y voyait donc là l'emplacement idéal pour son dessin…

Sema venait de lâcher ses élèves qui, le turbulent Taxos en tête, se dispersèrent dans la rue comme une nuée de sauterelles. Le maître d'école s'approcha du jeune homme, bavarda un instant avec lui avant de demander, gêné :

— S'il te restait quelque couleur, encre ou peinture…

— Ne t'en fais pas, Sema, je te les garderai.

Le maître jeta encore un coup d'œil au papyrus.

— Je sais que tu as peu de temps et aussi peu de moyens pour prendre quelque cours particulier. Mais si ton désir était d'apprendre le grec je pourrais te l'enseigner, murmura l'homme en guise de remerciement.

Lucius lui prêta toute son attention :

— Le grec ?

— Oui, tu pourrais ainsi aborder les textes de Platon, Socrate, et je pourrais t'enseigner des rudiments de rhétorique…

— Ton dévouement t'honore, maître, mais tu sais, une fois les affiches faites, je retournerai à mon travail de collecteur d'urines et je continuerai à m'occuper de mon frère ! Je n'ai malheureusement aucun avenir dans ce que tu me laisses entrevoir…

— Cicéron a dit un jour : « Un champ, bien que fertile, ne peut donner des fruits sans qu'il ait été cultivé, ainsi va l'âme sans les études… » Tu n'aurais rien à y perdre sinon que ton temps et crois-moi : le temps passé à étudier n'est jamais du temps perdu ! Penses-y !

Lucius acquiesça et salua l'instituteur, qui s'éloigna. Après avoir mesuré une dernière fois le mur du regard, il remonta par la rue de la Fortune, rien que pour le plaisir de passer devant la maison de Primus et titiller Orpheo ; dérangé dans son sommeil, le molosse se redressa d'un bond, tira sur sa chaîne comme s'il allait emporter le mur avec lui et, d'une voix rocailleuse, fit trembler l'air de ses aboiements sentis. L'intrus passé, il tourna trois fois sur lui-même avant de s'affaler sur sa dalle.

Scalus, qui rentrait des thermes, héla Lucius en chemin et ensemble ils progressèrent jusqu'à la maison du chirurgien.

— Installe-toi sur le lit.

Attendant que le chirurgien ait préparé le nécessaire, allumé un feu portatif, Lucius jeta un regard inquiet aux instruments terrifiants qui étaient posés, bien alignés les uns à côté des autres, sur la table.

Enfin, Scalus se posta à hauteur de son visage ; il tenait un couteau à manche et à lame très fine, tel un prêtre allant procéder à un sacrifice rituel. Il expliqua :

— Je vais rogner ta cicatrice avec cet instrument puis la cautériser. Tu auras une croûte pendant plusieurs jours. Surtout, tu n'y toucheras sous aucun prétexte ! Es-tu prêt ?

Lucius acquiesça puis ferma les yeux, attendant de subir les premières douleurs.

Il faillit s'évanouir à mille reprises et eut envie d'arrêter le geste du chirurgien tout autant de fois. Mais, pensant aux blessures bien plus graves qu'enduraient les gladiateurs puis à Alba, il serra les dents et, tétanisé sur sa couche, les doigts cramponnés à sa tunique, il supporta le mal.

— Voilà ; c'est fini !

Ces mots, magiques, le détendirent instantanément. Il relâcha tous les muscles de son corps, tenta de porter la main à sa joue.

— Non ! tu n'y touches pas ! Pour atténuer le feu, je vais t'enduire de blanc d'œuf battu, qui va sécher sur la peau en formant une pellicule.

— Du blanc d'œuf battu ? simplement ?

— Oui : si le blanc de l'œuf est le placenta qui sert à nourrir le futur poussin – et quand on voit le miracle accompli par la nature –, imagine le bien qu'il fera à tes chairs…

Le soin terminé, Lucius se releva. Scalus transvasa le reliquat de cet onguent dans un pot de terre :

— Tiens, emporte ceci. Pendant une bonne heure, et même plus tard si tu ressens une brûlure, tu vas continuer à en appliquer sur ta joue, couche sur couche. Recommence demain et repasse me voir après la cloche de fermeture des thermes.

Lucius salua et, son cruchon dans les bras, peu enclin à montrer son visage rougi et badigeonné d'œuf, il rasa les murs et prit une ruelle de traverse pour revenir à la foulonnerie.

Le voyant arriver dans cet état, Stephanus prit pitié :

— Tu peux t'installer dans mon officine à condition que tu ne me déranges pas.

Déjà, son frère l'interpellait :

— On va voir Bello-Bello ?

— Non, pas ce soir !

Beryllus bouda un instant puis se concentra à nouveau sur son jeu d'osselets.

Fort de l'autorisation, Lucius s'installa dans un angle et se pencha sur son ouvrage, ne sortant de sa concentration que lorsque sa peau le tiraillait.

Le coq de la maison contiguë entonna son cocorico matinal, suivi presque simultanément des cris du nourrisson voisin. Beryllus bougonna puis roula sur le côté en se bouchant les oreilles ; Lucius se leva et, silencieusement, descendit les marches de bois de la soupente. La cour était encore déserte, on n'entendait que le ronflement de Stephanus ou les grincements de dents de Lullo. Le jeune garçon se faufila jusqu'à l'autel des Lares, prit les figurines représentant son père, sa mère, Norelia et les plaça en avant, face à lui. Sur la coupelle des offrandes il déposa quelques grains de raisin, trois boulettes de mie de pain trempées dans le blanc d'œuf qui lui avait servi d'onguent. Il s'agenouilla et, ses pensées chevillées au nom d'Héraclès, il demanda aux mânes[18] de ses parents de protéger son ami, de le préserver des griffes du terrible lion. Lorsqu'il perçut les pas de Papiria, lents, pesants, puis ceux plus sveltes de ses compagnons de travail après que la femme eut donné les deux coups de bâton dans l'échelle, il se releva et alla les rejoindre. Dans la brume matinale, la maisonnée se réveillait et peu à peu les voix s'affirmaient pour s'interpeller, rire, plaisanter.

Comme un rituel, lorsque Stephanus apparut sur le seuil de sa chambre, un godet à la main, le visage

18. Esprits.

froissé et le cheveu défait, chacun délaissa sa place à table pour se mettre au travail. Lucius empoigna le manche de son charreton et, poussant sa mule, il partit pour sa tournée.

Il passait devant la basilique lorsqu'il aperçut Héraclès. Il aurait voulu s'esquiver, mais comment faire avec son charreton d'urines ? D'ailleurs le gladiateur l'apostropha bruyamment :

— Chercherais-tu à m'éviter ?

Lucius baissa la tête et lâcha :

— Je suis en colère contre toi, je n'y peux rien.

— En colère ? Mais pourquoi ? Que t'ai-je fait ?

Le collecteur d'urines le vrilla d'un regard comminatoire.

— Ne joue pas l'innocent, tu sais très bien de quoi il s'agit : je ne veux pas que tu combattes ce fauve !

Héraclès posa sa main lourde sur l'épaule de son jeune ami.

— Désolé, mais les jeux sont mon gagne-pain et si je m'engage, si je veux acquérir la gloire, il me faut ce combat : Héraclès doit battre le lion de Némée. Tu comprends ? Il faut que je gagne ce combat si je veux être appelé à Rome pour l'inauguration du nouvel amphithéâtre.

— Ou que tu périsses !

— Ou que je périsse. Mais alors, peu m'importera !

Son rire, tonitruant, pour une fois ne fut pas communicatif. Impuissant, Lucius s'empara de sa cargaison d'urines et amorça le départ, en oubliant une amphore à vider sur le bord du trottoir.

— Viendras-tu au moins me voir ? Et à la *cena libera* si je t'invite ?

Sa question resta sans réponse. Comment Lucius pourrait-il aller voir son ami se faire dépecer ? Et comment pourrait-il assister à la *cena libera*, ce banquet offert aux gladiateurs la veille du combat, un peu considéré comme le dernier festin du condamné à mort ? Certains privilégiés, moyennant finances, pouvaient y participer avec un certain voyeurisme, ça aussi faisait partie des jeux mais lui n'en voulait pas !

Une idée, soudain, le traversa : et si le lion n'avait pas toutes ses capacités le jour des jeux ? Il devait bien exister une drogue ou… Il allait s'enquérir auprès du chirurgien ! Cette idée folle occupa alors tout son esprit et il n'eut de cesse d'avoir fini sa tournée de quartier et de rapporter ses précieux tonnelets débordants d'urines à la foulonnerie pour se rendre chez Scalus. En chemin, il tomba nez à nez avec Trebius Valens.

— As-tu entendu ? lui glissa le candidat à l'élection ; il paraît que Nigidius va faire combattre un vrai gladiateur, et pas un bestiaire, contre ton fameux lion.

— Oui… répondit simplement le jeune dessinateur.

Trebius Valens leva les bras au ciel en s'exclamant, à la manière tout à fait théâtrale qui était la sienne :

— Il faut qu'il perde le combat !

— Qui ? Le gladiateur ?

— Mais non ! Je parle du lion ! Si le fauve gagne, et si de surcroît il dépèce cinquante autres bestiaires, on ne parlera plus que du lion de Nigidius… tandis que s'il perd, les jeux de Nigidius n'entreront pas dans les mémoires et je garderai toutes mes chances !

Ne dévoilant rien de ses propres espoirs, Lucius lui répondit :

— Mais on dit le gladiateur très fort, sa renommée a dépassé le Latium. S'il vainc le lion, sa gloire sera associée aux jeux de Nigidius !

— Bah ! Il sera bien tué par l'un de ses pairs lors d'un autre combat !

Lucius serra les poings, désespéré de constater à quel point la vie d'un animal ou d'un homme était sans valeur... Mais il n'y pouvait rien, c'était ainsi !

Trebius Valens aperçut un patricien et, ne se donnant même pas la peine de prendre congé de Lucius, il le planta là. Le jeune collecteur jeta un coup d'œil à la méridienne placée sur l'une des colonnes du temple d'Apollon : l'ombre du soleil marquait la fin de la matinée, il était temps de revenir à la foulonnerie avec sa cargaison.

Dans l'animation de la cour emplie des ouvriers bruyants et affamés qui s'installaient près du brasero, Lucius croisa le regard de Papiria, qui s'inquiéta de sa tristesse. Il lui relata sa conversation avec Trebius Valens.

— Je sais que le gladiateur est devenu ton ami. Prie les dieux pour qu'ils lui laissent la vie sauve !

Lucius leva les yeux : au-dessus de leur tête, un oiseau avait traversé le ciel, de gauche à droite.

— Mauvais présage ! lâcha-t-il amèrement.

— Moi qui me trouve face à toi, j'ai vu l'oiseau traverser le ciel de droite à gauche, alors je dis : bon présage ! argumenta Papiria avant de se libérer d'un rire rassurant.

Après sa tournée de l'après-midi, Lucius se rendit, comme convenu, chez le chirurgien.

Avant de s'annoncer, il admira la façade de la maison de Scalus.

— Serais-tu en train de chercher un beau support pour l'une des affiches électorales de Trebius Valens ?

C'était la voix du médecin, qui accueillit et emmena directement son patient dans la salle des soins.

Assis sur la table de consultation, Lucius suivit des yeux les gestes du chirurgien, qui étalait ses instruments sur la tablette de marbre. Après avoir hésité, dégluti plusieurs fois, le visiteur finit par se libérer de son tourment :

— Serait-il possible de donner quelque drogue au fauve pour le rendre moins féroce ?

Sans répondre, le chirurgien fit étendre son patient, approcha une lampe à huile, étira légèrement les chairs.

— Ça cicatrise bien, commenta-t-il simplement.

Lucius aurait voulu insister mais il n'osa pas et ferma les yeux pendant que Scalus lui enduisait la peau d'un baume malodorant. Enfin, l'homme de science lui confia :

— Ma déontologie, c'est-à-dire ma morale de médecin, m'interdit ce que tu me demandes. Que dirait la foule ainsi que le commanditaire des jeux s'ils voyaient divaguer un fauve tel un ivrogne rempli d'alcool et prêt à s'effondrer ? Je ne puis prendre parti, Nigidius a payé très cher les animaux pour son spectacle de chasse.

— Mais il ne s'agit pas de lui, il s'agit d'un gladiateur, de la vie d'un homme ; vois ce que m'a fait ce fauve !....

Le chirurgien referma son pot, fit rasseoir son patient, lui mit le baume dans le creux de la main.

— Tu vas l'appliquer tous les matins et tous les soirs avant de te coucher, ça va ramollir les croûtes. Reviens dans cinq jours et je procéderai à une nouvelle abrasion.

Lucius se releva, penaud, et se laissa reconduire jusqu'à la sortie.

— Je vais réfléchir à ce que tu m'as dit, lui murmura le chirurgien avant de le rendre à la rue.

Mû par cet infime espoir, Lucius regagna la rue des Thermes, coupa pour gagner la boulangerie de Modestus, où le braiment de Bello-Bello l'accueillit ; il chercha Alba du regard ; la voyant occupée avec la clientèle, il l'admira du seuil. Lorsqu'elle se mouvait avec tant de légèreté, que ses boucles cuivrées se détendaient et se retendaient en spirales onctueuses à la manière des vrilles de la vigne, l'instant était magique ; lorsque sa tunique couleur d'ambre laissait entrevoir ses formes, l'instant devenait grâce. Après cet instant de contemplation béate, Lucius poursuivit son chemin. Sur un carré de mosaïques, des enfants jouaient aux billes avec des noix et des noisettes tandis que, plus loin, un marchand ambulant proposait friands, fouaces et beignets à la foule de badauds attroupée devant l'échoppe du barbier.

De la foulonnerie parvenaient des cris de mécontentement ; reconnaissant la voix de Beryllus, Lucius se demanda ce que son frère avait encore bien pu faire. Pressant le pas, il arriva au moment où Papiria tentait d'interposer sa masse corpulente entre Beryllus et Lullo. Dans la mêlée, le simple d'esprit finit par tomber dans le bassin. Les commis, attroupés autour du lieu de la rixe, se mirent à rire de sa misère.

— Que se passe-t-il ? demanda Lucius en tentant de sortir son aîné du bac où l'on faisait tremper la laine pour la dégraisser.

— Ton frère est allé fouiner dans les affaires de Lullo, a trouvé le casse-tête d'Archimède[19] et l'a démonté. Puis il a perdu plusieurs lamelles et ne sait plus où il les a mises.

Pour bien connaître son aîné, Lucius savait à quel point le casse-tête de Lullo l'intriguait ; Beryllus l'avait déjà subtilisé à plusieurs reprises mais jamais n'en avait perdu un seul élément.

Il vrilla son frère, trempé et dégoulinant d'urines, d'un œil exaspéré.

— Qu'as-tu fait des lamelles ?

Levant les bras pour se protéger des coups que menaçait encore de lui porter Lullo, Beryllus se posta derrière son cadet.

— J'ai réussi à faire Némée, le lion qui t'a fait moche et qui va dévorer Héraclès.

Lullo s'avança encore, querelleur ; Lucius fit un geste pour le calmer puis, s'adressant à son frère avec douceur :

— C'est très bien que tu aies réussi à faire le lion ; me le montreras-tu ?

Beryllus haussa les épaules :

— Je l'ai mis en cage, comme ça il ne pourra pas tuer Héraclès !

Lullo pesta :

— Tu sais bien que s'il manque une pièce on ne peut plus se servir du casse-tête !

---

19. Casse-tête en os créé par le savant grec Archimède et premier puzzle connu de l'histoire.

Lucius lui fit un nouveau signe d'apaisement et, sous l'attention des commis, il reprit calmement :

— Tu sais, moi non plus je ne veux pas que le lion mange Héraclès. Mais es-tu sûr qu'il ne va pas s'échapper de là où tu l'as mis ? Peut-être pourrait-on le cacher encore mieux ?

Claquant des dents, gouttant l'urine, Beryllus s'assura qu'il restait à bonne distance de Lullo, puis avoua :

— Je l'ai caché dans le temple d'Isis et j'ai demandé à la déesse de le surveiller...

Lucius jeta à Lullo un regard entendu tout en répondant :

— Bon, on reverra ça ! Pour l'heure, va te laver et puis change-toi !

Beryllus fendit le groupe, qui se disloqua en bourdonnant ses commentaires.

— Je suis désolé, j'irai le récupérer demain, proposa Lucius à l'adresse de Lullo.

Hochant la tête, le soufreur semblait s'être rendu ; l'incident était clos et le repas, heureusement, détendit l'atmosphère.

Son charreton à bout de bras, Lucius attaqua sa journée. De l'autre côté de la rue, Verecundus le salua en ouvrant son négoce et, curieux de la raison des éclats de voix du soir précédent, il se fit raconter l'épisode.

— Nous savons tous que le cœur de ton frère est pur et qu'il ne ferait pas de mal à une souris.

Encore quelques échanges conviviaux, puis Lucius tira son charreton. Dans la rue de l'Abondance, les commerçants ouvraient leurs boutiques avec un bruit de ferraille et de claquement de volets. Le jeune homme ralentit devant la rôtisserie d'Asselina, huma au passage le fumet délicat qui se dégageait de ses plats en cuisson, la salua.

Bien qu'elle servît un premier client, elle lui lança :

— Fais-moi plaisir : profite de ta tournée pour dire que le *garum* d'Asselina est le plus goûteux qui se fasse à Pompéi !

Lucius, qui transvasait une amphore d'urines dans son tonnelet, la rassura :

— Ne t'inquiète pas de ça, partout où je le peux, je proclame que ta rôtisserie est la meilleure de toute la Campanie !

Déjà, les passants encombraient la rue et il était temps pour Lucius de poursuivre son chemin, sinon il ne pourrait bientôt plus avancer à un bon rythme. Dans le giron du temple d'Isis, il s'acquitta de sa tâche avant l'arrivée de Karsax, puis gara son charreton pour éviter que quelque maladresse ne le renversât ; il monta les marches et, après s'être purifié, il avança jusqu'à l'autel. L'oreille de la déesse était là, posée sur le marbre, prête à écouter tous les murmures du cœur. Il chercha la plaquette du casse-tête de Lullo à l'endroit indiqué par son frère et la trouva, soulagé. Puis, s'agenouillant à la hauteur de l'oreille sacrée, il confia ses tourments à la déesse, lui demanda de veiller sur son ami Héraclès et lui recommanda sa vie. Après quoi, le cœur apaisé, il retourna à son quotidien.

VI

La porte des Enfers

Calendes de novembre, an 78

Levé avant l'aube, Beryllus avait secoué son frère comme un arbre pour en faire tomber toutes les noix.

— Arrête ! grogna Lucius en tirant la couverture sur sa tête.

Son frère insista.

— Tu as bien caché le lion, dis ? Tu l'as bien caché ? Parce que demain, les jeux de Nigidius commencent et je ne veux pas qu'Héraclès meure...

Ramené à cette brutale réalité, Lucius comprit que son frère parlait de la lamelle du casse-tête de Lullo.

— Oui, je l'ai bien caché, mentit-il.

Voyant que son cadet sombrait à nouveau dans le sommeil, Beryllus le découvrit complètement.

— T'endors pas ! Tu l'as caché où ? Es-tu sûr qu'il ne s'échappera pas ?

Décidé à gagner encore quelques minutes de sommeil, Lucius se réappropria sa couverture, s'y blottit en improvisant :

— Je suis allé jusqu'à la porte des Enfers et je l'y ai jeté.

— La porte des Enfers ?

Pour toute réponse son frère émit un grognement, prêt à se rendormir. Beryllus le secoua de plus belle :

— Raconte ! Comment c'était ?

Comprenant qu'il n'aurait plus de cesse, que sa nuit était bel et bien terminée, Lucius réfléchit un instant en sondant les yeux bouillants de Beryllus puis, se souvenant de ce que l'on racontait de la Solfatare, cette montagne à proximité de la cité de Naples creusée d'un immense cratère d'où s'échappaient d'innombrables fumerolles, il peaufina son mensonge :

— Tu arrives là, tu ne peux pas te tromper : du sol, fait de cendres et de soufre, se dégage une terrible odeur d'œuf pourri.

— Pire que Lullo ?

— Pire que Lullo ! Puis tu avances droit devant toi, en prenant garde de ne pas marcher sur les fumerolles qui émanent des fissures du sol... J'ai marché... longtemps... Puis je suis arrivé devant une immense fumée qui sortait d'un puits géant. Là, je me suis penché et j'ai appelé le dieu des Enfers.

Gagné par les frissons et tout ouïe, Beryllus se glissa sous la couverture de son frère.

— Tu veux parler de Cérès en personne ?

Pris au dépourvu, Lucius bégaya :

— Oui ! Lorsque je l'ai appelé, une fumée noire, gigantesque, est sortie du puits et le dieu des Enfers m'est apparu !

Il s'amusa un instant de la tête de Beryllus, tétanisé par la peur.

— Et alors ? s'impatienta ce dernier.

—Alors, je lui ai raconté ce que tu sais ; je lui ai montré ma cicatrice ; je lui ai parlé du lion, je lui ai demandé de le garder dans son antre jusqu'à la fin des jeux de cirque.

—Et à quoi il ressemble, le dieu des Enfers ? hoqueta encore Beryllus, hérissé de chair de poule, dont on ne pouvait dire si elle était l'effet du froid ou de l'épouvante.

—Il est… Comment dire… Il est tout noir… immense… avec de gros yeux de feu…

—Et alors ? demanda encore Beryllus, les yeux volant de gauche à droite comme s'il avait peur de voir apparaître Cérès au pied de son lit.

—Alors il a dit oui et il a dit qu'il le garderait dans son antre à une seule condition…

—Laquelle ? insista son frère, agacé par le nouveau silence de Lucius.

Ce dernier prit une voix d'outre-tombe pour ajouter :

« Que Beryllus ne fasse plus aucune bêtise jusqu'aux jeux, et surtout qu'il ne participe pas aux chasses en tant que spectateur. »

Son frère remonta la couverture, la serra autour de son cou et gloussa, terrifié :

—Il connaît mon nom ?

Heureusement, le nourrisson de la maison voisine se mit à pleurer, comme tous les matins, ce qui dispensa Lucius de répondre aux questions pressantes de son aîné.

—Allez, file dans ton lit maintenant et attends que Papiria ait allumé le feu.

Terrorisé, Beryllus glissa de la couche de son cadet à contrecœur et se réappropria la sienne.

Les ouvriers vinrent s'agglutiner progressivement autour du brasero telles des mouches sur un cadavre, les yeux encore gourds de sommeil, attrapant à tâtons la nourriture que Cissa leur proposait.

L'apparition de Stephanus sur le pas de la porte abrégea les conversations et chacun se traîna jusqu'à son bac, laissant les esclaves débarrasser la table.

— On va voir Bello-Bello après les thermes ? demanda Beryllus, tandis que les commis faisaient chauffer de l'eau pour l'ajouter aux bacs de foulage.

— Mais n'en as-tu pas assez d'aller parlementer avec cet âne ? le moqua Papiria d'une voix empreinte de tendresse, alors que Lucius s'éclipsait avec son charreton.

La cité était déjà en effervescence et tout le monde y allait de ses paris à propos des jeux commandités par Nigidius. Au grand dam de Lucius, de nombreuses amphores avaient été renversées ou brisées par les turbulents. Sur un mur où une affiche annonçait le combat d'Héraclès contre le lion, une main inconnue avait ajouté une mare de sang ainsi que des blessures sur le corps du combattant.

Esquivant la foule, Lucius se dirigea directement vers la caserne des gladiateurs et y trouva son ami s'entretenant avec l'Africain. Héraclès lui adressa un geste amical.

— *Salve* Lucius ! Tu es venu prendre tes paris ?

Le lion rugit violemment, faisant sursauter le collecteur d'urines.

— Maudite bête ! maugréa Lucius en se défoulant par un coup sur les barreaux de la cage.

— Me feras-tu l'honneur de venir ce soir à la *cena libera* ?

—Je me ferai même un masque avec de la mie de pain trempée dans du lait d'ânesse pour être plus beau ! rétorqua Lucius avec mauvaise grâce.

Le coup de sifflet du laniste interrompit leur conversation. S'en retournant à son exercice, Héraclès les laissa seuls.

Après avoir tristement suivi du regard la silhouette musculeuse, Lucius se rapprocha du soigneur et, sur le ton de la confidence, il demanda :

—Y a-t-il quelque chose que tu puisses faire pour abrutir ce maudit fauve ?

L'Africain le dévisagea d'un air hébété.

—Me prendrais-tu pour Jupiter ?

—Non... ce n'est pas ce que je voulais dire... N'existe-t-il rien que l'on puisse mélanger à sa nourriture pour le rendre inoffensif ?

L'Africain jeta autour de lui un regard affolé avant de murmurer :

—Tu veux parler de quelque drogue ?

Son ami lui distilla un regard anéanti.

—J'en ai parlé au chirurgien mais, bien qu'il m'ait dit qu'il allait y réfléchir, il ne m'a pas donné de réponse sur ce point et je n'ai pas osé y revenir...

Le lion rugit encore, comme pour manifester son désaccord, et ce fut au tour de l'Africain de donner un coup de bâton sur les barreaux de la cage. Puis les jeunes gens se fixèrent, tristes et impuissants, avant de se séparer...

En fin de journée, Lucius revint à la caserne des gladiateurs, où de nombreux amis ou convives privilégiés faisaient la cour aux combattants du lendemain.

Certains d'entre eux, impatients, avaient déjà pris place autour de la grande table de la *cena libera*, trinquant et riant. Les portes, closes en raison du froid, donnaient curieusement à la scène une ambiance familiale.

Dès qu'il vit son jeune ami, Héraclès l'apostropha :

— Tu n'es pas venu avec ton frère ?

— Non… Je lui ai dit un mensonge et je ne voulais pas qu'il voie le lion.

Le gladiateur afficha une mine étonnée.

— Laisse, tu ne comprendrais pas, coupa Lucius.

Une femme parée de bijoux, qui allait d'un gladiateur à l'autre, lâcha un rire que le jeune homme trouva indécent en la circonstance.

— Tu veux prendre place ? proposa Héraclès.

— Non, je suis simplement venu passer quelques instants avec toi… J'ai demandé à Sema de me raconter comment le héros grec a vaincu le lion de Némée : il paraît que le fauve avait une peau impénétrable à toute arme, à toute flèche, ce qui a obligé Hercule à le combattre à mains nues et à l'étrangler…

La voix de Lucius se noua ; il se racla la gorge pour finir, presque dans un sanglot :

— C'est pire que ce que j'avais craint, ça veut dire que tu n'as aucune chance !

Sentant la solennité dans la voix du collecteur d'urines, son ami l'entraîna sous l'arcade, à l'abri des échanges bruyants.

— Est-ce là toute la confiance que tu as en moi ? Je te signale que le héros de la mythologie a vaincu le fauve ! repartit le gladiateur sur un ton qu'il aurait voulu léger.

— Oui, mais l'un est une légende et l'autre, c'est un fauve que j'ai vu à l'œuvre.

Le silence s'installa et Héraclès comprit, à un frémissement, que son ami amorçait un mouvement de départ. Il prit les devants :

— Si tu ne souhaites pas assister à la *cena libera*, accepteras-tu au moins de venir prier Isis avec moi ?

Lucius lui adressa un regard consentant.

Contournant la foule bruyante qui peu à peu avait rempli la grande table, Héraclès lui fit traverser le *spoliarium* et l'entraîna jusqu'à une alcôve où était le petit temple destiné à Isis, commun aux gens de la caserne.

Le combattant s'agenouilla devant le brûle-encens qui répandait de suaves senteurs autour de l'autel sacré. En prévision des jeux, les gladiateurs avaient redoublé de prières et les offrandes s'amoncelaient autour de la statuette. Héraclès y posa deux noix et la coupe de vin qu'il avait ramassée sur la table des libations, puis prit la parole :

— Ô déesse, mère protectrice de cette cité, je te remercie de tes bienfaits ; merci aussi d'avoir convaincu mon ami Lucius de venir me saluer ce soir et passer quelques instants en ma compagnie. Il ne le sait peut-être pas, mais j'ai aussi peur que lui de l'issue du combat de demain. Si à cette occasion la mort devait me faucher, je te demande de le protéger toujours, en mémoire de moi.

Une boule noua la gorge de Lucius ; n'ayant apporté aucune offrande, il prit le couteau qui était posé sur l'autel, découpa une mèche de ses cheveux, qu'il plaça sur la coupelle, puis piqua la pulpe de son majeur avec la pointe de la lame, offrant deux gouttes de sang en sacrifice :

— Ô vénérée déesse, entends ma prière : je ne puis empêcher mon ami de combattre, mais tu as le pouvoir de le garder en vie…

Sa phrase finit dans un étranglement d'émotion et tous deux restèrent ainsi, figés dans une communion morose…

Les rires, les cris et les boutades se firent plus distincts à leurs oreilles, les tirant progressivement de la torpeur dans laquelle ils étaient plongés. Bousculés par les effusions de la fête, ils se relevèrent et, en silence, ils quittèrent le petit temple.

Sur la table du banquet, on avait déposé des vins divers, de l'eau, du lait et l'on servait à présent des viandes, du poisson, de la purée de châtaignes, des fèves et du poireau arrosé de *garum*. Ceux qui avaient payé pour être assis au milieu des combattants s'étaient installés ; les autres, debout en spectateurs, faisaient cercle autour du groupe, curieux de regarder les combattants manger des mets que d'aucuns savouraient pour la dernière fois.

Se refusant à participer à ce triste cérémonial, Lucius se dirigea vers la sortie.

— Seras-tu présent demain ? demanda Héraclès, d'une voix presque inaudible.

— Bien évidemment ! répondit Lucius.

— Et pour ton frère ?

— Je vais m'arranger pour le laisser chez Modestus en compagnie de Bello-Bello… Tu sais… c'est à cause du mensonge, il ne doit pas voir le lion !

Héraclès se redressa :

— Vas-tu m'expliquer ce qu'est cette histoire ?

Lucius s'éloigna en lui jetant, par-dessus l'épaule, sur un ton détaché :

— Je te la raconterai demain soir... Après les jeux !

— Et si je meurs ?

— Tant pis pour toi, tu ne la connaîtras jamais !

Puis il revint sur ses pas, passant en revue tous les temples de la cité : en fut-il un qu'il n'avait pas sollicité depuis ce matin ? Derrière les murs, la montagne Vésuve veillait, caressée par les rayons de cuivre du soleil couchant...

Après avoir bataillé avec Beryllus auquel il rappela solennellement les paroles du dieu des Enfers, Lucius le laissa aux bons soins de Modestus, qui ne participait plus à aucun spectacle public depuis que son fils, dans les gradins, avait été tué par le jet malencontreux d'un javelot.

Lucius descendit la rue de Stabies et se dirigea vers l'entrée principale de l'odéon, seul théâtre couvert, où se déroulaient toutes les manifestations durant la période hivernale. Pompéi était en effervescence : parée de ses atours de fête, illuminée par l'or froid du soleil, la cité affluait vers le quadriportique d'où la procession allait partir. Il ne manquait qu'Alba, partie passer quelques jours à Herculanum chez une tante souffrante.

En sa qualité de commanditaire des jeux, Nigidius montait le char de parade qui devait défiler en tête et gagner le podium d'où il donnerait le départ des festivités. Derrière lui, les combattants s'étaient ordonnés par deux : casques, jambières et épaulières brillaient d'un bel éclat ; les cuirs avaient été lustrés la veille, les muscles vigoureux des gladiateurs et des bestiaires huilés pour se faire plus impressionnants ; ils étaient suivis par les animaux les moins féroces tenus en laisse, pour le plus grand plaisir des spectateurs.

Sur ordre du laniste et sous les vivats de la foule, la parade s'ébranla. Au son des éclats de cors, de cymbales, de trompettes, revêtus de leur somptueuse tenue d'apparat, les gladiateurs défilaient, casque et bouclier à la main. Au passage, Lucius reconnut Héraclès puis, plus loin, menant trois guenons entravées et joliment déguisé, l'Africain, qui lui adressa un large sourire.

Comme cela avait été annoncé par les affiches et relayé par les crieurs la veille, après le sacrifice rituel aux dieux les jeux débuteraient par les chasses ; à la pause de la mi-journée, pendant que les animaux tués seraient dépecés puis cuits pour être offerts aux spectateurs, on livrerait aux fauves les condamnés à mort par le tribunal ; ce recours aux exécutions capitales par des animaux sauvages remontait à une coutume étrusque : le jeu du Phersu, par lequel le condamné à mort, entièrement nu et la tête enveloppée dans un sac, était livré aux assauts d'un chien furieux avec, pour seule arme, un bâton. Lors des campagnes de conquêtes, les prisonniers faits à l'issue de la guerre contre Pyrrhus avaient été livrés à leurs propres éléphants pour périr piétinés puis, lorsque les éléphants étaient venus à manquer, on avait utilisé d'autres animaux, dont les lions. Cette manière d'exécution devint très vite le lot commun pour tous les criminels et, au même titre que les combats ou les chasses, les Romains se délectaient de ce spectacle.

L'après-midi, apothéose de la journée, les spectateurs pourraient assister au combat des gladiateurs. Tous ces tableaux, Lucius le savait pour l'avoir suivi de près, avaient nécessité une grande mise en scène afin d'étonner le public.

Tandis que les spectateurs envahissaient les gradins, les combattants s'échauffaient dans l'arène, laissant les irréductibles faire leurs derniers paris.

Enfin, les cors résonnèrent longuement, se faisant écho de part en part du théâtre : la foule musela ses éclats de voix et, dans un silence imposant, les combattants saluèrent Nigidius, ainsi que les notables qui avaient pris place sur le podium. Les souffles se suspendirent jusqu'au moment où le magistrat fit un signe au laniste.

Lui-même se tourna vers la nuée d'esclaves, qui ouvrirent portes et passages et sortirent des décors qu'ils placèrent selon un ordre précis. En peu de temps, devant les yeux ébahis des spectateurs, l'Afrique en carton bouilli se déploya sur le sable, reconstituant ses palmiers et sa jungle.

Sur un roulement de cymbales, une entrée latérale libéra les bestiaires sans armure, le torse et le bras gauche simplement protégés d'une plaque de cuir. En rang, ils vinrent saluer Nigidius puis se déplacèrent à la hauteur du laniste, qui leur adressa ces mots :

— Combattants de ce jour, en l'honneur du noble Nigidius vous allez affronter des bêtes féroces. Pour cela, vous pouvez avoir recours à poignards, flèches, lances ou filets ; vous pourrez tendre une embuscade, vous cacher derrière un arbre, un poteau ou même un brin d'herbe…

Il se tourna vers la foule, fier de son effet : tous avaient ri. Il attendit le retour du calme pour conclure :

—Au fait, une dernière recommandation : les fauves sont affamés alors… prudence !

À nouveau les rires fusèrent tandis que le laniste s'asseyait.

Armé d'un porte-voix et portant perruque, l'animateur prit le relais :

— Premier tableau : nous sommes dans la jungle de ce pays nommé Afrique… La saison de la chasse a commencé…

Il fixa son regard sur les deux fortes grilles latérales qui donnaient dans les salles souterraines par un petit couloir en pente ; guenons, autruches, chiens-hyènes et chats sauvages, deux zèbres, un gnou furent lâchés et se mirent à vagabonder dans un désordre confus, sous les huées des spectateurs avides de nouveautés. Massifs, sûrs d'eux, les bestiaires se mirent en place et, au cours d'une chasse sanglante, abattirent plus de cinquante animaux.

Un appel de cor marqua la pause durant laquelle des esclaves, déguisés en dieux et portant des masques, évacuèrent les cadavres – hommes ou bêtes indifféremment – à l'aide de crocs, tandis que d'autres ratissaient le sable pour effacer les traces de lutte et les traînées de sang.

Sans interruption depuis le début des scènes de chasse, des esclaves vaporisaient des parfums dans la tribune des notables pour couvrir l'air saturé de l'odeur fauve ; de place en place dans les gradins, des brûle-parfum laissaient échapper leurs filets de fumée odorante.

Après cet intermède, le cor sonna et l'animateur reprit la parole :

— Deuxième tableau : la chasse se poursuit... Mais à présent, avec des bêtes plus féroces... et à la fin « la surprise africaine » !

On procéda à l'ouverture des portes grillagées et tous les spectateurs retinrent leur souffle à l'entrée des fauves ; le cœur de Lucius se serra violemment : deux tigres, deux hyènes et un caracal firent leur entrée ; un instant déphasés, les fauves tournèrent sur le sable, rugissant ici ou là pour marquer leur territoire. Ni le terrible lion ni Héraclès ne faisaient partie de ce tableau et il soupira à ce sursis dérisoire.

Les cinq bestiaires, qu'il connaissait si bien pour les cotoyer chaque jour, se lancèrent sur les félins, les uns lançant des rets, les autres combattant avec leur épée. Hommes et bêtes périssaient tour à tour dans des conditions atroces et sous les vivats d'une foule comblée.

Soudain, par la porte latérale, on lâcha le lion mais, au lieu d'Héraclès, on précipita trois esclaves noirs, vêtus d'un seul pagne et armés d'une lance ; parmi eux l'Africain, qui roulait des yeux effarés sur le décor, la foule... C'était donc ça « la surprise africaine » ?

Un feulement que Lucius ne connaissait que trop bien, le souffle retenu de la foule, la terreur des trois malheureux voués à la mort : le jeune homme ne voyait que ça, n'entendait rien d'autre... Sautant par-dessus les cadavres que l'on n'avait pas pris la peine de retirer, l'Africain eut la présence d'esprit de grimper à un décor alors même que le lion bondissait, attrapant l'une de ses proies pour la déchiqueter. Le deuxième Noir tenta de lui percer le flanc de sa lance, mais le coup, mal porté, ne fit qu'exaspérer la bête, qui lâcha sa proie pour se jeter sur lui... Elle n'en fit qu'une bouchée. Il ne restait plus, dans l'arène, que le fauve et l'Africain : l'un était au pied de l'arbre, rugissant, tandis que l'autre, tremblant d'effroi, était cramponné à une branche avec fermeté. La scène, cocasse, amusa l'assemblée, qui attendait que le pauvre soigneur tombât de fatigue tout droit dans la gueule du lion... N'y tenant plus et sans réfléchir autrement qu'avec son cœur, Lucius bondit de son gradin et sauta dans l'arène. Toutes les attentions se cristallisèrent sur le collecteur d'urines tandis qu'il balayait la foule du regard, abasourdi, réalisant sans doute la folie de son geste : vu des tribunes, tout lui avait semblé si simple, mais perdu en contrebas, au cœur du danger, c'était autre chose !

— C'est Lucius ! Il n'a pas d'arme ! cria un Pompéien...

Le temps se figea.

Soudain une grille latérale s'ouvrit sur Héraclès... À l'expression hébétée de l'animateur qui s'était levé en retirant sa perruque, Lucius comprit que le dénouement du spectacle lui échappait.

Héraclès s'approcha lentement, pointe du glaive vers le sol, les yeux vissés au fauve.

Trebius Valens se dressa et hurla à l'attention de Nigidius :

— Lucius est le protégé de Julius Maïus, préfet de l'annone de Rome !

À ces mots, les patriciens s'entre-regardèrent. Comme s'il avait compris que le spectacle était ailleurs, le lion délaissa sa première proie pour se diriger vers Lucius. Sans bouger le petit doigt, celui-ci cria à l'Africain :

— Sauve-toi ! Vite !

Le soigneur ne se fit pas prier et glissa de son palmier avec l'agilité d'une guenon, courut vers une issue avant de gémir :

— Impossible ! Ils ont fermé les portes !

Le temps suspendit son souffle ; Héraclès lança son glaive, qui atterrit dans le sable aux pieds de Lucius, tandis que lui-même récupérait celui d'un compagnon tombé.

Lentement, sous l'œil perçant du fauve, Lucius ramassa l'épée, la pointa en avant, prêt à mourir pour sauver l'innocent soigneur. Scrutant les gradins, il chercha Trebius Valens, harponna sur lui un regard suppliant :

— Fais quelque chose pour le sortir de là ! lança-t-il.

Sa voix sembla lui revenir en écho et alors seulement il remarqua le silence absolu qui régnait autour de lui, chaque spectateur retenant son souffle dans l'attente du pire.

Trebius Valens balaya la foule d'un air perplexe, puis enfin se pencha en avant et tendit la main, appelant l'Africain. Le malheureux s'y précipita sans attendre son reste et s'y agrippa.

Une fois qu'il l'eut hissé à son niveau, Trebius Valens cria :

— Arrête ça, Nigidius ! Si Lucius meurt, cela se saura jusqu'à Rome !

Tous les pouces, dans la foule, se levèrent, gonflant Trebius Valens d'orgueil : il avait gagné les faveurs de toute la cité réunie. Voyant cela, et lui-même perdu dans ce hasard malheureux d'événements, Nigidius fit un signe et un groupe de gladiateurs fut envoyé dans l'arène pour cerner le fauve et permettre à Lucius de s'écarter du danger.

S'étant mis à l'abri derrière les grilles d'un portique rapidement ouvert, Lucius se concentra sur Héraclès, à présent seul avec le lion : le spectacle devait continuer ! Il ferma les yeux, invoquant Isis et Osiris de toutes ses forces. Un feulement, un rugissement, un heurt, les cris d'horreur de la foule, et Lucius ne put s'empêcher de regarder : blessé au bras, Héraclès avait roulé sur le sol avant de se redresser, épée brandie.

— Héraclès ! Héraclès ! scandait la foule, tout acquise au combattant.

Cramponné aux barreaux, son jeune ami serrait les mâchoires. Le lion s'était mis à faire calmement un déplacement en demi-lune comme s'il cherchait prudemment un autre angle d'attaque. L'homme et la bête ne se quittaient pas des yeux. Enfin le lion rugit en imprimant un violent coup de gueule, ébaucha sa course et bondit en effectuant un saut d'une ampleur inouïe. Pris au dépourvu par la rapidité de l'attaque, Héraclès n'eut qu'un réflexe : il tendit le bras au bout duquel il tenait la lame, épée sur laquelle le lion vint s'empaler. Homme et bête roulèrent dans le sable, l'un couvert par le sang de l'autre, dans une lutte au corps à corps sans merci.

Délesté de son arme, Héraclès affrontait le fauve dans un combat inégal ; enfin, il put se libérer de l'étreinte et tirer une dague de son ceinturon. D'une main ferme, il maintint la gueule du lion à bonne distance, tandis que de l'autre, il lui enfonça la lame dans le cou. Une fois ; deux fois ; trois fois ; jusqu'à ce que la bête s'effondrât sur lui de tout son poids. Un instant épuisé par le combat qu'il venait de livrer, Héraclès ne bougea pas et la foule retint son souffle. Enfin la masse de poils roula sur le côté : le héros du jour s'était libéré de sa charge et se relevait.

Lorsque, maculé du sang de la bête, Héraclès tendit ses bras vers le ciel, la foule scanda son nom et lança des vivats. Là, au cœur de l'arène, par le hasard d'un événement et par l'aide des dieux, le gladiateur venait de gagner la gloire. Sans doute déjà entendait-il résonner à ses oreilles l'appel de Rome...

Un bonheur immense envahit Lucius au point que son corps tout entier, lui sembla-t-il, allait exploser. Il desserra les barreaux de son étreinte ; devant lui, un esclave ratissait le sable pour recouvrir le sang versé tandis que d'autres retiraient les décors de la scène de chasse...

La trompe annonça la pause de la mi-journée et les gradins se vidèrent de leurs spectateurs turbulents. À contre-jour, une forme se profila, lumineuse, irréelle : c'était l'Africain flanqué de Trebius Valens.

— Merci à toi, Trebius, pour ce que tu as fait aujourd'hui. Crois-moi, cela sera un honneur pour moi que de faire tes affiches et aussi d'inciter le peuple à voter en ta faveur !

— J'y compte bien ! répondit le candidat sur un ton enjoué. Grâce à toi, aujourd'hui je passe pour un homme de cœur, et gageons que Nigidius y aura perdu quelques voix...

Héraclès, qui les avait rejoints, posa son glaive sur le banc :

— Holà les amis ! N'oubliez pas que le héros du jour c'est moi, qui ai abattu le lion de Némée ! Vous n'allez tout de même pas vous liguer pour me voler cet instant de gloire !

Après un temps suspendu, tous éclatèrent de rire.

— Allons déjeuner à présent ! Les héros meurent de faim !

— Partez devant, je vais me laver de ce sang, conclut le gladiateur.

Le laissant là, ses amis quittèrent l'enceinte de l'amphithéâtre par un *vomitorium*. Voyant le laniste s'approcher d'eux, l'Africain bifurqua.

— Où vas-tu ? demanda Lucius.

Le jeune Noir haussa les épaules. Lucius posa son regard sur Trebius Valens qui, dans un geste auguste, fit signe à l'Africain d'attendre. Puis, s'adressant à Quintus :

— Si j'en prends la responsabilité, on comprendra que pour l'heure ce soigneur soit dispensé de travail ?

Le laniste répondit sans hésiter à l'adresse de l'Africain :

— Après ce qu'on t'a fait subir, tu l'as bien mérité ; et de toute manière, presque tous les animaux ont été massacrés, alors...

Puis, s'adressant à Trebius Valens :

— Je tenais à te féliciter pour ton geste, tout à l'heure, et je te fais savoir que je voterai pour toi.

Laissant les deux adultes à leurs conversations, Lucius se rangea aux côtés d'Héraclès, qui les avait rattrapés, et du jeune soigneur. Dans le carré du quadriportique, la foule s'animait en une joyeuse et pittoresque confusion ; des bancs et des tables avaient été installés sous les arcades, desservies par les nombreuses buvettes et rôtisseries ambulantes, réchauffées par d'immenses braseros. Les odeurs se heurtaient, chaudes, sirupeuses ou piquantes, mais toutes grisantes. À la demande de Trebius Valens, Héraclès l'emmena dans la grande salle à manger décorée de trophées et d'armes de gladiateurs, où le candidat à la magistrature admira la fresque représentant Mars et Vénus. Çà et là, les héros du jour étaient courtisés.

Enfin, l'Africain posa la main sur l'avant-bras de Lucius et, le regard empreint de reconnaissance, il lui confia :

— Je n'ai pas encore eu l'occasion de le faire mais, du fond du cœur, je te dis merci. Sans toi, aujourd'hui je finissais dans l'estomac de ce lion.

Gêné, Lucius s'esquiva :

— Tu aurais fait de même pour moi, non ?

Le jeune soigneur roula des yeux et répondit avec la plus grande spontanéité :

— Je n'en suis pas si sûr !

De bonne humeur, Héraclès lui assena une bourrade amicale qui faillit disloquer l'épaule du jeune Noir.

Pour faire honneur à son sauveur, l'Africain raconta l'épisode qui avait conduit Lucius à se jeter devant le fauve pour sauver la vie du préfet de l'annone.

Un inconnu, élégamment vêtu, s'approcha d'eux.

— Lucius ?

Surpris, l'intéressé approuva.

—Je me présente : Boccolo Beoti, commerçant à Rome ; je suis à Pompéi pour affaires et je voulais te féliciter pour ta bravoure… J'ai entendu malgré moi le récit de ce jeune Africain…

—Tu es romain ? Alors peut-être connais-tu Julius Maïus, préfet de l'annone ?

—En effet, il m'arrive de le rencontrer à quelques banquets.

—Pourras-tu, lorsque l'occasion t'en sera donnée, lui transmettre mon amitié ? Il se souviendra aisément de moi, il m'a pris sous sa protection lors de son voyage de Pompéi à Ostie… Parle-lui de Lucius le dessinateur, du lion, du soigneur africain qu'il m'a permis de ramener ici ; et aussi remercie-le pour avoir payé les frais de reconstruction de mon visage ; assure-le que Scalus est un bon chirurgien et vois par toi-même de quelle manière ma cicatrice a été atténuée grâce à lui…

Lucius savait que, trop heureux de trouver un prétexte pour s'attirer les bonnes grâces du préfet de l'annone, l'homme ne manquerait pas d'aller porter le message.

Après qu'il leur eut offert une boisson chaude, le Romain prit congé du petit groupe et rejoignit ses amis.

—Les jeux vont reprendre, il faut que j'y aille à présent, soupira l'Africain.

—Et nous, allons retrouver notre place dans les tribunes, peut-être pourrons-nous assister à une ou deux condamnations capitales, répondit Trebius Valens.

Mais Lucius objecta :

— Pour ma part, j'avoue avoir eu mon lot d'émotions, alors je vais récupérer mon frère afin qu'il voie au moins les combats de gladiateurs ; de plus, je crains qu'il ne soit une charge pour Modestus…

La trompe rappelait les spectateurs ; peu à peu, la place se vida de la foule bruyante et les éclats de voix s'évanouirent. Lucius ramassa quelques gâteaux au miel ou aux amandes abandonnés sur les tables pour les rapporter à Beryllus ; s'éloignant de l'exubérance populaire, il remonta la rue de Stabies et bifurqua dans la rue des Augustales.

La cour de la boulangerie était déserte. Il appela. Enfin, Modestus passa la tête par une tenture, le cheveu en mêlée.

— Tu dormais ? questionna le nouvel arrivant.

— Ben oui, il n'y a pas un client et c'est l'heure de la sieste, deux bonnes raisons pour dormir. Et toi, ça va ? J'ai entendu…

Lucius, qui avait balayé l'endroit du regard, lui coupa la parole.

— Mais… et Beryllus ?

— N'est-il pas avec toi ?

L'inquiétude envahit le jeune homme à mesure que Modestus expliquait :

— Il était bien ici ce matin, mais l'un de mes commis est passé tantôt et a raconté l'aventure avec le lion… Ton frère s'est agité, a parlé de vouloir te rejoindre et tenait des propos décousus : il parlait de lion, de la porte des Enfers, il disait que le dieu connaissait son nom, qu'il aurait dû garder le lion… Comme je n'arrivais plus à le raisonner, j'ai voulu l'accompagner jusqu'aux arènes pour qu'il voie que tu étais bien en vie ; mais le temps d'enfiler une toge décente, il avait disparu... J'ai sincèrement pensé qu'il t'avait retrouvé.

Sans attendre davantage, Lucius se précipita vers l'odéon. Tandis qu'à l'intérieur de l'enceinte le spectacle avait repris, des esclaves arpentaient le portique pour ramasser chiffons et papiers gras laissés après le repas ; d'autres rangeaient les bancs, d'autres encore dépeçaient et faisaient cuire sur d'immenses brasiers les animaux victimes de la chasse. Les marchands ambulants réapprovisionnaient leurs étals en vue du prochain épanchement de spectateurs.

Lucius héla l'un des commis :

— Aurais-tu vu Beryllus ?

— Oui, il te cherchait, mais comme j'avais beaucoup à faire, je l'ai envoyé paître...

Lucius insista :

— Dans quelle direction est-il allé ? A-t-il dit quelque chose ?

Tout en poursuivant sa tâche, l'autre expliqua :

— Il a parlé de lion, d'un dieu qui ne tient pas ses promesses et qu'il allait sermonner... Bah ! tu connais ton frère, on ne comprend pas toujours ce qu'il a en tête !

La crainte s'empara de Lucius, qui se mit en quête de Beryllus ; mais il ne le trouva ni dans les gradins, ni avec Héraclès, ni chez les soigneurs.

— Peut-être que, ne te voyant pas, il est retourné chez Modestus ? hasarda l'Africain.

Fort de cet espoir, Lucius remonta jusqu'à la boulangerie, mais sans plus de résultat. Où chercher ? Il y avait bien les temples, notamment celui d'Isis, où

Beryllus avait caché la lamelle du casse-tête de Lullo, mais en ce jour de fête ils étaient tous fermés. Pour parfaire sa désolation, il n'y avait personne pour le renseigner : tous les volets étaient clos et les rues désertes, comme si les Pompéiens s'étaient volatilisés par l'effet de quelque charme. En panne d'idées, il suivit la première qui lui vint à l'esprit : le port ! Il s'y précipita.

Le ciel offrait son azur lumineux au croissant que formait la langue de terre s'ouvrant sur la mer Tyrrhénienne ; au large, l'île de Capri émergeait des eaux glacées, à la surface desquelles stagnait une brume fine. Lucius se mit en devoir de prospecter le quai, de glaner toute nouvelle pouvant le rassurer, en vain.

Il posa un regard découragé vers le nord, où Naples alignait ses façades joyeuses, puis en direction de l'endroit où il savait la Solfatare, se demandant si son frère serait capable d'atteindre tout seul la porte des Enfers.

Lorsque les premières torches se mirent à strier la mer de faisceaux cuivrés, il revint sur ses pas. À l'intérieur des murs de la cité, l'odéon vomissait sa foule, les rues reprenaient soudainement leurs claquements bruyants. Héraclès ! Obnubilé par ses propres soucis, Lucius en avait négligé le combat de gladiateurs ! Il dévala la rue de Stabies, s'engouffra dans le quadriportique où des Pompéiens flânaient encore, discutant ou se réchauffant autour d'une boisson chaude. Il entra dans le *spoliarium* ; là, les combattants vaincus étaient allongés sur les tables de pierre, tandis que des esclaves, ou leurs propres compagnons, procédaient à la toilette mortuaire.

Le cœur de Lucius s'affola... il chercha au milieu de ces visages celui qui lui était le plus cher... Entendant le rire tonitruant d'Héraclès, il avança vers la table où Scalus, le chirurgien, recousait sa blessure.

— Ah ! tu vois l'ami, à présent nous voilà frères pour avoir été tous deux blessés par le même lion ! lança le gladiateur.

Son soulagement évacué et après quelques mots échangés à propos du combat, Lucius raconta le souci que lui causait son aîné.

— Veux-tu que je t'aide à le chercher ?

— Non, vraiment ! Je crois que tu as eu ta part d'émotions pour aujourd'hui ! Panse tes blessures et prends quelque repos. Si jamais tu entends parler de Beryllus ou si tu l'aperçois, préviens-moi ou ramène-le, c'est tout ce que je te demande !

Voyant le front tourmenté de son jeune ami, Héraclès promit avec solennité.

Les rues étaient parcourues de torches, qui accompagnaient les derniers fêtards jusqu'à leurs demeures. Lorsque l'obscurité reprit ses droits, épuisé, découragé, transi, Lucius dut se résoudre à rentrer, gardant pour ultime espoir de retrouver son frère à la foulonnerie. Mais là non plus, personne n'avait vu Beryllus.

— Cet abruti est parti à la porte des Enfers, j'en suis à présent persuadé !

— À la porte des Enfers ? Mais qu'irait-il y faire ? demanda Papiria.

— C'est ma faute, je lui ai raconté des histoires à dormir debout... Je me sens tellement coupable !

Il planta son regard dans celui de Stephanus, attendant un conseil, une idée, un consentement.

— De toute manière, on ne peut rien faire ce soir... Et puis, bah ! je pense qu'il n'ira pas bien loin s'il est parti en tunique, sans argent et sans nourriture ! Ou bien il reviendra frapper à notre porte en pleine nuit, grelottant, ou alors quelque Pompéien te le ramènera demain matin après l'avoir hébergé pour la nuit !

— Et sinon ? coupa Lucius, toujours aussi inquiet.

Le regard noir du maître foulon se posa tour à tour sur le jeune homme, Papiria, Cissa, puis Lullo, avant de revenir sur Lucius, auquel il lâcha :

— Sinon... eh bien, tu iras le chercher jusqu'à la Solfatare, que veux-tu que je te dise !

Combien Lucius aurait-il voulu éviter cette nouvelle épreuve ! Les épaules accablées, il se dirigea vers l'escalier menant à sa mezzanine.

— Au fait ! À propos de ce que tu as fait aujourd'hui... Tu es complètement fou, mais je suis fier de toi, ajouta Stephanus.

Lucius le remercia d'un triste sourire...

Après une nuit sans sommeil et une matinée passée à glaner quelque renseignement pouvant le mettre sur la piste de son frère, Lucius revint à la foulonnerie. Stephanus, qui était en grande conversation avec Trebius Valens, lui fit signe d'approcher sans délai.

Le candidat à la magistrature prit la parole :

— J'ai envoyé l'un de mes esclaves, ce matin, sur la route des Tombeaux ; il paraît qu'on y a vu ton frère hier ; il parlait de rejoindre les Champs Brûlants pour y rencontrer le dieu des Enfers et le gronder ! J'ai bien peur qu'avec toute sa conviction, Beryllus ne soit en route pour la Solfatare !

Un tremblement de terre n'aurait pu avoir plus d'effet.

— Prépare quelques affaires et pars à sa recherche ! lâcha Stephanus, comme si aucune autre solution n'était envisageable. *(Puis, lui tendant une bourse :)* Prends ! Tes compagnons ont fait une petite collecte ce matin...

Papiria, qui s'était approchée, lui remit une besace.

— Asselina t'a envoyé quelque nourriture et Modestus un pain.

Touché par cette solidarité, Lucius se tourna et balaya les bacs d'un regard reconnaissant, remercia ses compagnons, lesquels lui adressaient, qui un simple sourire, qui un geste de sollicitude.

— Allons ! Mets-toi en route à présent...

Son ballot de linge à bout de bras et son bissac rempli de nourriture jeté sur l'épaule, Lucius quitta la foulonnerie.

Il remonta hâtivement vers la porte d'Herculanum et passa entre la succession de monuments funéraires. Les façades des villas s'élevaient au milieu des caveaux, formant un surprenant contraste entre la vie sur terre et le calme de la dernière demeure...

La nécropole était loin d'être un endroit sinistre : les Pompéiens en faisaient un lieu de promenade et, l'été, venaient chercher sur la dalle des tombeaux, à l'abri des frondaisons, l'ombre et la fraîcheur si précieuses sous ce climat brûlant. Aux Ides de février et de mai, c'est encore ici qu'ils venaient célébrer les Férales et les Lémurales, fêtes destinées à honorer la mémoire de ceux qui avaient atteint les rives des champs Élyséens...

Lucius avança, s'arrêtant ici et là pour glaner quelques renseignements, lesquels le confortèrent dans la conviction que son frère avait bien emprunté ce chemin. Il hâta encore le pas, son regard vide glissant sur les tombes, se disant qu'il payait bien cher sa plaisanterie… Quelle idée d'avoir mis en tête de Beryllus cette histoire de dieu des Enfers ! Pour sûr, Cérès se vengeait de l'outrage en lui imposant ce voyage improbable, ce pèlerinage jusqu'en enfer.

Deux routes s'offrirent à une croisée : à droite, celle qui menait à la via Appia, rejoignant Capoue puis Rome ; à gauche, celle longeant la baie et menant à Naples et aux Champs Brûlants. Bien que connaissant l'esprit dérangé de son frère, il n'hésita pas longtemps : le nom de la Solfatare devait guider les pas de Beryllus ! C'est dans cette voie qu'il s'engagea. Il lui restait un long chemin à parcourir. La montagne Vésuve veillait sa cité, il allait bientôt la perdre de vue. Une fois encore, le sort l'éloignait de son quotidien à son corps défendant…

VII

L'Œil du Temps

Calendes de décembre, an 78

La baie de Naples offrait un panorama superbe et, du golfe, on voyait poindre les îles de Capri, Procida, la plus petite, et Ischia, la plus grande. Lucius ne connaissait pas le reste du monde, mais il savait que là où il vivait était le bonheur…

Les nuits étaient glacées et, songeant à son frère, désemparé, peu couvert et mal armé pour un tel périple, Lucius ne s'en sentait que plus coupable…

Il marcha longtemps, trouvant refuge ici ou là contre quelques as. Enfin, au détour d'un sentier, un homme pointa du doigt les Champs Brûlants de la Solfatare. Il était arrivé !

Il s'arrêta dans un temple dédié à la déesse Isis, posa ses offrandes sur l'autel : une noisette, une noix, un fromage de chèvre. Il pria de toute son âme, confiant à l'oreille sacrée son espoir de retrouver son frère avant de reprendre sa route…

Une odeur d'œuf pourri s'intensifia peu à peu. Au loin, les Champs Brûlants offraient leur sol nu, jaune, parfois verdâtre, qui dégageait des gaz sulfureux ayant valu son nom à cet endroit. Il s'avança dans ce désert bosselé exempt de toute végétation, passa entre les fumerolles, inhalant jusqu'à l'écœurement les exhalaisons pestilentielles de soufre, et se dirigea, tremblant, vers l'endroit qu'on lui avait indiqué comme étant la porte des Enfers. Il termina son parcours devant une immense bouche creusée dans la cavité, d'où s'échappait une vapeur à l'odeur nauséabonde. Malgré l'hiver, il y régnait une chaleur de fournaise.

Il hésita, se pencha et appela, tremblant :

— Cérès, dieu des Enfers, es-tu là ?

Seul le silence fit écho à sa demande.

Lucius ouvrit sa besace, en sortit une pomme et deux noix qu'il jeta dans la bouche béante de la terre en insistant :

— Ô Cérès, dieu des Enfers, je viens implorer ton aide…

Bien que rien ne se passât, il poursuivit ses incantations. Vaines paroles : le dieu ne daignait pas se montrer au simple mortel qu'il était !

Il allait rebrousser chemin lorsque l'excavation vomit une violente fumée verdâtre ; le sol se déroba sous les pas de Lucius et il fut aspiré dans les entrailles de la terre.

L'instant d'étourdissement passé, il se redressa ; des flammèches dansaient autour de lui tandis qu'il se brûlait les mains au contact du sol aussi chaud qu'un chaudron posé sur le foyer. Il se releva promptement. Dans la semi-pénombre, une fumée teintée de jaune et de vert prit forme devant lui.

Lucius crut s'oublier dans son pantalon de laine tant la terreur l'opprimait. Le nuage de fumée partait parfois en vrille, menaçant de disparaître, puis se regonflait et stagnait comme le ventre mou de Callios, le tondeur de moutons de Pompéi, tandis que Lucius racontait au dieu la raison de sa venue, les yeux révulsés par la peur.

Le nuage sulfureux glissa le long d'une paroi, s'enrichit au passage de flammèches puis se volatilisa, plongeant l'endroit dans une obscurité terrifiante. La chaleur devenait insupportable, les parois plus brûlantes, l'odeur plus pestilentielle.

Désorienté, Lucius tourna sur lui-même. Il faisait chaud, terriblement chaud, et les semelles de cuir ne parvenaient qu'avec peine à protéger ses pieds du sol embrasé. Distinguant une faible lueur, il se hissa le long d'une paroi ; ainsi se retrouva-t-il dans la vaste plaine désherbée, jaune et lisse, d'où fusaient les feux follets de la Solfatare. Le jeune homme resta là, un moment égaré, à se demander s'il revenait bien des Enfers. Une fissure dans le sol libéra une fumerolle chaude et nauséabonde. Il n'avait que trop respiré ces relents putrides et, sans se l'expliquer, décida de longer la côte en direction d'Herculanum…

À nouveau, les paysages se déroulèrent ; la baie apportait ses embruns, noyant l'horizon, nappant les îles d'une chape spectrale. Et lui revenait sur ses pas sans avoir retrouvé son frère…

Après bien des péripéties, et ayant épuisé son modeste pécule, Lucius arriva en vue de la cité d'Herculanum.

Alors qu'il n'espérait plus, quelqu'un lui apprit au détour d'une conversation qu'un certain Niccolos, pêcheur de son état, avait recueilli un simple d'esprit. Mû par un indicible espoir, Lucius se précipita à l'adresse indiquée. Le pêcheur, qui lui fit bon accueil, lui expliqua :

— J'ai trouvé ton frère caché dans ma charrette et il m'a raconté des histoires à ce point invraisemblables que, prenant pitié de son esprit dérangé et en attendant le retour des beaux jours, je l'ai hébergé en contrepartie de son aide.

— Son aide ?

— Oui, pour la pêche, mais aussi pour transporter des denrées et recoudre des filets. Et je dois admettre qu'il ne se débrouille pas trop mal si ce n'est que parfois, selon ce qui lui passe par la tête, il a des réactions plutôt surprenantes... Mais j'ai pensé qu'un simple d'esprit, qui affirme que son frère connaît le préfet de l'annone de Rome...

Le ton était moqueur ; Lucius confirma :

— C'est pourtant vrai ! J'ai rencontré le préfet Julius Maïus, qui m'a pris sous sa protection...

Le doigt de l'homme pointa la balafre qui lui zébrait le visage :

— Alors, l'histoire du lion est réelle aussi ?

Ils étaient arrivés aux abords d'une petite maison devant laquelle Beryllus était assis, absorbé par le filet qu'il réparait. Entendant des bruits de pas, il releva la tête ; reconnaissant son cadet, il lâcha son aiguille, se dressa d'un bond et se mit à courir dans sa direction.

— Lucius ! Lucius ! Tu es là ! Cérès m'avait bien dit que tu viendrais me chercher. tu vois ? Je n'ai pas bougé, comme il me l'a demandé !

Les deux frères se jetèrent dans les bras l'un de

l'autre et Lucius mesura à quel point il était passé à côté du danger de perdre la seule famille qui lui restait. Il se promit de ne jamais plus lui mentir.

— Il faut qu'on rentre à Pompéi ; Bello-Bello nous attend, et Stephanus, et tous nos amis aussi, commença-t-il.

— Tu as vu Cérès toi aussi ? Tu l'as grondé parce qu'il n'a pas tenu sa promesse à propos du vilain lion ?

Lucius ne comprenait rien aux propos décousus de son frère. Il tenta de le calmer :

— Oui... mais il m'a dit qu'Héraclès devait tuer le vilain lion et, pour cela, il fallait que Cérès le libère : afin que le combat ait lieu et que le destin s'accomplisse, pour qu'Héraclès soit vainqueur comme dans la mythologie...

Il se mordit la lèvre : déjà il mentait à nouveau à son frère ! Mais, voyant le sourire de Beryllus, il se persuada qu'il avait fallu finir la mystification pour rétablir l'ordre des choses !

Niccolos partagea son frugal repas avec ses deux invités et, la nuit n'allant pas tarder à tomber, il leur proposa l'hospitalité.

À la pointe du jour, les deux frères se mirent en route et, tout le long du chemin, Lucius supporta avec patience les plaintes, les remontrances, les histoires insensées de son frère, s'étant convaincu que lui seul était responsable de la fugue de son aîné.

Lorsque Beryllus et Lucius passèrent le seuil de la foulonnerie, ils furent accueillis par des cris de joie, sans souci pour une fois de la sieste sacrée de Stephanus. Celui-ci ne tarda d'ailleurs pas à passer la porte de son officine privée, la joue froissée par les plis de l'oreiller. Exceptionnellement, il ne bougonna pas – comme il le faisait lorsqu'un importun le tirait de son sommeil – et laissa même ses employés suspendre un instant leur travail pour faire bon accueil à deux des leurs.

Se prenant pour un héros, Beryllus prit la parole et raconta ses retrouvailles avec son frère.

— Je suis étonné qu'un simple d'esprit comme lui ait pu aller aussi loin que la Solfatare et finir à Herculanum tout seul, y vivre et s'y rendre utile, admit Lullo.

— Et en plus j'ai parlé à Cérès, le dieu des Enfers en personne ! assena Beryllus, pas peu fier.

— Cérès en personne ? Raconte-nous donc ça ! ironisa Lullo.

Gonflé par l'importance qu'on lui donnait, Beryllus commença :

— J'avais trouvé passage sur la charrette d'un commerçant se rendant à Pouzzoles puis je suis parti à pied jusqu'aux Champs Brûlants. Ça sent comme Lullo, il n'y a pas un brin d'herbe et le sol est jaune et vert. Bref ! je vois la porte des Enfers et j'appelle Cérès ; et là, plouf, le sol se dérobe sous mes pas et je me retrouve dans les entrailles de la terre.

Il suspendit son récit, tout heureux de l'intérêt qu'il suscitait :

— Et alors ? il ressemble à quoi, Cérès ? questionna Cissa, le sourire mitigé.

— C'est une brume grisâtre, une fumée teintée de jaune et de vert qui a des yeux rouges… Là, une voix d'outre-tombe me lance : « Qui es-tu pour oser me déranger dans mon sommeil ? » J'ai cru que j'allais faire pipi dans ma culotte ! J'ai bégayé que j'étais venu le gronder à propos du méchant lion et de la promesse qu'il n'avait pas tenue...

Lullo imita la voix caverneuse de Cérès pour demander, le plus sérieusement du monde :

— Tu as osé t'en prendre à l'un des dieux principaux ? Mais il a dû se vexer et se mettre en colère ?

— Non, rétorqua Beryllus. En fait il m'a dit que pour se faire pardonner, et puisque j'avais réussi à arriver jusqu'à lui, il allait me montrer l'avenir...

— L'avenir ? répéta Cissa, elle-même à présent amusée par l'histoire du jeune foulon.

Beryllus, qui avait déjà raconté mille fois son aventure à son frère tout le long du chemin, lui jeta un regard inquiet, comme s'il lui demandait implicitement la permission de poursuivre. Son cadet ne le lui interdisant pas, il se lâcha :

— La fumée s'est soudain vivifiée puis elle s'est étirée jusqu'à recouvrir toute la roche. Et là, j'ai pu voir comme quand on contemple les reflets de la nature à la surface lisse d'un étang : la rue de l'Abondance, Asselina préparant le *garum*, Verecundus ouvrant les grilles de sa boutique, vous tous en train de fouler le linge à vos pieds ; ensuite l'image a tremblé comme si une libellule s'était posée à la surface de l'eau... Et puis j'ai réalisé que non : c'étaient les murs, qui se disloquaient sous les tremblements de la terre. Puis on entendait des cris, noyés dans une fumée noirâtre... Et puis d'un coup la cité a disparu dans les ténèbres. Et là j'ai demandé à Cérès pourquoi il faisait noir comme ça et il m'a répondu : « Je viens de te montrer le sort réservé à ta cité, qui un jour sera rasée de Campanie, détruite par la colère de la montagne

Vésuve. » *(Se tournant vers son frère :)* Il a dit que Lucius en réchappera grâce au deuxième lion.

Incrédule, Stephanus intervint à son tour :

— La montagne Vésuve ? Comment veux-tu que cela soit possible ? Allons, tu as tenu suffisamment de propos fantaisistes pour aujourd'hui !

Un coup de timbale contre le mur et le groupe se disloqua. Le maître foulon s'adressa aux deux frères :

— Allez vous restaurer un peu… ensuite toi, Lucius, va trouver Trebius Valens ! Tu auras toutes les chances de le dénicher aux thermes, où il passe ses journées pour y rencontrer du monde, s'y faire de bonnes relations et gagner quelques voix…

Trebius Valens ! l'Africain ! Héraclès ! Lucius les avait fait passer au second plan pour partir sans délai à la recherche de son frère.

Lucius rebroussa la rue de l'Abondance et remonta par le forum.

Sema interrompit inhabituellement sa classe :

— *Salve* Lucius ! As-tu retrouvé Beryllus ?

Les élèves se dissipèrent en un battement de cils et Sema dut faire taire leurs commentaires d'une voix autoritaire. Le calme revenu, il offrit son visage souriant au jeune homme, qui répondit simplement :

— Oui, il était à Herculanum !

— Passe me voir pour me raconter ton histoire en détail ! lui répondit le maître, avant de se tourner vers ses élèves et de reprendre sa leçon avec solennité.

Taxos, l'éternel puni, adossé à l'une des colonnes du péristyle, lui fit un signe de main discret en murmurant, sur le passage de Lucius :

— Tu me raconteras aussi, dis ?

Un clin d'œil complice suffit à le faire sourire.

Rendu aux thermes, Lucius traversa la cour entourée d'arcades où les irréductibles se dépensaient en exercices gymniques : il y avait ceux, au corps bien charpenté, qui entretenaient leur forme et ceux, bien plus habitués à la bonne chère, qui s'exténuaient dans l'espoir de perdre quelque once de graisse dans une sueur dégoulinante... Les premiers s'exerçaient en silence, les seconds en poussant des râles, des gémissements ou en pestant.

Le jeune homme entra dans le vestiaire et demanda où il pourrait trouver Trebius Valens. De la salle des massages parvenaient des éclats de voix, de claquements de mains s'abattant sur les épaules, des déclamations de poètes venus exercer là leurs talents, des bruits d'eau.

— Les thermes sont devenus sa seconde maison ! lui lança un voisin, avant d'ajouter : il est au *caldarium*.

Lucius traversa la salle des massages où s'étalaient des corps couverts d'huile livrés aux mains expertes des masseurs.

Arrivé dans le *caldarium*, il chercha Trebius Valens à travers les vapeurs chaudes qui saturaient l'atmosphère ; dans l'eau fumante de la piscine, quelques baigneurs s'ébattaient.

Il le distingua assis sur un banc de pierre, rouge comme un crustacé cuit, et attendit poliment que le candidat aux élections ait fini sa conversation avec un édile.

L'ayant aperçu, le patricien lui fit signe d'approcher.

— L'ambiance ouatée des matinées n'a vraiment

rien à voir avec les heures où le tout-venant comme moi accourt ici ! fit remarquer Lucius en prenant place au côté du candidat.

— C'est la raison pour laquelle les immortels se baignent à l'heure où la plèbe travaille, repartit grassement Trebius Valens.

Son jeune visiteur ne releva pas l'allusion, passa à ce qui l'amenait :

— Je suis vraiment désolé de t'avoir aussi lâchement abandonné mais mon frère...

— Je sais... je sais... coupa Trebius Valens qui, au grand étonnement de Lucius, lui demanda de lui relater son voyage.

Lorsqu'il eut fini son récit, l'homme lui tapota l'épaule, visiblement heureux :

— En tout cas, cette histoire aura fait basculer les voix dans mon camp, même si je n'ai pu offrir des jeux aussi grandioses que ceux de Nigidius ! Car je ne t'ai pas expliqué ce qui s'est passé en ton absence : figure-toi que grâce à mon geste – je veux parler de ma main tendue à ce soigneur noir – et ma harangue contre Nigidius, l'accusant en public d'avoir disposé de la vie d'un esclave ne lui appartenant pas, je me suis acquis la sympathie de tous les Pompéiens, qui ont de fait promis de me donner leur voix...

— À ce propos, j'aimerais te poser une question, renchérit Lucius.

Voyant que Trebius Valens lui accordait toute son attention, il poursuivit :

— Je me suis longuement interrogé alors que j'étais parti à la recherche de Beryllus : à qui appartient l'Africain ? Et quels sont ses droits ? Le préfet de l'annone l'a-t-il acheté pour son compte ou a-t-il simplement signé un acte de transfert ?

Trebius Valens prit un air désabusé :

— Un soigneur africain... mais qui s'en soucie ?

Comprenant que le destin de son ami ne touchait pas le cœur du candidat autrement que pour avoir servi ses intérêts, Lucius n'insista pas.

Prenant congé, il entreprit de descendre jusqu'au terrain d'exercice de la caserne des gladiateurs. Les élèves de Sema s'éparpillaient sur le forum en mille cris joyeux ; apercevant le maître, qui avait gardé Taxos après la classe pour le réprimander, Lucius resta en retrait. Lorsque Sema congédia le mauvais élément, il s'approcha et, d'un pas lent, les deux concitoyens amorcèrent la marche du retour. Le jeune homme lui relata les circonstances de son voyage, éludant les péripéties fantaisistes de Beryllus à la Solfatare.

Couvant le Vésuve du regard, alors qu'ils allaient se saluer à la croisée d'un chemin, Lucius ne put s'empêcher de demander :

— Dis-moi, Sema, toi qui détiens le savoir : crois-tu que cette montagne puisse un jour se mettre en colère ?

Sa question arracha un rire au maître d'école.

— Et pourquoi une montagne se mettrait-elle en colère ? Par Jupiter, ce n'est pas une femme !

Ainsi se séparèrent-ils près des thermes.

Lentement, le collecteur d'urines gagna la caserne. Il y retrouva Héraclès avec bonheur et les deux amis s'installèrent sous le porche pour bavarder allègrement. Le gladiateur lui raconta ses combats, fit le compte des tombés, dont l'énoncé des noms empoigna le cœur de Lucius, d'autant que leurs cellules étaient à présent occupées par de nouveaux visages auxquels il lui faudrait s'habituer.

— Je vais aller saluer Ursius et l'Africain, décida enfin Lucius.

— Depuis que les bêtes ont péri dans l'arène, on a dévolu à ton ami d'Ostie des tâches diverses ; à cette heure, il doit aider aux cuisines et je pense que c'est là-bas que tu le trouveras.

D'un pas décidé, Lucius se mit en quête de l'Africain. Après l'effusion des retrouvailles, le Pompéien revint sur les jeux de cirque organisés par Nigidius, lui confia ses questionnements à propos des droits du jeune soigneur. Son interlocuteur lui répondit avec la plus grande évidence :

— Mais tu sais, c'est mon lot ! Que voudrais-tu y faire ?

— Te rends-tu compte que tu ne portes même pas d'autre nom que l'Africain ?

Le soigneur darda sur lui un regard amusé :

— J'en ai un, mais toi non plus tu ne me l'as jamais demandé !

Lucius le fixa, rougit violemment et baissa la tête : à ce jeune Noir qui l'avait guidé dans ses premiers pas à Ostie, qui l'avait soigné, suivi, pris pour ami, il n'avait même pas demandé s'il portait un nom autre que celui qu'on lui avait attribué. Comme il se sentait honteux ! Il mit un temps avant de reprendre :

— C'est vrai, je suis comme les autres et il aura fallu cet événement pour me secouer… Pardonne-moi.

Gêné, l'Africain le tranquillisa :

— Pourquoi t'en vouloir ? Je ne suis qu'un esclave…

Lucius protesta :

— Non ! Tu l'étais peut-être à mes yeux de façon naturelle, mais le jour des chasses, dans cet amphithéâtre, je t'ai vu avant tout comme mon ami et aussi comme un être humain.

Il fixa le mont Vésuve, se rappela les mots de son frère : quelle colère pourrait bien provoquer cette placide montagne aux flancs chargés de grappes et d'arbres fruitiers ?

L'Africain, qui surveillait la loge du laniste par-dessus l'épaule de son ami, finit par lâcher :

— Il faut que j'y aille !

Ils allaient se séparer lorsque Lucius le rappela.

— Au fait : tu ne m'as pas dit ton nom ?

— Je me prénomme Lisimba, répondit l'autre, avant de poursuivre son chemin.

Lucius revint sur ses pas, l'esprit préoccupé. En chemin, il rencontra Claudius, l'un des magistrats de la justice de la cité, emmitouflé dans son épais *pallium*.

— *Salve !* J'ai appris que tu étais allé chercher ton frère jusqu'aux Champs Brûlants ? Quelle péripétie !

Lucius le remercia pour sa sollicitude et, se sentant en confiance, évoqua le cas de l'Africain.

— Oui, j'étais aux jeux et j'ai vu la chose de mes yeux. Malheureusement, je crains qu'on n'y puisse rien : un asservi…

— Nigidius n'est pas le maître de l'Africain et, tout esclave qu'il puisse être, le soigneur ne lui appartient pas !

Claudius lui entoura l'épaule d'un bras amical.

— Je comprends ta peine mais ainsi est faite la vie : quand bien même ton Africain aurait-il trouvé la mort ce jour-là, qu'aurait risqué Nigidius ? De s'acquitter d'un simple dédommagement, et encore !

La mort dans l'âme, Lucius remonta la rue de Stabies ; il aurait voulu bifurquer pour aller voir Alba, mais il se contraignit à se rendre d'abord chez le chirurgien : depuis qu'il lui prodiguait ses soins, Scalus était devenu un ami, un confident.

Pour se défouler, il décida de passer devant la maison de Primus. S'approchant à pas feutrés de l'entrée, il repéra le chien endormi, sortit de sa cachette en poussant un tonitruant « Bouh ! » avant de s'enfuir. Instantanément, Orpheo bondit comme un forcené, avalant l'air de ses aboiements, toujours enragé de ne pouvoir arracher le pan de mur auquel il était enchaîné.

Riant de sa facétie, Lucius ralentit sa course en arrivant à la hauteur de la maison du joaillier. Sur le dallage de l'entrée était représenté un énorme dogue enchaîné, sous lequel était écrit : *cave canem !*, « gare au chien ! » Les Romains avaient emprunté aux Grecs cet usage qui voulait que la simple inscription *cave canem* ou la représentation du chien lui-même tînt lieu d'animal et mît en garde le visiteur. C'était bien moins drôle qu'un vrai chien, comme Orpheo, que l'on pouvait houspiller pour s'amuser ! Tenter de faire aboyer une mosaïque n'avait rien de tentant sauf, peut-être, pour Beryllus !

Lorsqu'il lui arrivait de passer le seuil des deux boutiques de la façade du joaillier pour livrer du linge propre, Lucius ne manquait jamais d'admirer les magnifiques bijoux que façonnait l'artisan : colliers et boucles d'oreilles en or, bracelets imitant des serpents, anneaux d'or sertis de perles ou d'éclats de cristal de roche, fermoirs ajourés, pinces à cheveux, et cette magnifique corde d'or tressée qu'il admirait et rêvait d'acquérir pour la passer autour du cou d'Alba et lui dire ainsi tout son amour...

Arrivé chez Scalus, il traversa l'*atrium* et se dirigea immédiatement vers la pièce destinée aux soins où il savait trouver le chirurgien.

Il s'annonça, à présent à l'aise comme s'il déambulait dans sa propre maison.

Scalus reçut son patient avec amitié, le fit s'approcher de la fenêtre, observa longuement la cicatrice tout en commentant ce qu'il savait du voyage de Lucius et qui avait déjà fait le tour de la cité.

— Encore une ou deux interventions et après nous laisserons faire le temps. Dans quelques mois on ne la verra plus du tout ! As-tu au moins appliqué régulièrement l'onguent que je t'avais prescrit ?

— Crois-tu que j'aurais négligé le moyen d'atténuer cette laideur ? répondit Lucius en exhibant le pot vide qu'il avait rapporté.

Mais le jeune homme avait un autre sujet de préoccupation à l'esprit : l'Africain. Tandis que Scalus préparait son matériel, son jeune patient répéta les propos de Trebius Valens, puis ceux de Claudius, le magistrat de justice.

— Ainsi est le sort des esclaves... Ne bouge plus ! répondit à son tour le chirurgien, avant de procéder à son soin.

Lorsque Scalus eut fini de rogner les chairs du visage de Lucius, celui-ci reprit :

— Un esclave ? Mais c'est mon ami !

— Tu ne peux rien contre le droit et encore moins contre les hommes. Entends-tu les applaudissements et les cris des spectateurs qui montent bruyamment dans l'amphithéâtre ? Crois-tu que la mort d'un homme les émeuve ?

Constatant que son désespoir ne trouvait pas davantage d'écho chez le chirurgien, Lucius se résolut à se taire et à se laisser soigner.

Une fois sorti, le jeune homme dévala la rue de Stabies. Sur une place, un groupe d'enfants jouait aux auriges : comme les héros de Rome, ils frappaient leurs coursiers imaginaires, lançaient des cris de victoire, se bousculaient, obligeant la victime à simuler l'accident.

Lucius arriva devant la boulangerie de Modestus, ne pouvant s'empêcher, comme à chaque fois qu'il en franchissait le porche, de lire l'inscription qui à elle seule résumait son amour pour la belle Alba : « *Hic habitat felicitas.* » La jeune fille était là, d'ailleurs, chevelure flamboyante, yeux pers, occupée à confectionner des gâteaux au miel. Lorsqu'il l'apercevait, Lucius se sentait comme un bouchon qui danse sur les flots et son cœur devenait mousseux comme le nuage de Cupidon. Dès qu'elle le vit, son amie puisa dans un plat des gâteaux sortis du four et, sans même saluer, lui en tendit un :

— Tiens, goûte et dis-moi si tu aimes !

Lucius aimait la pâtisserie avant même que de demander l'avis à son palais, rien que parce qu'elle avait été confectionnée par les mains d'Alba et cuite par elle ; mais, timide, il porta la friandise à sa bouche. Outre sa subjectivité, qui lui aurait fait apprécier du crottin de Bello-Bello s'il avait été pétri par les mains de la jeune fille, il dut reconnaître que c'était réellement divin ! Il s'extasia un instant avant de demander :

— Qu'y as-tu ajouté ?

— Quelques cuillères de fleur de *garum* dans laquelle j'ai fait macérer pendant plusieurs jours des pelures d'orange et du nectar de miel.

Il la regarda enfourner les gâteaux, puis poser sa palette de bois, avant de venir – enfin – lui dire sa joie de le revoir. Ils s'assirent près du four.

— Tu me sembles bien soucieux... Fais-moi part de ton tourment.

Lucius posa les mains sur la brique chaude et rapporta sa désillusion à propos de Lisimba, espérant que son amie ne lui distillerait pas la même réponse que Trebius Valens, Claudius ou le chirurgien.

— Je regrette que tu ne trouves aucun écho favorable à ta demande ; pourquoi ne pas écrire à Rome ?

— Rome ? répéta-t-il, interloqué par l'incongruité de l'idée.

— Oui, au préfet de l'annone ! Après tout, si cet Africain lui appartient, si sa venue ici est de son fait...

Lucius lui saisit les deux mains :

— Mais comment n'y avais-je pas pensé moi-même ! Tu as raison : si personne ici ne veut m'écouter, peut-être que Julius Maïus... Il me faut écrire une belle lettre !

Alba proposa :

— Peut-être pourrais-tu demander à Cassius de te l'écrire ? Il compose de beaux vers et sait raconter de belles histoires sur la place du forum.

Un sourire en croissant de lune fendit le visage de Lucius :

— Je vais plutôt en parler à Sema…

Le temps passait avec assurance et, au-dehors, le bruit des volets que l'on ferme pour la nuit arrivait jusqu'à eux.

Lorsque Lucius prit congé de la jeune fille, elle lui tendit un linge dans lequel elle avait glissé un assortiment de gâteaux.

— Pour Beryllus ! Et sache que ton acte a été très courageux !

Elle lui souriait, il ne fallait rien de plus à Lucius pour être heureux. Comble de chance, sur le seuil de la boulangerie il trouva un sesterce. Il le ramassa, le polit entre le pouce et l'index puis le serra dans sa main : sa journée s'achevait avec bonheur.

Emmitouflé dans une couverture et souffreteux depuis plusieurs jours, Verecundus ouvrit la grille de sa boutique en toussant grassement ; peu disert, pressé d'aller se coller contre son brasero, l'homme se contenta d'un signe furtif de la main à son jeune voisin. Lucius lui adressa ses vœux de prompt rétablissement avant de remonter la rue de l'Abondance en direction de la porte de Sarno. Au passage il salua Asselina, déjà affairée à son comptoir.

— Approche et goûte-moi cette purée de menthe confite !

Lucius avait conscience qu'elle avait surtout envie de l'entendre raconter son voyage. Par amitié, il s'arrêta le temps de la dégustation, la remerciant pour les repas qu'elle lui avait envoyés en prévision de son voyage. Heureusement pour lui, après un bref laps de temps, l'afflux de clients lui donna l'occasion de s'esquiver sans autre excuse.

Il arriva devant la maison de Julia Felix, une vaste demeure qui occupait à elle seule tout un îlot du quartier. Après le tremblement de terre de l'année de sa naissance, la crise avait poussé cette riche propriétaire à transformer une partie de sa bâtisse en appartements à louer. L'aire de la villa de Julia Felix était somptueuse et distribuait les pièces d'habitation autour d'un vaste jardin serti de colonnes de marbre ; au centre, un bassin se nichait au cœur d'alcôves de verdure, de fontaines et de jets d'eau. L'autre partie se divisait en appartements et en boutiques en location, ainsi qu'en bains privés également dévolus à un usage public. Lucius frappa à la porte de Sema, l'un des locataires de Julia Felix, précisément. L'instituteur ouvrit, le cheveu en bataille.

—Je ne voulais pas te déranger pendant ton sommeil, s'excusa Lucius.

—Mais non, je ne dormais pas ! Simplement, plongé dans un problème d'arithmétique, je n'ai pas encore songé à me laver ! répondit l'homme.

Il s'empressa de faire entrer son visiteur, lui trouva une place sur un siège pliant près du brasero, tira pour lui un petit banc sur lequel il s'assit.

—Alors ? Aurais-tu réfléchi à la proposition que je t'ai faite concernant les leçons de grec ? commença l'homme.

Lucius hésita avant de bredouiller :

—Là n'est pas la raison de ma visite ! Je venais en fait pour te demander conseil, voire ton aide…

Sema s'était penché vers lui, attentif. Lucius s'enhardit :

— Je voudrais écrire une lettre à Julius Maïus, à Rome…

— Parfait mais dis-moi : pourquoi aurais-tu besoin de moi pour écrire au préfet de l'annone ?

Se sentant en confiance, Lucius vida son cœur. Pour toute réponse, Sema lui confirma :

— Bien évidemment que je t'aiderai à rédiger cette lettre… Alors voyons… À qui appartient exactement cet esclave ?

Lucius réfléchit puis développa :

— Quand j'ai demandé à ce qu'il m'accompagne ici, le préfet de l'annone l'a racheté à son ancien maître, le responsable des fauves d'Ostie, m'en a confié la charge et…

Une lueur apparut dans le regard de Sema, qui se caressa le menton.

— Je voix… Nigidius n'avait aucun droit sur cet esclave, qui reste la propriété de Julius Maïus… Reviens ce soir, le brouillon de ta lettre sera prêt.

Lucius s'enhardit :

— Toi qui sais tant de choses : pourquoi les uns ont-ils tous les droits, même celui de vie ou de mort, alors que d'autres ne sont pas mieux traités qu'Orpheo, le chien de Primus ?

— Ce sont les lois de Rome, malheureusement, et nul ne peut rien y faire, surtout pas de petites gens comme nous… Mais toi, qu'en dis-tu ?

— Il est vrai qu'avant ce jour je ne m'étais jamais posé de question à ce sujet : il en était ainsi comme le jour succède à la nuit et la nuit au jour.

Sema semblait aimer cette discussion. Loin de se débarrasser de son hôte pour reprendre son travail, il insista :

— Mais penses-tu qu'il y ait une civilisation qui soit supérieure à une autre ?

Lucius haussa les épaules :

— Lorsque je me suis trouvé à Ostie, l'Africain, bien qu'étant esclave, m'a tendu la main. Lui qui était mon inférieur – je veux dire parce que je suis un citoyen libre –, alors que je ne savais rien de ce qu'on me demandait de faire, il m'a tout appris ; j'étais blessé, amoindri, il m'a soigné, secouru ; je ne parle pas seulement du corps, mais de l'esprit aussi. Dans cette circonstance c'était lui qui, sans le chercher, sans le vouloir et sans en tirer aucune gloire, m'a été supérieur en tout car c'est moi qui dépendais de lui à chaque instant. Je me dis aussi que si demain une guerre faisait de moi un prisonnier et qu'on me livrait en esclavage, je deviendrais un inférieur par rapport à nos conquérants. Mais mon cœur ne changerait pas, mon esprit non plus, seulement ma condition. Alors non, malgré les lois qui nous régissent, je ne crois pas qu'un être soit supérieur à un autre.

Le silence s'installa un instant, le temps pour Lucius de réaliser ce qu'il venait de dire, le temps pour Sema de s'exclamer :

— Tu es un sage et je suis fier de mon ancien élève.

Il se leva, signifiant la fin de l'entretien, et raccompagna son invité à la porte.

Dans la rue, avant de saluer, Lucius demanda :

— Et toi ? Quel est ton avis sur le sujet ?

— Je pense comme toi mais l'Empire n'est pas prêt

à entendre cela... Malheureusement ! *Salve*, mon ami, à ce soir...

Lucius revint sur ses pas.

Comme chaque matin, les hommes se rendaient chez le barbier, préférant la main experte de Laurus à leurs rasoirs de mauvaise qualité ; des groupes d'enfants couraient déjà dans les rues, buvant le vent, poussant leurs cris joyeux. C'est alors que Lucius remarqua sur un mur un nouveau *graffito* qui le fit sourire : « Nigidius ne respecte pas le droit et il veut être élu ! »

Dans la cour de la foulonnerie, Papiria battait le linge dans le bac rempli d'eau et de craie. Attrapant son charreton, Lucius partit pour sa collecte.

Sur une façade du forum, en lettres capitales, s'étalait un immense « Nigidius, mauvais candidat ; Pompéien, ne vote pas pour lui » ; à mesure qu'il avançait, Lucius découvrait les *graffiti* se rapportant à la fameuse journée : « Pour lancer sa candidature, Nigidius a lancé trois esclaves ne lui appartenant pas dans les arènes » ; « Pompéien, comment peux-tu voter pour Nigidius ? Il ne connaît même pas les lois ! »

Nul doute qu'il s'agissait là d'une initiative de Trebius Valens ! Décidément, Lucius ne comprenait rien à cet homme énigmatique, capable de sauver la vie d'un esclave et de profiter de la situation. Mais les élections n'étaient-elles pas une guerre où chaque coup était permis ?

Trebius Valens d'ailleurs se rendait à ses affaires, élégamment enveloppé dans un épais *pallium*. Il avait l'air pressé mais Lucius le salua et, rapidement, demanda :

— Tous ces *graffiti*…

Le patricien se contenta de hausser les épaules, sourire vainqueur aux lèvres, tout en allongeant le pas pour ne pas avoir à se justifier.

Lucius se hâta de rapporter sa première cargaison d'urines à la foulonnerie. À peine déchargée, il reprit sa collecte et descendit, cette fois, vers la caserne des gladiateurs. Un chien grêle, pelé de froid, s'approcha de lui en sollicitant quelque caresse.

Selon la coutume, le samedi, jour de marché, les hommes de Quintus étaient de relâche. Ne trouvant pas Héraclès, Lucius s'aventura dans la grande cuisine où l'on préparait du vin chaud aromatisé.

— Lisimba est-il par-là ?

— Qui ça ? demanda le cuisinier.

— L'Africain, répondit Lucius, réalisant qu'ici pas plus qu'ailleurs on se souciait du prénom d'un soigneur noir.

L'homme jeta une poignée de cannelle dans le vin.

— Va voir dans sa cellule…

Lucius remercia, ferma la porte derrière lui.

Depuis les derniers jeux, les animaux ayant été massacrés, il ne restait que les caisses vides entassées sous un portique, attendant un prochain arrivage d'Ostie. Le silence avait remplacé les cris et les rugissements, le vent avait dissipé les odeurs bestiales. Apercevant une lueur dans la cellule de Lisimba, Lucius s'en approcha.

Le jeune soigneur était à genoux devant une table où brûlait une lampe à huile, silencieux. Sans doute priait-il quelque dieu de la province d'Afrique ?

Lucius entra discrètement, s'approcha de son ami

et, mû par la curiosité, regarda par-dessus son épaule. Devant Lisimba s'étalaient des pierres marquées de dessins curieux, qu'il mettait dans un cornet et jetait, à l'instar d'un jeu de dés.

— Que fais-tu ? interrogea-t-il.

Sans se retourner, Lisimba répondit :

— Je lisais l'avenir.

Lucius s'accroupit, abasourdi :

— Serais-tu devin ?

L'Africain ne répondit pas ; le collecteur d'urines posa son regard perplexe sur les signes qui s'étalaient devant son ami. Bien qu'il s'interdît de croire aux sottises de son frère, il s'entendit demander :

— Parmi le prochain arrivage de bêtes, vois-tu un lion ?

Lisimba le titilla d'un regard amusé :

— Tu as de drôles de priorités ! Le prochain arrivage de bêtes ! Et en quoi cela te préoccupe-t-il ?

Lucius rit lui-même de sa propre naïveté et se hâta de changer de sujet d'intérêt :

— Alors, que disent tes dieux de mes amours ?

Un spectre de sourire frôla les lèvres du jeune Noir.

— Voilà, me semble-t-il, une préoccupation plus légitime !

Il remit ses plaquettes dans son cornet, les remua, les jeta sur la table ; puis, de l'index, il pointa les signes à mesure qu'il expliquait :

— Là je vois la couleur des flammes…

— Les cheveux d'Alba ! affirma Lucius.

Toujours avec autant de sérieux, Lisimba poursuivit :

— Non… Il est dit par les signes que celle qui partagera ta vie a les cheveux couleur de neige…

— Tu veux dire… une vieille ? Mais moi, c'est Alba que j'aime ! objecta-t-il.

L'Africain campa sur les prédictions qu'il avait devant les yeux :

— Les augures sont sûrs d'eux et c'est le Destin qui décide, pas toi !

Lisimba releva la tête et tendit l'oreille, tel un chien de chasse, truffe au vent, détectant un cri lointain :

— On m'appelle ! Il faut que j'y aille !

Il déploya sa frêle silhouette et, en compagnie de son ami, il revint vers le terrain d'exercice ; sur un feu l'attendait le chaudron où Ursius avait mis le cuir à bouillir, procédé qui servait à assouplir la peau pour assurer souplesse aux jambières et aux armures.

— Peux-tu me remplacer, l'Africain ? demanda l'ancien gladiateur.

Visant son charreton abandonné près des latrines, Lucius se résolut à accomplir sa tâche s'il ne voulait pas se faire houspiller par Papiria : c'était le jour du dégraissage de la laine et il ne fallait pas traîner…

Tirant son précieux convoi, il revint sur ses pas, manœuvra sa charrette pour éviter le commis aux affiches qui blanchissait un pan de mur et emprunta la rue de l'Abondance. Verecundus, qui semblait aller mieux, croquait une pomme sur le pas de sa boutique :

— Vivement que cet hiver finisse, mes vieux os lui en seront reconnaissants !

— Vieux os, Verecundus ? Mais que me dis-tu là ? Tu es dans la force de l'âge et nombre de Pompéiens, qui possèdent toutes les richesses, aimeraient à la place avoir ta santé d'airain ! Regarde ta peau : aussi lisse que celles que tu vends !

Lucius immobilisa le charreton devant la foulonnerie ; à son appel, deux commis vinrent l'aider à dévider le contenu des tonnelets dans le bac de l'entrée, où Papiria avait déjà fait tremper les nouvelles pièces de laine ; voyant le jeune collecteur, elle l'interpella :

— Tu en as mis du temps avec tes urines !

Dans l'arrière-cour, les ouvriers affamés piaffaient d'impatience ; comme un rituel bien huilé, l'un d'eux murmura quelque chose à l'oreille de Beryllus.

— On mange quand aujourd'hui ? brailla alors le simple d'esprit, fier de la mission qu'on lui confiait lorsque Stephanus oubliait l'heure.

Guettant du coin de l'œil l'officine où le maître des lieux s'isolait pour s'occuper de ses comptes, ils attendirent qu'il sortît la tête et les autorisât à cesser le travail ; alors, dans une bonne humeur générale, ils se rincèrent les pieds, enfilèrent leurs sandales et se répandirent autour des mets : purée de fèves, gingembre cuit, pommes bouillies, le tout assaisonné de l'incontournable *garum*.

Durant le repas, les pensées de Lucius le ramenaient invariablement aux prédictions de Lisimba : pourquoi l'Africain avait-il évoqué une femme aux cheveux couleur de neige alors qu'il n'avait d'yeux que pour Alba ? S'étant convaincu que les dieux de Lisimba ne savaient pas ce qu'ils racontaient, il finit par rire de sa propre naïveté à y avoir prêté l'oreille ; c'était aussi stupide que de croire les âneries de Beryllus sur les prétendues prédictions de Cérès !

VIII

Les lèvres d'Alba

Ides de février, an 79

On se réveilla dans l'effervescence : en effet, en ces Ides de février, on fêtait les *Feralia*. Durant ces solennités, qui s'étendaient sur une dizaine de jours, temples et commerces étaient fermés, la justice était suspendue, la célébration des mariages interdite : les morts, et eux seuls, étaient à l'honneur...

Lisimba, auquel Lucius avait donné rendez-vous, devait les rejoindre à la foulonnerie et Beryllus, qui guettait à la porte, saluait tout un chacun par de grands gestes. Il se tourna enfin vers la cour :

— Il arrive ! Voici Lisimba !

Lucius se mit en devoir d'arranger la toge de son frère.

— Tiens-toi droit et arrête de bouger !

Leurs offrandes en main, ils se dirigèrent ensemble vers le nord de la ville.

— On ne va pas voir Bello-Bello ? demanda l'aîné, constatant qu'ils remontaient la rue du Forum sans tourner sur leur droite.

— Non ! Aujourd'hui, Bello-Bello ne travaille pas et il faut le laisser tranquille.

— Et Alba ? insista son aîné.

— Tu sais bien pourtant que sa famille repose dans une tombe située porte Nocera : c'est dans ce cimetière-là qu'elle est pour honorer ses propres morts.

Ils franchirent la porte d'Herculanum et empruntèrent la voie des Tombeaux. Imposant, le mont Vésuve se détachait sur le fond de ciel, couronné par le duvet des nuages printaniers tel un vieillard assoupi faisant de doux rêves.

La cité se réunit en cercle à l'endroit où des patriciens avaient organisé des jeux funèbres à titre privé. Dans l'enceinte délimitée, les deux gladiateurs, prêts à s'affronter dans leurs habits de parade, le visage recouvert d'un masque, se placèrent face à face. Sur un signe, les adversaires commencèrent à croiser le fer sous les encouragements des spectateurs placés en cercle autour d'eux. Lorsque l'un tomba au sol, l'autre lui posa le bout de la lame sur la gorge et, calquant la coutume des arènes, leva la tête dans l'attente du verdict des spectateurs. Suivant la tradition, lorsque le public baissait le pouce vers le sol en s'écriant « *Jugula !* », le perdant était mis à mort ; mais dans cette circonstance particulière, liée à de simples jeux de parade funèbre, ce ne fut pas l'homme au sol qui fut sacrifié mais un porcelet que l'on avait gardé en retrait ; le perdant fut relevé, l'animal égorgé pour la cérémonie et son sang répandu. Comme les autres, Beryllus tendit la coupe qu'il tenait en main et récolta un peu de sang, puis s'acquitta du rituel : par l'orifice qu'on laissait volontairement sur chaque pierre tombale, il versa le vin coupé de sang destiné à apaiser les mânes.

Après ces libations, on célébra le festin funèbre : les vivants prirent leur part et celle destinée aux mânes fut brûlée, puis les cendres introduites dans la tombe par le même trou dans la maçonnerie.

— Tu crois qu'ils en ont eu assez et qu'ils sont repus ? demanda Beryllus.

— Oui, je pense, répondit posément Lucius.

— Parce que je n'ai pas envie qu'ils viennent me persécuter. J'ai peur des Lémures !

Lisimba laissa échapper un rire franc.

— Mais les Lémures ne sont que des spectres, ils ne peuvent pas t'attraper !

— Toi, ils ne te voient peut-être pas la nuit parce que tu es tout noir, mais moi…

Puis, se tournant vers son frère :

— Quand j'aurai rejoint le monde des mânes, tu me donneras un peu plus à manger ! Tu brûleras des noix, des noisettes, mais surtout ces gâteaux d'Alba aux figues et aux amandes que j'aime tant. Sinon, je reviendrai sous forme de Lémure et je te crierai dans les oreilles pour t'empêcher de dormir jusqu'à ce que tu me nourrisses correctement !

Après que leurs morts eurent été honorés, d'aucuns se promenèrent, allèrent s'asseoir sur le reposoir d'une tombe, en profitant pour bavarder avec voisins et amis. Puis, lorsque le froid se fit plus mordant, chacun ramassa ses effets et, lampe à huile en main, redescendit vers la cité.

— On va voir Bello-Bello, maintenant ? insista encore Beryllus lorsqu'ils passèrent au carrefour de la rue des Augustales.

Lisimba voulut prendre congé.

— Viens avec nous ! lui proposa Lucius.

— Il ne peut pas, il est trop noir et il va faire peur à Bello-Bello, protesta Beryllus.

La remarque agaça Lucius, qui tança son frère.

— Non ! Laisse ! répondit Lisimba. De toute manière j'ai à faire.

— Tu dois aller honorer tes ancêtres, toi aussi ? demanda encore Beryllus.

Lisimba posa sur lui un regard triste.

— Les miens ? J'ignore où ils sont, j'ignore même s'ils sont encore en vie.

Ému, Beryllus resta coi.

— Tu viendras encore demain à la foulonnerie ? demanda Lucius.

— D'accord ! À la même heure qu'aujourd'hui ! promit le soigneur avant de disparaître dans la foule de promeneurs…

Beryllus trépigna :

— On va voir Bello-Bello ?

Le mois de février avait peu à peu balayé l'hiver de son souffle tiède, les jours avaient passé et le printemps arrivait avec ses bourgeons, ses ors limpides sur les façades des maisons ; la montagne Vésuve reprenait ses couleurs, étalant le drap vert des frondaisons sur ses flancs.

Lucius admirait la mer, unie comme une immense flaque d'eau glacée par l'hiver, que ne venait strier aucune coque de navire. Dans les brumes roses apparaissait le port de Misène, dont la configuration naturelle de double baie avait fait le point d'ancrage de la flotte romaine. Les paysages somptueux qui le couronnaient en avaient fait le site privilégié des villas romaines de luxe. Lucius guettait la baie où les navires restaient à l'abri les mois d'hiver ; bientôt aurait lieu la fête en honneur de la déesse Isis, protectrice des marins et patronne de la mer ; alors la flotte sortirait de son hibernation pour s'aligner sur le port et la navigation reprendrait.

Tandis que les vagues écumeuses savonnaient de leur mousse les galets, dans l'arsenal on préparait en silence le bateau de parade destiné à la déesse...

Lucius n'avait reçu aucune nouvelle de Julius Maïus ; peut-être le préfet de l'annone avait-il été souffrant ? Il en reparlerait à Sema lorsqu'il le croiserait.

Le crissement des graviers lui indiqua l'approche de quelqu'un. Il tourna la tête : c'était Beryllus.

— Où étais-tu ? On te cherche partout !

— Pour quelle raison ? Que se passe-t-il ?

— C'est Stephanus, je l'ai entendu dire que tu dois aller chercher des chameaux.

Lucius se redressa, hagard.

— Des chameaux ? Mais où veux-tu que j'aille chercher des chameaux ?

Beryllus haussa lamentablement les épaules. Son puîné se redressa et, laissant son frère à la traîne, hâta le pas. Allait-il retourner à Ostie ? Il s'en voulut, une fois encore, de repenser à l'histoire sans queue ni tête de la discussion entre Beryllus et Cérès : était-ce à cette occasion que le deuxième lion de la prédiction allait entrer dans sa vie ?

Sur un mur, il reconnut son nom et lut le *graffito*, déjà usé et à moitié recouvert par une autre inscription :

« Lucius est moche ! »

Il se tourna, l'œil torve :

— C'est quoi, ça ? Même si tu ne sais pas écrire, ça te ressemble !

Beryllus rentra la tête dans les épaules, penaud :

— J'avais demandé à Mollo de l'écrire pour moi, mais il y a longtemps !...

À peine eût-il lâché son aveu que, piteux et sans que son puîné lui en ait donné l'ordre, il ramassa une pierre et se mit en devoir de gratter l'inscription. L'abandonnant à sa peine, Lucius poursuivit sa route, insensible aux appels du jeune naïf.

Arrivé à la foulonnerie et ne voyant pas Stephanus, il s'enquit auprès de Papiria. Du menton, elle lui indiqua l'officine privée du maître des lieux et se remit à l'ouvrage.

Stephanus était seul, penché sur ses tablettes.

— On me cherche, paraît-il ?

Tout à ses comptes, le foulon lui fit signe de patienter et de se taire. Enfin, lorsqu'il posa son stylet, il se redressa sur son siège, s'étira et accorda son attention à Lucius, qui répéta les propos de Beryllus.

— Ton frère, ton frère... ! Il ne s'agit pas de chameaux, qu'il faut aller chercher, mais de l'urine de chameau !

Lucius ouvrit des yeux aussi ronds et grands que les roues de sa charrette ; l'urine de chameau, fort rare et fort chère, avait la réputation de produire le meilleur blanc.

— Nous avons décroché la commande pour le *Navigium Isidis* ! martela joyeusement Stephanus.

— La cérémonie marine en l'honneur de la déesse ? répéta Lucius, assommé par la bonne nouvelle.

— Oui ! C'est nous qui allons faire éclater le blanc des tenues des prêtres et, pour l'occasion, je veux qu'on parle de ma foulonnerie jusqu'à Rome ! J'ai commandé des tonnes de craie, du soufre, de la soude et rien moins que de l'urine de chameau.

Lucius hésita avant de demander :

— Mais la fête est aux prochaines Ides : nous n'aurons jamais le temps d'aller chercher les chameaux !

Stephanus soupira :

— Et il croit les âneries de son frère !.... C'est avec le prochain bateau, et en barriques, qu'elles vont arriver jusqu'à Pompéi depuis le port de Syracuse...

Lucius soupira de contentement : le nom de Syracuse, cette ville de Sicile rendue célèbre grâce au génie du savant Archimède et de ses miroirs ardents, faisait rêver tout citoyen romain. Alors, recevoir des urines de chameau provenant tout droit du port de Syracuse...

Stephanus le sortit de ses rêveries :

— Et surtout, n'oublie pas de me faire une belle publicité partout où tu iras !

Lucius approuva, un sourire béat sur les lèvres.

Les jours suivants, la foulonnerie ressembla aux ruches de Cardolamus, le faiseur de miel : tandis que Lucius faisait rouler dans la cour les tonneaux d'urines de chameau fraîchement arrivés du port, d'autres les réceptionnaient et les vidaient dans les bacs. Les ouvriers, dont faisait fièrement partie Beryllus, foulaient le linge ; sans relâche, les lavandières le tordaient pour le jeter dans un autre bac rempli d'eau chaude et de soude, le rinçaient, le confiaient aux soins de Papiria, puis à Lullo et à sa cage d'osier ; après avoir été rincé et essoré, le linge était mis à sécher sur la terrasse. Enfin, inlassablement et dans une touffeur infernale, les repasseuses œuvraient avec leur presse.

Même si Stephanus avait embauché des *extra* pour l'occasion, le travail semblait ne jamais voir son dénouement : commençant dès les premiers soubresauts du coq, il ne finissait qu'à la lueur des flambeaux, le tout dans les odeurs de soufre, d'urines, de soude et dans les vapeurs dignes des salles surchauffées des thermes. La cour était couverte d'une fine pellicule de craie comme s'il neigeait et les efforts de Papiria pour brosser ses cheveux et débarrasser cils et sourcils étaient devenus vains. À force, Beryllus l'avait surnommée *Papiria Lemuria*, disant qu'elle ressemblait à un spectre.

Malgré le surcroît de travail et grâce à tous les efforts conjugués, le travail fut accompli dans les délais. Les derniers paquets de linge livrés, Stephanus annonça à ses ouvriers :

— Compagnons, vous avez bien œuvré alors finissez ce que vous avez entrepris, puis allez aux thermes et reposez-vous. Je vous ferai livrer un bon repas.

La nouvelle fut accueillie par des vivats.

Les ouvriers fraîchement revenus des thermes bavardaient dans la cour lorsque Asselina arriva avec une servante, les bras chargés de plats et d'amphores.

— Voici les amis, de la part de Stephanus ; mangez et buvez à la santé et à la gloire de votre noble patron…

On l'entoura, on la débarrassa dans une effusion toute joyeuse ; puis, après un coup d'œil à la porte de l'officine privée de Stephanus, on fit silence dans l'attente de son accord.

— Mais oui, mangez ! leur cria-t-il, emportant une fois encore leur enthousiasme.

À l'issue du repas, Lucius et son frère se dirigèrent vers la boulangerie. Selon son habitude, Beryllus alla saluer Bello-Bello, laissant Lucius s'installer sur une meule.

Après s'être acquittée de la commande d'un client, Alba vint se laisser choir à ses côtés.

— Par Junon ! Je croyais qu'il ne s'en irait plus. *(Elle éleva la voix, à l'attention de Beryllus :)* Va voir Lucilla, nous t'avons gardé des fourrés aux figues et au miel.

Au lieu de se précipiter avec entrain, Beryllus fit la moue en se tâtant le ventre :

— Non, merci, j'en suis déjà tout rempli ! J'ai trop mangé et je n'ai vraiment plus faim.

Son air contrit fit éclater de rire les jeunes gens.

— Ton frère est vraiment très drôle !

— Il le sera malheureusement toute sa vie, répondit Lucius.

— Ça, je le sais bien ! répondit Alba avec obligeance, et je sais aussi que tu devras t'en occuper toute la tienne, de vie.

La réplique, pourtant banale d'évidence, combla Lucius. Alba associait les deux frères, les acceptait « ensemble ». Cela était généreux et, si elle consentait plus tard à devenir son épouse, Beryllus ne serait ni un poids ni un point de discorde entre eux…

La prédiction de Lisimba lui traversa l'esprit, qu'il balaya rapidement :

— M'accompagneras-tu à la cérémonie de la mer ?

— C'est moi qui ai aidé à blanchir tout le linge des prêtres ! lança Beryllus en entendant parler du lancement du navire consacré à Isis.

Le regard des deux jeunes gens convergea simultanément vers lui ; assis sur le dos de Bello-Bello, qui tournait autour de l'axe de la pierre à broyer, Beryllus faisait mine de conduire sa mule vers un endroit improbable en lui racontant une fois encore sa rencontre avec Cérès. Ils rirent de bon cœur.

— Bien sûr que je t'accompagnerai, répondit enfin Alba.

Le cœur dilaté de joie, Lucius détourna la tête pour cacher sa satisfaction.

Lorsque les ombres du soir s'allongèrent, les deux frères prirent congé.

Sur les murs s'affichaient les festivités à venir, les dons faits par l'un ou l'autre commerçant pour tel temple ; tavernes et rôtisseries y vantaient les délices de leur table pour fêter dignement la grande cérémonie de printemps ; partout on activait les préparatifs, on nettoyait les rues, on accrochait couronnes et guirlandes aux portes des maisons, on préparait le parcours allant du temple d'Isis jusqu'à la mer.

Enfin, le jour du *Navigium Isidis*, solennités marquant le recommencement de la navigation après les mois d'hiver trop dangereux, arriva.

Beryllus et Lucius attendaient Alba dans la cour déserte de la foulonnerie ; lorsqu'elle parut, vêtue de turquoise, il sembla à Lucius que les flots s'ouvraient devant lui et que Neptune en personne en sortait. La jeune fille avait coiffé une couronne de fleurs en l'honneur de la déesse, donnant à ses boucles rousses le mousseux d'un nid accueillant.

— Tu es belle ! s'extasia Beryllus, exprimant sans le savoir les pensées de son frère.

— Merci ! Vous êtes très beaux vous aussi !

Les commis étant déjà partis pour le temple, les trois jeunes gens se hâtèrent de les y rejoindre. Il n'était pas un Pompéien qui soit resté chez lui en ce jour de fête solennelle.

Pendant que les prêtres procédaient à la cérémonie avec les eaux lustrales du fleuve Nil[20], sous le regard des deux statues monumentales d'Isis et d'Osiris, Lucius ne cessait de contempler le profil de sa jeune amie ; de temps à autre, sentant sans doute un regard peser sur elle, Alba tournait la tête et souriait avec malice ; surpris, Lucius détournait alors la sienne, rose de confusion.

À l'issue de la purification, les jeunes gens se joignirent au cortège, qui progressa jusqu'à la mer pour le lancement du Premier Navire. Beryllus s'amusait de la musique, du défilé des personnages masqués, des prêtres portant les objets symboliques, des initiés et des dévots récitant des textes sacrés.

La main d'Alba frôla celle de Lucius, moment de charme délicieux rompu par les cris de Beryllus, sorti du rang pour mieux admirer la galère tout droit jaillie de l'arsenal et décorée de somptueuses guirlandes de fleurs :

— Regardez ! Regardez ! Le navire de la déesse !

Le cortège se disloqua et se répandit sur une ligne de front, attentif aux prêtres qui, ayant procédé au

---

20. On faisait venir par voie d'eau des vasques remplies d'eau du Nil.

rituel, sacrifièrent un porc. L'un des initiés en recueillit le sang dans une coupe, procéda à la cérémonie d'ouverture annuelle de la navigation augurant bons vents, pêche prospère, traversées sans encombre, paix sur les flots. Puis, pour plaire à Neptune, le prêtre Amandus répandit trois amphores de vin de Pompéi dans l'onde avant de briser une coupe remplie de sang sur la coque de la galère sacrée. Papiria pouvait être fière du blanc éclatant de la tenue des prêtres et Cissa de leurs tuniques sans un seul faux pli... En ce jour, Isis faisait une belle publicité à la foulonnerie de Stephanus !

Enfin, sous les cris de joie des spectateurs, une délégation de marins fit glisser la carène sur des rails ; lorsque le navire fendit les flots dans une giclée d'eau, semblant soulever autour de lui des centaines de glaives d'argent, les vivats fusèrent, relayés par la musique entraînante des cors et des cymbales.

Beryllus attrapa les mains d'Alba :

— Viens ! Faisons la fête !

La jeune fille tournoya un instant avec le jeune homme avant de s'écarter.

— Oh ! quel danseur, Beryllus ! Tu m'as fait chavirer la tête et je n'en peux plus !

Immédiatement, le jeune garçon demanda à son frère :

— Je peux aller danser encore, dis ?

— Va ! Mais ne fais pas de bêtises.

Alba proposa alors à Lucius :

— Viens ! Allons nous asseoir sur ce rocher, là-bas...

Les jeunes gens longèrent la plage et marchèrent jusqu'au lieu-dit où ils s'installèrent et d'où, silencieusement, ils contemplèrent les Pompéiens qui jouissaient de la fête. De temps à autre, Lucius la couvait d'un regard amoureux, fondait de délices en admirant son visage offert à la brise légère.

Bien qu'elle eût les yeux clos, elle lâcha :

— Je sens ton regard peser sur moi !

Surpris, son compagnon détourna subitement la tête.

Au tour de la jeune fille de le fixer, à lui de se sentir gêné par le profil abîmé qu'il lui offrait.

— Ne me dévisage pas ainsi... finit-il par implorer douloureusement.

Elle approcha la main et fit glisser son index sur toute la longueur de la balafre.

— Voyons ! Nous sommes amis et tu ne dois pas avoir honte avec moi ! murmura-t-elle joyeusement.

Plutôt que de le rassurer, la remarque le blessa : ce n'était pas d'une amie qu'il voulait...

— Je sais à quoi tu penses ! lâcha-t-elle encore.

Il rougit jusqu'à la racine des cheveux. Elle le fixa de ses yeux clairs cerclés de noir avant de se fendre d'un magnifique sourire.

— Je te trouve beau comme tu es, et même plus qu'avant !

— Plus qu'avant ?

— Oui : avant tu étais Lucius, mon ami de toujours. Mais cette cicatrice me rappelle ton courage, elle dit au monde que tu as sauvé la vie d'un homme, même si on ne la voit presque plus ! Et...

À son tour de rougir violemment.

Lucius, que cette révélation avait enhardi, insista pour la taquiner :

— Ne vas-tu pas finir ta phrase ?

Le regard fuyant, elle finit par compléter :

— Et tu es mon héros et je suis sûre que s'il m'arrivait quelque chose, tu saurais me protéger...

Visiblement gênée par son aveu, elle voulut se relever et, pour s'aider dans son impulsion, elle s'appuya sur le genou de Lucius. Il attrapa la main, la serra, incitant la jeune fille à se rasseoir à ses côtés. Leurs visages n'étaient qu'à quelques centimètres l'un de l'autre. Ils s'entre-regardèrent, se caressèrent des yeux ; enfin, ce fut elle qui se pencha et posa ses lèvres sur celles de son compagnon. Elles étaient tendres comme l'écume, douces comme une brume de printemps, tièdes comme les embruns courant sur la mer...

— J'en avais assez de te voir languir d'amour pour moi sans oser me l'avouer ! souffla-t-elle.

Il la prit dans ses bras, heureux qu'elle ait eu ce courage pour lui. Ses boucles rousses sentaient bon la lavande broyée.

Il allait lui répondre lorsque des crissements sur le gravier rompirent la magie de l'instant : Beryllus arrivait à grandes enjambées.

— Qu'est-ce que vous faites là tous les deux tout seuls comme deux vieilles sandales derrière une malle ? Venez vous amuser avec moi !

Les jeunes gens rirent de concert, se levèrent en se tenant la main puis partirent à la traîne de Beryllus... Sur la mer, barques et navires joliment décorés faisaient un joyeux cortège à la galère sacrée.

Le soir dans son lit, Lucius savoura sans s'en lasser le souvenir du baiser d'Alba sur la grève, celui aussi qu'ils avaient échangé en se quittant aux flambeaux...

— J'ai mal ! J'ai trop mal au ventre ! gémit Beryllus en se tordant dans sa couche.

Assis à son chevet, Lucius grogna :

— As-tu conscience de tout ce que tu as bu et mangé hier à la fête ?

— On dirait le vilain lion qui rugit à l'intérieur de moi !

Le pas pesant de Papiria dans l'escalier détourna l'attention de Lucius. La femme le poussa :

— Va, je m'occupe de lui…

Et, s'asseyant sur le bord du lit où gisait Beryllus :

— Tiens : une infusion de pin dans du vinaigre, ça soulagera tes bruits ; et mange cette écorce de grenade, ça fera le plus grand bien à tes intestins.

— J'aime pas le vinaigre et j'aime pas l'écorce de grenade ! Je préfère les gâteaux aux figues d'Alba, protesta le grabataire.

Comme une mère, Papiria le gronda :

— C'est ça ! Et puis quoi encore ! Tu vas faire comme je te dis ou je te mets sous la cloche à soufre de Lullo.

Nauséeux, Beryllus but à contrecœur ; tranquillisé, Lucius dévala les marches pour entamer sa journée de travail ; à peine était-il arrivé au bas de l'escalier que Stephanus l'interpella :

— J'ai vu le noble Galvius tantôt et il aurait un travail à te confier. Il te demande de le rejoindre aux latrines du forum.

— Et s'il n'y était plus ?

— Tu sais bien que Galvius reste assis des heures dans tous les lieux d'aisance de Pompéi dans l'espoir de se faire des relations et qu'il a plus envie de se faire inviter à un repas que de faire caca !

Après avoir avalé son déjeuner matinal, Lucius s'en fut avec son charreton. Il salua Verecundus qui buvait une décoction en prenant l'air.

— Serais-tu toi aussi tombé malade à la fête du *Navigium Isidis* ?

— Malade pas vraiment, mais j'ai trop mangé et je ne serai bien que lorsque j'aurai soulagé mon ventre de son fardeau ! J'en suis donc réduit à boire de la mauve bouillie et à manger de la laitue telle une poule !

Lucius lui exprima des souhaits de prompt rétablissement et passa son chemin pour se diriger vers le forum.

Sur les murs, de nouvelles affiches avaient été peintes ; en longeant la bibliothèque municipale, il put lire sur le grand pan de mur destiné à porter les annonces : « Pour la gloire de Gavius Galgus, dix couples de gladiateurs combattront à Pompéi la veille des calendes de juin ; il y aura chasse et le *velarium*[21] sera tendu. »

Chasse signifiait l'arrivage de nouvelles bêtes et, naturellement, la pensée de Lucius alla à Lisimba ainsi qu'aux élucubrations de son frère à propos de la prophétie de Cérès ; mais pour l'heure il devait rencontrer Galvius et il se dirigea vers les latrines du forum.

Le lieu tenait en une pièce carrée, précédée d'un vestibule où l'on pouvait se procurer l'éponge et le bâton nécessaires[22]. Des proéminences de pierre encastrées dans le mur supportaient les bancs de bois percés d'orifices à intervalles réguliers et un caniveau,

---

21. Lorsque les jeux avaient lieu en été, en plein soleil, les riches payaient pour faire recouvrir tout l'amphithéâtre d'un toit de toile.
22. L'éponge, fixée à un bâton, jouait le rôle de notre papier hygiénique.

aux pieds des utilisateurs, conduisait un flot d'eau courante jusqu'à une bouche d'égout en contrebas.

Debout au milieu de la pièce, le poète Suxus déclamait des vers, parfois couverts par des gémissements d'effort ou de quelque soupir de satisfaction.

Apercevant Lucius, Galvius, qui écoutait le jeune poète avec attention, leva la main et lui fit signe d'approcher et de se taire jusqu'à la fin du dernier vers. Puis, levant la tête vers son visiteur, il expliqua :

— Je ne sais pas qui s'amuse à faire caca devant ma villa et j'en ai assez. Trebius Valens m'a parlé de tes talents picturaux et je veux que tu me dessines des serpents sur le mur : un *malum*, quoi ! Je te paierai dix sesterces, de quoi t'offrir une nouvelle tunique ! Tu passeras dès que possible chez Carminox où tu te procureras tout le matériel nécessaire ; ce qui restera de peinture ou de pinceaux, tu pourras le garder.

Cette fin de phrase lui fit penser à Sema, toujours en quête de matériel. Ce serait l'occasion de le remercier pour la lettre qu'il avait écrite à Julius Maïus en son nom et qu'il s'était même chargé d'envoyer pour lui... Lettre à laquelle le préfet de l'annone n'avait d'ailleurs jamais répondu... Lucius accepta :

— Je m'acquitte de cette tournée et je fais le nécessaire.

Il sortit et poursuivit sa collecte.

Informé, Stephanus approuva son choix par un sourire affable et, hélant un autre commis pour lui confier le charreton, il libéra Lucius.

Le jeune homme remonta la rue de Stabies jusqu'à la boutique de Carminox ; son matériel en main, il bifurqua près de la fontaine à l'image de Silène et frappa à la porte de la maison de Galvius. À côté de l'entrée sans ornement, gravé dans la pierre, était indiqué le nom du propriétaire : « M. Gavi Domus ». Passé le porche, on trouvait la loge du gardien de porte, deux écuries aux murailles brutes, une mangeoire, ainsi que la citerne où l'on puisait l'eau pour abreuver les bêtes. Une grande entrée donnait sur le péristyle agrémenté d'arcades, de plantes luxurieuses et d'une agréable fontaine.

L'esclave de service le précéda dans la rue et désigna le lieu incriminé :

— J'ai déjà nettoyé l'endroit mais c'est tous les jours… Peut-être un opposant à l'élection de mon maître qui se venge ainsi de lui ?

L'endroit avait été blanchi et le mur était prêt à recevoir la peinture.

Lucius commença par écrire la formule habituelle : *cacator cave malum*, « malheur à celui qui fait caca ici », en belles lettres rouges, puis il dessina les contours des deux serpents infernaux symboliques, promesse de malheur au *cacator* dans ce sens : « que les étrons que tu laisseras au pied du mur se transforment en deux serpents et te piquent le derrière ».

Il en était aux dernières fioritures lorsque Gavius arriva et admira le travail en se caressant le ventre. L'esclave intendant, qui avait accouru, tendit à son maître une tablette de cire ; Gavius y écrivit sa formule puis tendit le résultat à Lucius.

— Tiens ! Rends-toi avec cet ordre chez Caecilius Jucundus, il te paiera ce que je t'ai promis.

Heureux d'avoir gagné autant d'argent en si peu de temps, Lucius salua et remonta d'un pas alerte jusqu'à la maison du banquier, qui se situait au coin de la rue de Nola et à quelques pas de la maison de Primus ; Lucius pouvait-il résister à la tentation ? Il avança à pas feutrés, se tapit derrière le mur, guetta Orpheo qui somnolait sur la dalle. D'un bond, il sauta à la hauteur du dogue et agita les bras en criant : « Sacoche à puces ! » ; la bête sursauta, bondit dans un réflexe et se mit à déchirer l'air de ses aboiements sentis ; quelqu'un passa la tête par une tenture et houspilla Lucius :

— Mais tu n'as vraiment rien de mieux à faire ?

Surpris à son tour, le jeune homme se calma instantanément puis rebroussa chemin, la tête entre les épaules.

Il arriva devant la somptueuse demeure de Caecilius Jucundus et frappa. Un œilleton s'ouvrit, l'esclave gardien de porte lui demanda le but de sa visite. Après que Lucius s'en fut acquitté, le battant s'ouvrit et l'homme lui fit traverser le *vestibulum* où trônait un magnifique buste représentant le banquier, pour le laisser devant l'officine privée de son maître. L'homme, au ventre garantissant qu'il aimait la bonne chère, le reçut avec la même bienveillance qu'il devait accorder à tous ses clients. Sans se perdre en bavardages inutiles, il ouvrit un caisson de bois dans lequel Lucius put apercevoir une centaine de tablettes de cire. Jucundus y plaça celle que lui avait apportée Lucius après que le jeune visiteur y eut apposé sa marque. Puis, ouvrant un autre coffre, il en extrait une cassette contenant les sesterces, en estima dix, qu'il recompta une à une en les mettant dans la paume de Lucius.

L'affaire conclue, et avant de retrouver Alba, le collecteur d'urines courut confier son butin à Stephanus. Celui-ci mit l'argent dans la jarre marquée « L B ». Soulevant une dalle de marbre, il y replaça l'amphore à large goulot au milieu de celles des autres employés, puis referma le couvercle du coffre et le scella à l'aide d'un cordon et d'une noisette de cire.

— Ton argent est en lieu sûr...

Les beaux jours s'installaient avec force. Comme chaque matin, Verecundus salua son jeune voisin avec entrain en ouvrant boutique ; après qu'ils eurent échangé les quelques banalités rituelles, Lucius remonta la rue de Nola. En passant devant une fenêtre, il entendit une voix puissante provenant de la salle où le maître Potitus enseignait les Humanités. Pour accéder à ses leçons, il fallait être fils de patricien car, contrairement à Sema, les maîtres privés se faisaient rémunérer largement.

Entendant le nom de Platon, déjà cité par Sema, Lucius tendit l'oreille avec intérêt. Malheureusement, les cris d'enfants se rendant à l'école et les voix des matrones ou des vendeurs de fouaces itinérants l'empêchaient de suivre le discours. Curieux, il poussa discrètement la porte laissée entrebâillée pour faire entrer la fraîcheur matinale.

Dans le *vestibulum*, un banc de pierre permettait de se reposer ou de converser avant ou à la fin de la leçon, quelques meubles servaient aux élèves pour la dépose de leurs affaires ; plus loin, une bibliothèque alignait ses rouleaux classés par catégories, que distinguait la couleur des étiquettes fixées à leur extrémité. Jouxtée par des latrines, la salle de cours.

Lucius se tapit derrière une tenture et écouta attentivement Potitus parler de ce Grec, du nom de Platon, à une poignée d'élèves.

« Appartenant à une famille aristocratique d'Athènes, tout destinait Platon à la politique jusqu'à ce qu'il rencontre Socrate : dès lors, il renonça à la vie publique pour la philosophie. »

À mesure que le maître parlait, Lucius lorgnait la classe par l'espace laissé entre les deux pans de la tenture. Les murs, d'un jaune à la fois doux et vif, donnaient l'illusion d'un petit jardin grâce à la peinture en trompe-l'œil qui les ornementait.

« Platon quitta Athènes, voyagea, séjourna un temps en Égypte puis gagna la Sicile, où il rêvait de réaliser des réformes politiques auprès du tyran Denys l'Ancien. Mais les choses se passèrent mal et Denys le vendit comme esclave. Racheté et libéré, Platon rentra à Athènes où il fonda la première école de philosophie... La mort de son ami Socrate marqua profondément Platon et il écrivit alors pour répondre à cette question : comment le juste a-t-il pu être condamné à mort et comment la justice a-t-elle pu être bafouée ? »

Pris par l'intérêt, Lucius s'était appuyé contre un meuble et le fit malencontreusement grincer. Il se redressa, prêt à fuir.

— Qui se cache derrière cette draperie ? demanda Potitus.

Gêné, car tous les regards s'étaient tournés dans sa direction, Lucius n'eut d'autre choix que de se montrer.

— Je suis sincèrement désolé d'avoir troublé ta leçon, noble Potitus, mais de la rue je t'ai entendu parler de ce Grec, Platon...

L'homme fit taire les rires et les murmures d'un simple regard comminatoire. Puis, accordant de nouveau son attention à l'intrus :

— Et en quoi le sort de Platon peut-il t'intéresser ?

Le rouge monta aux joues de Lucius. Il aurait voulu s'enfuir mais ses pieds ne semblaient plus vouloir l'écouter.

— Approche ! ordonna Potitus.

Lucius s'exécuta gauchement.

— Je répète ma question : en quoi le cas de Platon peut-il t'intéresser ?

Au supplice, Lucius finit par lâcher :

— Ce qui m'a frappé c'est que Platon était fils de patricien... pourtant il a été vendu comme esclave par ce tyran... Il a pu fonder son école de philosophie parce qu'il a été libéré... Mais s'il n'avait pas été libéré, il aurait fini sa vie asservi et je me dis qu'il existe des esclaves intelligents, dignes de faire de grandes choses, mais ils ne le peuvent pas parce qu'ils sont esclaves... et si on leur donnait la possibilité, comme à ce Platon, ils feraient peut-être eux aussi de grandes choses... Alors je me demande : homme libre ou esclave, qu'est-ce qui différencie un homme d'un autre ? Pourquoi un jour un homme est-il supérieur et le lendemain n'est-il plus rien tout simplement parce qu'on a fait de lui un homme soumis ? On sait tous qu'à Pompéi, comme ailleurs dans tout l'Empire, des esclaves exercent des professions honorables, comme le maître de Poppa, qui enseigne le grec à ses enfants, ou alors l'esclave-médecin qui travaille pour le barbier et qui recoud des plaies ou remet en place des membres luxés... Ils détiennent plus de savoir que moi qui suis libre, mais ils me sont inférieurs parce qu'ils sont esclaves… Et aussi, comme tu le disais en évoquant la mort de Socrate : la justice est-elle justice si elle ne protège pas le juste, au seul motif qu'il est esclave ?

Emporté dans son élan, Lucius avait parlé d'une traite. Lorsqu'il se tut enfin, il remarqua le calme impressionnant qui régnait dans la classe. Les regards, d'abord moqueurs, s'étaient faits attentifs. Même Potitus souriait de satisfaction.

— Pourtant Platon n'a jamais remis en cause l'existence de l'esclavage, le considérant non seulement indispensable, mais encore comme la chose la plus naturelle qui soit !

C'en était trop pour Lucius, qui s'affaissa de défaite.

— Veux-tu t'asseoir parmi nous pour que nous en débattions ? demanda Potitus.

Lucius s'excusa :

— Non, il faut que je retourne à ma collecte… et puis, je n'ai aucune réponse à toutes ces questions, et aussi je n'ai pas le savoir nécessaire pour comprendre toutes ces choses… *Salvete.*

Il prit congé à reculons.

Dehors les cris s'étaient tus, les écoliers avaient déserté la rue, sans doute étaient-ils à présent penchés sur un devoir d'arithmétique ou d'astronomie. Pensif, Lucius poursuivit sa collecte.

Sur le forum il croisa Karsax, qui s'était déjà empressé de vider les urinoirs situés dans le giron des temples. Son concurrent lui fit un signe de la main :

— Alors, tu as eu du mal à te réveiller ce matin ? Tu peux passer ton chemin, j'ai déjà tout ramassé : forum, grenier à blé, temples, et là je monte aux thermes !

Résigné, Lucius haussa les épaules :

— Alors je vais à la caserne...

L'autre collecteur poussa un juron de victoire et vira brusquement sur ses talons. Le regard de Lucius s'arrêta sur la façade de la bibliothèque, qui jouxtait le sanctuaire des Lares Publics ; abandonnant son charreton, il pénétra dans la bâtisse ; une lignée de niches contenant des centaines de rouleaux s'étendait de chaque côté du pupitre où Glavidius, le gardien, recevait le public.

— Lucius ! Sais-tu que l'on a beaucoup parlé de toi ces dernières semaines ? Ton courage, lorsque tu t'es jeté dans l'arène pour sauver ce soigneur !.... Mais quel hasard a conduit tes pas jusqu'ici ?

— Je cherche... des écrits... sur un certain Platon... murmura Lucius.

Glavidius se leva et précéda le lecteur jusqu'à l'une des niches, pointa l'index :

— Voilà le rayon sur la Grèce. Regarde les étiquettes rouges.

Il lui indiqua une table :

— Tu peux t'installer là pour consulter les documents.

Lucius remercia et, Glavidius étant retourné à sa place, il se mit au déchiffrage des étiquettes ; ayant trouvé ce qu'il cherchait, il tira le rouleau et se dirigea vers la table de lecture. Délicatement, il étala le papyrus mais, à sa grande désillusion, il reconnut la calligraphie grecque, qu'il ne savait malheureusement pas décrypter. Il remit le livre cylindre à sa place et sortit discrètement.

Passant devant la pergola où enseignait Sema, il s'approcha de Taxos, encore ligoté à son piquet et livré à l'humiliation publique, sentiment dont le mauvais élève semblait bien peu se soucier !

— Qu'as-tu encore fait aujourd'hui ? murmura-t-il discrètement.

— Je n'ai pas fait mes devoirs... répondit l'autre en haussant les épaules, défaitiste.

La voix de Sema s'éleva, sévère :

— Laisse mon puni tranquille ou je vais t'attacher avec lui jusqu'à l'aube prochaine, ainsi aurez-vous tout loisir de bavarder !

Les rires des enfants bondirent, incitant Lucius à s'éloigner. Retrouvant son charreton, il redescendit vers la rue de l'Abondance en direction du terrain d'exercice des gladiateurs.

Après avoir vidé les amphores urinoirs et bavardé avec Ursius, il alla trouver Lisimba, qui préparait les cages pour le prochain arrivage d'animaux de cirque.

Lucius tournait, hésitait, de manière si ostentatoire que Lisimba finit par demander :

— Dis ce que tu as à dire au lieu de tourner autour de l'*impluvium* sans oser y tremper un doigt de pied !

— Je voulais savoir : que faisais-tu avant ? Je veux dire, avant d'être esclave...

Le jeune soigneur posa son regard sur la montagne Vésuve.

— Ma famille possédait une ferme dans un pays nommé Éthiopie ; c'est là que je suis né et que j'ai grandi. Un jour, on a vu les légions romaines venir chasser sur toutes les terres pour capturer des centaines, des milliers d'animaux destinés aux *chasses*, comme ils disaient, c'est-à-dire vos jeux du cirque : lions, panthères, ours de Numidie, autruches, antilopes. Moi, je ne comprenais pas très bien ce que cela signifiait, mais mon père protestait devant l'immensité de cette débâcle ; il disait que si on nous prenait notre nourriture, bientôt nous allions mourir de faim. Mais pour les Romains, l'Afrique n'était qu'un vivier de bêtes sauvages et ils se servaient. Alors, un jour, à force de protester, mon père a été emmené, notre ferme brûlée, et moi entraîné de force par les légions romaines pour soigner les fauves qu'ils ramenaient par bateaux complets dans l'Empire. J'ai été vendu, puis revendu, transporté de ma patrie en Mauritanie, de là à Syracuse, puis à Ostie... La suite, tu la connais.

Mal à l'aise, Lucius ne s'attarda pas. S'appuyant sur sa collecte en retard, il s'en retourna, le cœur lourd...

Après avoir déposé son charreton, il se rendit aux thermes et, à l'issue, alla frapper à la porte de Sema :

— Enseigne-moi le grec, dit-il sans autre explication.

L'ayant dévisagé un bref instant, le maître lui répondit avec tout autant de sobriété :

— Passe demain soir après les thermes...

IX

Mox-Mox

Calendes d'avril, an 79

La cité pompéienne se préparait activement aux élections pour le renouvellement des magistratures municipales, à savoir : les deux magistrats auxquels étaient confiés le gouvernement de la cité et l'exercice de la justice, leurs deux adjoints, les édiles chargés du bon fonctionnement du quotidien de la cité – routes, thermes, fontaines, aqueducs, contrôle des marchandises, organisation des fêtes et des spectacles – ainsi que les cent Pompéiens du Conseil.

Pendant une période brève mais intense, toute la population se mobilisait dans une effervescence inhabituelle, y compris les femmes, bien que privées du droit de vote. Pompéi se transformait alors en une fourmilière où militants, candidats et harangueurs se disputaient les passants, débitaient leurs discours sur toutes les tribunes accessibles, du forum aux amphithéâtres, des thermes aux latrines publiques et aux cimetières. Les murs étaient couverts d'affiches résumant les qualités des candidats ainsi que leur programme électoral ; on les retrouvait partout et il n'était un pan de mur qui n'en fût épargné.

Pour inciter les votes en leur faveur, les candidats se ruinaient en jeux et il n'était pas un jour sans gladiature, sans chasses. Les animaux arrivaient par cargaisons, sacrifiés par centaines sur le bûcher des vanités. Plaire, plaire, plaire pour arracher le moindre vote. D'aucuns avaient dépensé le tiers de leur fortune pour faire venir d'Ostie, d'Alexandrie ou de Maurétanie tigres ou hippopotames, zèbres et girafes, qui faisaient le spectacle dès leur arrivée au port : les cris des fauves, mêlés à ceux des marins qui descendaient les cages et ceux des badauds, étaient assourdissants. Les Pompéiens se bousculaient pour entrevoir les bêtes les plus exotiques, prêts à s'insulter ou à en venir aux mains pour une place perdue. Le nez en l'air, ils suivaient inlassablement le mouvement des cages suspendues à un treuil et descendues sur le quai en oscillant. Parfois les excitations s'interrompaient de concert, les souffles se suspendaient lorsque l'une d'elles, emportée par l'élan du fauve affolé qui allait et venait dans sa prison métallique, vacillait dangereusement. On écoutait les feulements ou les rugissements, on croyait entendre le câble crisser, céder sous la pression. Lorsque la cage touchait enfin le quai, les enfants retrouvaient leur témérité et, avançant malgré les semonces des légionnaires, insultaient le fauve ou donnaient du bâton dans la grille.

À nouveau l'habitacle était soulevé avec la même précaution, puis placé sur une charrette ; à nouveau les enfants reculaient, le souffle court, à nouveau le fauve gobait l'air de ses coups de gueule féroces.

Lorsque les charrois tirés par des bœufs s'ébranlaient en direction de la porte Marine avec leur impressionnante cargaison, le cortège se formait : enfants en délire, citoyens curieux, matrones ou vieillards inoccupés, chiens, le tout dans un désordre confus.

Près de l'odéon, Lucius aperçut Trebius Valens, précédé de son esclave intendant, dont la principale tâche était de lui souffler les noms et offices de ceux qu'il croisait pour éviter au candidat de commettre quelque impair. Trop absorbé par sa campagne, le candidat ne le vit pas et ainsi Lucius put-il poursuivre son chemin jusqu'au terrain d'exercice.

Comme il l'avait présagé, il y trouva Beryllus faisant ses pitreries habituelles devant un singe facétieux.

— Là, j'ignore qui est le plus bête des deux ! s'exclama Lucius.

Son frère se retourna et, joyeux, s'exclama :

— Tu as vu ? Il fait tout comme moi !

Puis, prenant Lucius par la main, il l'entraîna vers les cages du « désert de Maurétanie ». Là s'entassaient chats sauvages, hyènes rayées, fennecs, chacals, gerboises, gerbilles, damans et autres petits rongeurs du désert, qu'on lâcherait en début de spectacle pour agrémenter les scènes de chasse et qui finiraient massacrés en nombre avant la pause de midi.

Beryllus tendit le doigt vers une marmotte du désert, lascivement enroulée sur elle-même, le museau enfoui sous un lit de paille.

— Regarde, là, c'est Mox-Mox, ma nouvelle amie. Elle est belle, non ?

Comment expliquer à son frère que ce nouvel ami, comme tous les autres, finirait en charpie ? Le massacre dans les arènes achevé, on procéderait à l'arrivage de nouvelles bêtes et Beryllus se ferait de « nouveaux amis », qui l'aideraient à oublier les précédents... Mais comme il avait l'air heureux, son cadet ne chercha pas à le raisonner.

Apercevant Lisimba, qui tirait une barrique chargée de nourriture, il s'empressa d'aller l'aider à la porter et ils en déversèrent le contenu dans l'aire de l'hippopotame. Plus loin, Ursius, patte traînante, allait s'occuper d'un groupe de chèvres rayées.

Beryllus, qui avait accouru pour rejoindre les deux amis, demanda :

— Je peux venir chanter une berceuse à Mox-Mox ce soir ?

— Si tu veux ! répondit Lisimba, mais je crains bien qu'elle n'en ait pas besoin.

— Parce qu'elle dort déjà ? demanda encore le simple d'esprit.

— Oui, pour ça, mais aussi parce que dans deux jours auront lieu les jeux organisés par Cuspius Pansa et qu'elle...

Un coup de coude de Lucius et le soigneur se tut.

— Et qu'elle *quoi* ? insista Beryllus.

— Et elle *rien* ! acheva Lucius, s'empressant d'ajouter : si tu veux aller saluer Bello-Bello avant les premières torches, il serait temps de nous y rendre.

Mais, trop excité par le fourmillement de bêtes exotiques, Beryllus déclina l'invitation :

— Bello-Bello il est là tout le temps, alors je préfère aller chanter une berceuse à Mox-Mox. Je peux, dis ? Je peux ?

Vaincu, Lucius acquiesça, pour le plus grand

bonheur de son aîné qui s'éloigna sans attendre son reste…

Après avoir salué Lisimba puis encore échangé quelques mots avec Ursius, Lucius se dirigea vers le portique où Héraclès entretenait le cuir de ses jambières. Celui-ci attendit que son ami soit à portée de voix pour lui lancer :

— On va finir par enfermer ton frère dans une cage s'il continue à imiter les guenons !

Trop heureux de profiter du coin d'ombre, Lucius s'aspergea la nuque et s'affala auprès du combattant, se réjouissant de voir qu'Athéna avait porté un regard vigilant sur Héraclès, lui laissant la vie sauve d'un combat à l'autre.

— Que comptes-tu faire après la saison des jeux ?

Héraclès posa sa jambière près de lui.

— Je vais aller prendre quelque repos dans l'arrière-pays.

— Et après ? interrogea encore Lucius.

Le regard de son ami se fixa sur la montagne Vésuve.

— Seuls les dieux savent de quoi est fait demain ! S'ils me prêtent vie encore un peu, je voudrais aller goûter le sable d'autres arènes et, pourquoi pas, me rendre à Rome ?

La capitale du monde faisait rêver tous les gladiateurs, non seulement parce qu'on y livrait les plus beaux combats devant l'empereur en personne, mais aussi depuis qu'on y construisait le plus grand amphithéâtre jamais sorti de terre, le théâtre Flavien[23].

23. Appelé plus tard le *Colosseum* – le Colosse –, devenu Colisée.

Lucius soupira et changea de sujet de conversation. Lorsque l'on sonna l'heure du repas du soir, il revint sur ses pas.

En chemin, il rencontra Alba qui rentrait des thermes, les cheveux encore humides ; elle avait mis la tunique turquoise que préférait Lucius et agrémenté ses poignets de bracelets de cuivre, que sa tâche quotidienne l'obligeait à retirer. Elle relevait ses cheveux dans un geste envoûtant, libérant sa nuque à la peau de satin. Les jeunes gens remontèrent la rue jusqu'à la boulangerie de Modestus tout en bavardant et en échangeant les dernières anecdotes du jour, tandis que les boutiques fermaient leurs battants. L'air était doux, l'atmosphère se pacifiait dans les reflets ambrés de la fin du jour.

Sur le pas du porche, leurs doigts se joignirent et leurs lèvres se frôlèrent amoureusement avant que les deux jeunes gens ne se séparent à contrecœur.

Lucius redescendit la rue des Thermes et s'arrêta au passage devant l'officine de Carminox, qui broyait des pigments.

— Alors ? Comment se déroulent tes leçons de grec ? lança joyeusement le parcheminier.

Le jeune homme soupira :

— Ce n'est pas facile et j'utilise bien plus souvent la palette du stylet pour effacer mes erreurs que la pointe qui sert à tracer les lettres sur la cire !

— Ne sois pas si modeste ! J'ai croisé Sema, hier, et il m'a dit le plus grand bien de tes débuts… D'ailleurs, tu lui diras qu'il peut passer demain soir, j'ai préparé ses encres et lui ai mis de côté quelques invendus.

Carminox dilua le pigment de cinabre dans du brou

de noix puis remua l'ensemble avant d'y placer un bouchon de liège.

— Voilà, je vais pouvoir fermer boutique à présent ! J'ai encore mal dormi la nuit dernière à cause des voisins qui se disputaient, et ce soir j'ai décidé de me coucher tôt !

— Ne dis-tu pas cela à peu près chaque soir ?

Carminox ramassa ses paniers en devanture, rangea le matériel qui pendait à une corde.

— S'il y avait un moyen pour éteindre le bruit le soir, comme on souffle une bougie pour obtenir l'obscurité… Pourquoi adorons-nous des dizaines de dieux sans qu'aucun d'entre eux n'y ait songé ? Le dieu du silence de la nuit tombée, voilà un temple qui sera encensé par tous les Pompéiens !

En panne de réponse devant une idée aussi incongrue, Lucius salua et poursuivit son itinéraire.

Plus que quelques mètres le séparaient de la foulonnerie… C'était bien la voix de Papiria qui lui parvenait, et elle était aux prises avec Beryllus.

— Qu'y a-t-il encore ? demanda l'arrivant en s'approchant du muret.

— Il ne veut pas se laisser soigner !

Beryllus se débattit encore :

— Elle me brûle avec son vinaigre ! Je préfère invoquer Apollon, ça pique moins !

Le simple d'esprit se libéra de l'emprise et courut se réfugier auprès de son cadet. Alors seulement, Lucius remarqua griffures et plaies sur les avant-bras et les mains de son aîné.

— Mais où donc es-tu encore allé te mettre ? ronchonna-t-il.

Pris au dépourvu, Beryllus bégaya :

— J'étais dans une cage et puis une bête m'a griffé et mordu !

— Dans une cage ? Mais pour quoi faire ?

Son frère baissa la tête :

— Je voulais ajouter de la paille à Mox-Mox pour le couvrir afin qu'il n'ait pas froid...

Lucius lâcha un soupir d'exaspération avant d'élever la voix :

— Je t'interdis de retourner à la ménagerie sans moi à compter d'aujourd'hui. Et maintenant, c'est moi qui vais asperger tes plaies de vinaigre.

— Mais ça brûle !

Lucius prit le godet des mains de Papiria.

— Tant pis pour toi ! Tu n'as qu'à invoquer Apollon, dieu guérisseur, et tous les dieux qu'il te plaira. Et s'il en existe un pour les simples d'esprit, invoque-le aussi !

Beryllus se renfrogna :

— Tu es méchant !

— Et toi tu n'as pas plus de cervelle qu'une huître !

— Je le dirai à Bello-Bello, grogna encore Beryllus avant de tendre courageusement ses avant-bras.

Malgré quelques « ouille ouille ouille » qui sonnaient le reproche, il se laissa soigner.

Les commis, l'un après l'autre, s'étaient retirés. À son tour, Lucius entraîna son frère à l'étage où ils dormaient.

Durant la nuit, Lucius fut réveillé à plusieurs reprises par les grincements de dents de son frère ; pestant contre cette nouvelle manie, il remonta la couverture sur sa tête. Un peu plus tard vers le matin, alors que le jour commençait à poindre, il ouvrit les yeux : une main tentait de se frayer un passage sous son drap.

— Beryllus, retourne dans ton lit ! bougonna-t-il.

Il se raidit. Ce n'était pas une main qui s'était glissée dans son lit, mais quelque chose de duveteux, de chaud... Il se redressa d'un bond, jeta la couverture au loin...

— Beryllus ! hurla-t-il.

Deux borborygmes, puis plus rien, son aîné était solidement endormi. Sur son ventre, la marmotte du désert avait détalé de frayeur.

Réalisant ce qui se passait, Lucius se leva, secoua énergiquement son frère.

— Qu'est-ce qu'il y a encore ? grognassa vaguement Beryllus.

— C'est quoi, cette marmotte ?

Soudain revigoré, son frère s'assit dans son lit. Il allait s'expliquer lorsque, du bas des escaliers, on entendit le hurlement de Cissa, laquelle, prise de peur, courait près des bassins.

En peu de temps, la foulonnerie fut réveillée par les cris de surprise des uns et des autres tandis que la marmotte, éjectée et perdue par les vociférations ou les gestes brusques de défense, courait d'un endroit à l'autre dans l'espoir d'y trouver quelque cachette.

Lucius traîna son frère jusqu'au bas de l'escalier, lui demandant d'expliquer.

— Tu as dit que je n'ai pas plus de cervelle qu'une coquille d'huître, mais j'ai très bien compris que Mox-Mox va être jetée dans le cirque, et qu'elle est sans défense, et qu'elle va être piétinée par un éléphant, ou déchiquetée par une hyène ou un fauve, ou alors tuée d'un coup de javeline, pendant que tout le monde, dans les gradins, applaudira ou rigolera du spectacle. Et moi, j'aime Mox-Mox, elle est gentille et douce, alors j'ai voulu la cacher pour qu'elle vive !

Les commis, qui avaient fait cercle autour des deux frères, gardèrent le silence et Lucius lui-même ne sut que répondre. Ce fut Stephanus, réveillé avant l'heure par tout ce vacarme, qui intervint :

— Je te comprends, Beryllus, mais tu n'as pas le droit de faire ça : cet animal est la propriété de Pansa, il l'a payé, il a fait venir tous ces animaux de Maurétanie à grands frais et ce que tu fais est du vol !

— Mais personne ne remarquera l'absence de Mox-Mox avec toutes ces bêtes jetées dans l'arène… Qui se souciera d'une marmotte ? Je la montrerai à l'issue des chasses et on dira qu'elle dormait sous des feuilles et que personne ne l'a vue. Et après on la rachètera à Pansa !

— *On* ? Qui ça, *on* ? grogna Lucius.

Son frère, qui avait repéré l'animal près des latrines, courut dans cette direction ; ayant réussi à l'attraper avec l'aide de Lullo, il revint, la marmotte dans les bras, avant de répondre :

— Mais nous, toi et moi, avec l'argent que tu as gagné pour les dessins…

— Il n'en est pas question, objecta Lucius sans trouver d'argument à opposer à son frère, attendrissant avec le petit rongeur qui s'était réfugié au creux de son coude.

Ne sachant qu'ajouter, il posa un regard suppliant sur Papiria.

— Moi, je ne suis au courant de rien ! lâcha la blanchisseuse en s'éloignant.

Ce fut au tour de Cissa, la vieille repasseuse, de se dédouaner de l'affaire :

— Si on m'en parle, je jouerai à l'idiote qui n'a jamais entendu parler de cette histoire ! répondit-elle avant d'attraper un cruchon et de s'éclipser.

— Moi non plus ! ajouta Lullo en baissant la tête.

Tour à tour, chacun des commis délita le cercle qu'ils avaient formé, jurant qu'ils n'avaient jamais entendu parler d'aucune marmotte et encore moins d'un quelconque vol.

Enfin Stephanus, le dernier, demanda :

— Et tu sais au moins de quoi se nourrit cette bestiole ?

Beryllus trépigna de joie :

— Oui ! elle mange de l'herbe, du trèfle, mais aussi des écorces, des racines, ou parfois des baies. Je lui ai offert un bouquet de pissenlits l'autre jour et elle l'a mangé aussi !

Le maître des lieux sonda silencieusement Lucius avant de s'éclipser à son tour.

— Je fais quoi, moi, maintenant ? miaula Lucius tout en fixant Beryllus et sa marmotte.

Mais personne ne lui répondit.

Il rumina la situation durant sa tournée matinale, s'en ouvrit à Lisimba et à Ursius, directement responsables des animaux de cirque.

— D'un côté, ton frère a raison : dans la multitude, personne ne remarquerait l'absence de ce rongeur. Mais d'un autre, il ne pourra jamais le cacher longtemps dans la foulonnerie avec le passage incessant des clients ! Un animal, ça ne se commande pas et, si on le voit et que l'affaire s'ébruite, Pansa pourrait porter plainte car il s'agit bien d'un vol ! expliqua Ursius.

Lucius soupira encore, lassé des errements de son frère. Ses amis avaient raison, il ne pourrait pas cacher bien longtemps le petit rongeur.

En ayant terminé avec sa collecte, il revint sur ses pas, l'esprit ailleurs. Après les thermes et avant d'aller au domicile de Sema pour sa leçon quotidienne de grec, il remonta jusqu'à la villa de Pansa, l'une des plus somptueuses demeures de Pompéi. Timidement, il se présenta. Dans le *vestibulum*, les esclaves allaient et venaient dans une effervescence qui laissait présager l'imminence d'un banquet.

On conduisit Lucius jusqu'au jardin où se trouvait le maître des lieux ; visiblement, le candidat était pressé. S'excusant de cette intrusion dans un emploi du temps bien chargé, Lucius avoua la faute de son aîné ; s'il arrivait à racheter l'animal tout en le cachant à son frère, l'affaire serait réglée.

— Mon pauvre Lucius, lui répondit Pansa. Tu ne possèdes pas assez de sesterces pour cela, j'en ai bien peur...

Lucius se déconfit :

— Je t'en conjure, ne dépose aucune plainte pour le vol ; je m'engage à te rendre la marmotte demain coûte que coûte.

— Je connais ton frère...

Un serviteur entra, annonçant l'arrivée des premiers convives. Pansa se leva et raccompagna Lucius jusqu'à l'entrée. Posant une main amicale sur l'épaule du jeune homme, il finit par répondre :

—Je connais aussi ton courage et les soucis que te cause Beryllus. Alors faisons ce marché : je cède la marmotte à ton frère à condition que tu arrives à convaincre la corporation des muletiers de voter pour moi.

Lucius n'en avait pas espéré tant. Il remercia, accepta, salua.

Pansa conclut :

— Et pas un mot de notre accord ! Je ne veux pas voir venir frapper à ma porte tous les enfants en mal d'animal exotique !

—Je t'en fais le serment sur la tombe de mes parents…

Rendu à la rue, Lucius ne put que se réjouir du dénouement inattendu de son problème. Convaincre les muletiers de voter pour Pansa était une chose, mais arracher Mox-Mox des mains de son frère… il valait mieux reconstruire le vieux quartier ou chercher un chien noir dans une nuit sans lune ! Cette fin heureuse valait bien qu'il longe la rue jusqu'à la maison de Primus pour houspiller Orpheo !

De retour à la foulonnerie après avoir titillé le molosse, Lucius trouva son frère, sa marmotte dans les bras, lui chantant une berceuse.

— Tu vois ? J'arrive bien à la faire dormir !

Désireux de cacher à son frère son marché avec Pansa, il lui gronda :

— J'espère au moins que personne n'a vu cette bête aujourd'hui ?

— Oh non ! répondit Beryllus. Je l'ai cachée dans mon lit et lui ai demandé de ne pas bouger, et elle ne s'est pas montrée de la journée…

— C'est vrai, intervint Papiria, on ne l'a ni vue ni entendue.

Hésitant, et pour ne poser aucun cas de conscience à Stephanus, il alla le trouver et lui confia les termes de sa conversation avec Pansa. Stephanus croqua dans sa pomme et hocha simplement la tête en guise d'approbation avant de se replonger dans ses comptes.

Pour honorer sa promesse, Lucius mit à profit ses tournées pour se rapprocher des muletiers et parler des qualités de Pansa, espérant que Trebius Valens ne l'apprendrait pas !

Pansa lui ayant demandé une preuve de son fait, Lucius partit une nuit en compagnie d'un muletier et de Beryllus, lanterne en main, au pied d'un mur blanchi pour l'occasion.

— Je veux te tenir l'échelle ! lança son frère.

— Non, c'est Coculus qui l'affermira, parce que je n'ai pas envie de m'étaler avec ma cruche de peinture sur le pavé ! Toi, tu tiens la perche avec la lanterne.

Mais l'autre n'était pas de son avis :

— Je veux tenir l'échelle ! insista-t-il.

Lucius le sermonna :

— Vas-tu te taire ? Tu vas alerter tout le quartier !

— Ça m'est égal ! répondit son frère en posant la lanterne et en croisant les bras ; je veux tenir l'échelle, sinon je ne fais rien.

Excédé, Lucius lui souffla :

— Si tu ne fais pas ce que je dis, demain je te dénonce tu sais pourquoi et je demande à Papiria de nous servir un bon ragoût pour fêter ton entêtement !

Beryllus lui lança des yeux noirs de colère :

— Tu n'oserais jamais !

— Jupiter m'en est témoin !

Le muletier s'impatienta :

— Bon, j'aimerais aller me coucher, moi, alors on s'y met ?

Lucius, qui n'avait cessé de fixer son frère d'un regard menaçant, eut enfin gain de cause : Beryllus s'empara de la lanterne en ronchonnant.

Les moins lettrés des Pompéiens ne maîtrisaient pas l'écriture cursive, aussi Lucius écrivit-il en lettres lapidaires : « Les muletiers voteront tous pour Gaius Pansa au poste d'édile. »

Chacun ayant récupéré son matériel, ils se séparèrent.

De retour dans leur mezzanine, Beryllus tira lentement la couverture et se glissa aux côtés de Mox-Mox.

— Dis, Lucius, pourquoi tu as écrit sur les murs que les muletiers doivent tous voter pour Pansa alors que je lui ai volé…

— C'est pour le flatter, pour ne pas le mettre encore plus en colère… mentit son puîné.

Un moment de silence, puis le murmure de Beryllus se fit encore entendre :

— En tout cas, tu vois, j'avais raison !

— Raison pour quoi ? demanda son cadet.

— Je t'avais bien dit qu'il ne remarquerait même pas l'absence de Mox-Mox dans la foison d'animaux ; et tu sais pourquoi ?

— Non, mais j'attends que tu me l'apprennes ! soupira Lucius.

— Parce que des pierres tu peux les compter, ça ne

bouge pas ; mais des bêtes qui courent en tous sens, comment il les compterait ?

La voix de Cissa, d'en bas, les obligea à se taire, pour le plus grand soulagement de Lucius.

Une seule chose occupait à présent l'esprit de Beryllus : le sort de sa marmotte. Dans un premier temps, inquiet de la voir dormir sans cesse et ne rien manger, il était allé trouver Lisimba, qui lui avait expliqué qu'elle hibernait.

Depuis qu'elle s'était réveillée, Mox-Mox était devenue la mascotte de la foulonnerie. Les indiscrétions de Beryllus avaient fini par ébruiter la nouvelle et le secret, si bien couvé durant quelques jours, fit le tour de la cité. Aussi les enfants comme les clients venaient-ils la voir : on s'amusait de sa position en chandelle si caractéristique lorsqu'un bruit la surprenait, on s'esclaffait devant ses coups de sifflet lorsqu'elle pressentait un danger. Très sociable, curieuse et joueuse, elle se laissait caresser par tout un chacun et acceptait volontiers écorces ou racines qu'on lui proposait.

Ainsi, tandis que les fêtes de *Liber* approchaient, Beryllus déclara à son frère :

— Je sais travailler, chanter des berceuses, m'occuper correctement de Mox-Mox, et donc je veux revêtir la toge virile !

Sa remarque abasourdit ceux qui venaient de l'entendre mais aucun ne fit de commentaire. Revêtir la toge virile signifiait pour l'adolescent entrer dans l'âge adulte, devenir un citoyen responsable. Si Beryllus avait l'âge d'abandonner la toge prétexte, à savoir l'habit de l'enfance, avait-il suffisamment de maturité pour que l'on fît de lui un citoyen à part entière ?

Après une journée de réflexion, Stephanus sortit de son officine et réunit tous les compagnons autour de lui.

—Vous avez tous entendu la requête de Beryllus. Nous allons procéder à un vote : si vous le jugez digne de revêtir la toge virile, si son frère en est d'accord, et puisqu'ils ont perdu leurs parents et que je suis en quelque sorte leur tuteur, je veux bien présider à la cérémonie familiale de *Liber* pour laquelle ceux qui le souhaiteront feront office de frères et de sœurs.

À cette annonce, Beryllus sauta de joie.

—Oui, votez pour moi ! Votez pour moi !

Puis, se tournant vers son frère :

—Si tu me fais des affiches cette nuit pour que les muletiers votent pour moi, je te tiendrai l'échelle sans ronchonner !

Tous se mirent à rire.

—Espèce d'abruti ! lança Papiria avec sa tendresse habituelle ; tu n'es tout de même pas candidat aux élections pour les charges de la cité !

Les quelques clients présents donnèrent leur avis, que Stephanus interrompit d'un ton guttural :

—Je vous laisse réfléchir entre vous, on procédera au vote à main levée après les thermes. Pour l'heure, les bacs vous attendent !

En quelques instants, la vie à la foulonnerie reprit ses droits. Curieusement, Beryllus resta silencieux tout l'après-midi, s'efforçant de bien faire son travail sans jamais se distraire et ne chercha pas davantage le soir à intervenir dans l'esprit de ses compagnons de travail, bien que chacun le sentît de plus en plus nerveux à mesure que s'épuisait la journée.

Enfin, lorsque, à la fermeture des thermes, la maisonnée se réunit pour le repas du soir, Beryllus s'installa, Mox-Mox sur les genoux, attendant la sentence. Chacun, pour commencer, y alla de son commentaire : on le jugeait parfois très simple d'esprit, parfois obstiné, mais jamais méchant. On posa sur la balance des actions son arrestation, consécutive au soir où on l'avait retrouvé sur l'échelle mains dans la peinture, on loua sa ténacité pour avoir cheminé jusqu'à la Solfatare puis à Herculanum tout seul, en plein hiver, y avoir été capable de réparer des filets de pêche et de contenter la personne qui l'avait recueilli ; enfin, on admit à l'unanimité que, malgré ses fugues, il faisait bien son travail à la foulonnerie… L'intéressé écouta sans jamais intervenir, avec la plus grande attention. Lorsque, enfin, Stephanus ordonna de procéder au vote, toutes les mains se levèrent, excepté celle du maître des lieux qui se posait en arbitre des débats.

Voyant que tous ses compagnons avaient voté pour lui, Beryllus se tourna vers son frère :

— J'ai repéré un coin de mur. Tu me feras l'annonce, dis ?

Sa remarque provoqua un fou rire général. Beryllus en avait oublié de remercier ses compagnons et ce fut Lucius qui s'en chargea.

Pour l'occasion des fêtes de *Liber* durant lesquelles Beryllus quitterait symboliquement la toge de l'enfance, Papiria, Cissa et Lullo avaient redoublé d'attentions pour que l'habit de cérémonie soit du plus beau blanc, tandis que les commis avaient paré la foulonnerie de couronnes tressées, de fleurs, de tentures de fête. Alba, Héraclès, Lisimba et Ursius étaient de la cérémonie et Beryllus avait même invité Bello-Bello, que l'on avait traîné avec peine jusque dans la cour de la foulonnerie.

Tous étaient dans leurs plus beaux atours, jusqu'à l'âne qui s'était vu affublé d'un collier de feuilles tressées.

En présence de tous ses compagnons de travail, flanqué par Lucius et par Stephanus dans son rôle de tuteur, Beryllus consacra aux dieux du foyer les symboles de son enfance : la bulle de cuir et la toge prétexte, qu'il déposa sur l'autel. Son frère lui tendit l'eau miellée, le sel, les noix, le pain et les fleurs, que son aîné offrit en sacrifice aux dieux protecteurs de la maison.

Le culte familial achevé, Beryllus prit la tête du cortège – Lucius avait tout de même réussi à convaincre son frère de laisser Bello-Bello dans la cour – jusqu'au forum. En ce jour de repos, la cité était sillonnée par tous les regroupements familiaux qui escortaient les jeunes gens pour lesquels c'était le grand jour : celui du passage de l'enfance à l'âge adulte.

Ils avancèrent devant le temple des Lares Publics, où Beryllus invoqua la protection des dieux, puis progressèrent jusqu'au temple de Jupiter, dieu de la collectivité civique. Là, ils laissèrent Beryllus monter seul les marches en compagnie des autres prétendants ; le prêtre les accueillit et, après une litanie, autorisa les jeunes gens à entrer dans le sanctuaire. Enfin, le frère de Lucius reparut, sourire aux lèvres, redescendit les marches et se joignit aux siens. Ses amis le congratulèrent : l'adolescent était entré dans sa majorité. Papiria lui mit Mox-Mox dans les bras et ils revinrent vers le forum, où des femmes couronnées de lierre vendaient les petits gâteaux sacrés des *Liberalia* ; pour ne pas déroger à la tradition, Beryllus sortit autant d'as qu'il fallut pour acheter un gâteau par compagnon ; chacun cassa sa pâtisserie en deux, en posa la moitié sur le foyer en offrande à *Liber* et mangea l'autre.

— C'est quand même dommage tous ces bons gâteaux perdus, souffla Beryllus à l'oreille d'Alba.

Elle rit :

— Ne t'inquiète pas pour ça ! Modestus va envoyer tes confiseries préférées, et je sais qu'Asselina ne manquera pas de te combler pour le repas qu'on lui a commandé !

Rayonnant comme jamais il ne l'avait été, Beryllus remonta Mox-Mox jusqu'à la hauteur de ses lèvres et l'embrassa. Lucius regarda son frère avec la plus grande tendresse : comme il avait l'air heureux ! Peut-être moins par la pompe de la cérémonie elle-même que du fait que tous ses compagnons, malgré ses bêtises, lui accordaient leur confiance…

Le mois de juin s'installait, brûlant. Sur les conseils de Lisimba, Beryllus avait façonné une tanière de terre pour permettre à Mox-Mox d'y faire sa sieste aux heures les plus chaudes. Loin de s'essouffler, la cité avait déplacé son organisation : on se levait plus tôt, on se couchait plus tard et l'on se protégeait de la fournaise derrière ses volets clos.

Un matin, comme un coup de tonnerre, la nouvelle tomba : Vespasien, qui régnait depuis dix ans sur l'Empire, était mort des suites d'un flux de ventre. On disait que, se sentant arrivé à l'épuisement de sa vie et voulant mourir debout, Vespasien s'était efforcé de se lever et avait expiré dans les bras de ceux qui l'y avaient aidé.

Pompéi en chamboula son quotidien et se prépara au deuil des neuf jours consécutifs durant lesquels on était invité à faire des offrandes à Libitina, la déesse romaine des funérailles.

Pour ceux qui ne pourraient se rendre à Rome afin de s'incliner devant le corps de l'Empereur exposé au public, on procéda à son enterrement symbolique dans la cité pompéienne. Sur une civière de parade, on avait installé un mannequin de cire à l'effigie de Vespasien, que l'on présenta de la même manière sur la place du Forum. Puis les prêtres prononcèrent l'éloge funèbre, assurèrent les rites funéraires, accompagnés par des joueurs de flûte, des pleureuses, des danseurs. Les magistrats de la cité, représentant symboliquement les membres de la famille de Vespasien et le Sénat, prirent la suite du cortège à cheval et en grand apparat ; conduit par le plus ancien d'entre eux, accompagné de licteurs vêtus de noir, puis par une représentation des soldats armes tournées vers le sol, et enfin la foule arborant le deuil, le cortège se déplaça du temple de Vespasien au forum, en arpentant les rues principales de la ville. Le corps fut déposé sur un lit de bois, près de la porte d'Herculanum, et incinéré. À l'issue, chacun rentra chez soi en silence. La vie de Pompéi, laissée entre parenthèses durant tout le temps du deuil, allait reprendre son cours…

X

Un beau sacrifice

Calendes de juillet, an 79

Lucius posa son charreton, alla saluer Héraclès, puis Lisimba et Ursius, qu'il trouva dans la fosse de l'amphithéâtre réparant le matériel abîmé.

Exceptionnellement, les jeux promis par Lucretius Fronto – lui aussi candidat à la prochaine élection – avaient été ajournés en raison du manque de bêtes : en effet, la période de deuil avait été marquée par des jeux funèbres à Rome et des banquets sacrificiels qui avaient vu périr des bêtes en grand nombre ; mais aussi, en prévision de l'avènement au pouvoir de Titus, le nouvel empereur, Rome s'était réservé le vivarium complet d'Ostie.

L'Africain évasait la bouche d'un masque, qu'il plaça devant son visage. Il s'égosilla :

— On m'entend bien, là ?

— Fais l'ouverture plus grande, commenta Ursius ; il faut que les spectateurs les plus éloignés dans les tribunes puissent entendre.

Lisimba reprit sa tâche, élargit l'orifice puis replaça le masque sur son visage et poussa un son guttural.

— Là, on t'entend mieux !....

— Es-tu au courant ? demanda l'Africain à l'attention de Lucius. Comme Lucretio n'a pu se fournir en bêtes – il n'a trouvé qu'un troupeau de chèvres, un ours, des sangliers et deux paons –, il a imaginé un spectacle où il mêlera des scènes de la mythologie grecque, mais surtout il compte créer la surprise avec un divertissement qui se pratique parfois et dont il a entendu parler : tu sais, cette nouvelle secte, que l'on nomme « chrétiens » et qui n'adore qu'un dieu unique ?

Surpris, Lucius nota :

— Mais quel rapport avec eux ? Ils ne sont pas poursuivis pour leur culte puisqu'on est tolérant avec tous les dieux dans l'Empire. En plus, ils n'en ont qu'un, en quoi pourrait-ce représenter un danger ?

Lisimba fouilla dans un contenant, choisit un autre masque qu'il se mit en devoir de restaurer.

— En effet, ils ne sont pas poursuivis pour leur culte, auquel on ne s'intéresse guère, mais il y en a qui sont condamnés aux jeux par un tribunal…

Lucius attrapa une perruque, la rousse, celle qui lui rappelait la chevelure d'Alba, et se mit en devoir de la peigner avec douceur à l'aide de ses doigts tout en écoutant attentivement la suite.

— En fait, il paraît que dans leur légende, leur dieu les protège et aussi qu'il réveille les morts, fait marcher les infirmes, guérit les aveugles ; alors, certains notables offrent des chrétiens aux bêtes sauvages : on en met parfois un ou deux en spectacle et on leur fait combattre un lion, un chien, ou un serpent à mains nues, pour voir si ce que promet leur culte est vrai.

Intrigué, Lucius demanda :

— Et alors ? Le dieu dont tu parles les aide-t-il ?

Lisimba haussa les épaules :

— Ça, je n'en sais rien, on ne me l'a pas dit ! Je sais simplement que Lucretius, par je ne sais quelle facétie, a trouvé quelques animaux dont un ours, et récupéré quatre condamnés chrétiens qu'il va inclure dans ses jeux, comme il l'a vu faire un jour alors qu'il visitait un ami à Bari.

— Au moins, ça nous changera un peu des chasses traditionnelles, parce que, à force, ils ne savent plus quoi inventer pour surprendre le public, acheva Ursius en reposant un masque qu'il venait de repeindre.

Lucius réfléchit un instant avant de conclure :

— Oui, mais il n'a pas de lion !

— Peut-être les acculera-t-il à un mur et lancera-t-il contre eux un troupeau de chèvres ? se moqua Ursius.

Son trait d'humour fit rire ces compagnons et la conversation vira naturellement sur un autre sujet...

— Lucius ! Lucius !

Ce dernier se retourna. Essoufflé, ayant peine à reprendre sa respiration à force d'avoir trop couru, l'esclave lâcha par bribes :

— C'est le chirurgien... qui m'envoie te chercher ! Cours vite au terrain d'exercice... Beryllus...

Sans en attendre davantage, Lucius abandonna là son charreton et s'élança dans les rues, à la fois furieux et anxieux, se demandant quelle bêtise son frère avait encore pu faire. Si le chirurgien l'avait fait appeler, il devait être blessé… Pourvu qu'il n'ait pas voulu ouvrir la cage de l'ours pour le caresser et que… Il se refusa à penser au pire.

Lorsqu'il arriva à la caserne des gladiateurs, Ursius se hâta comme il pouvait dans sa direction, lui criant de se rendre directement au *spoliarium*. À l'évocation du lieu où l'on transportait les morts les jours de jeux, Lucius arrêta sa course : ses jambes se mirent à flageoler et son cœur, lui sembla-t-il, allait cesser de battre. Y courir signifiait avoir la terrible réponse plus rapidement et il ne voulait pas savoir, ou alors le plus tard possible…

Ursius, qui s'était lui-même arrêté à quelques enjambées, semblait à la fois triste et consterné. Leurs regards s'accrochèrent et, dans celui de l'ancien gladiateur, Lucius décela des larmes. Sa gorge se noua, un sanglot l'étouffa et il se mit à courir en direction du *spoliarium* où il entra, presque en intrus.

On entendait des hurlements de douleur, les cris ou les injonctions des gladiateurs qui maîtrisaient le corps en souffrance, des bruits d'instruments jetés sans ménagement dans la bassine à mesure qu'ils avaient fini de servir.

L'un des combattants, qui se tenait face à lui, leva la tête :

—Lucius ! lança-t-il, plus pour en informer les autres que pour le saluer.

Le chirurgien, de dos, lui cria :

—Approche et essaie de nous aider.

Lucius avança, chaque pas lui coûtant un effort surhumain pour ne pas le porter à fuir. Entre deux mouvements de bras, il découvrit la jambe couverte de sang du blessé et réalisa qu'elle était noire.

— Lisimba ! hurla-t-il en se précipitant.

À la vue de son ami, un bras et une jambe déchiquetés, il eut un haut-le-cœur et, sans avoir eu le temps de quitter le *spoliarium*, il se vida du contenu de son estomac à quelques pas de la table de soins. Le silence soudain, inquiétant, le secoua encore davantage que les cris. Il se redressa et, lentement, revint vers l'endroit où gisait le soigneur. Le voyant immobile, constatant que les quatre gladiateurs avaient lâché leur emprise, il demanda :

— Il est...

— Non, il a simplement perdu connaissance et c'est mieux ainsi, au moins il ne sentira plus la douleur. Viens, approche, répondit le chirurgien.

À nouveau, l'émotion submergea Lucius : couvert de sang, déchiqueté de toutes parts, Lisimba était méconnaissable.

— Mais que s'est-il passé ? articula-t-il enfin.

Le chirurgien reprit ses soins en expliquant :

— Beryllus, qui traînait encore au vivarium, s'était entiché de cet ours. Malgré les interdictions et les semonces d'Ursius, il a ouvert la cage pour caresser l'animal. Ton ami soigneur l'a vu et s'est précipité mais trop tard : la bête a bondi, l'Africain a eu le réflexe de pousser ton frère pour le protéger et c'est lui qui est tombé dans les griffes de l'ours. Le temps que les autres arrivent – ils ont dû tuer la bête –, ton ami noir avait été sérieusement blessé. Je dois suturer et il vaut mieux qu'il soit inconscient. Mais il a perdu trop de sang et j'ai bien peur...

Il ne finit pas sa funeste phrase, se contentant d'un regard désolé. Il conclut après un silence :

— Je vais lui administrer du jus de pavot pour soulager sa douleur, c'est tout ce que je peux faire…

Lucius regarda Scalus recoudre les plaies une à une après les avoir lavées au vinaigre et y avoir déposé des larves de mouche verte.

— Laissons les asticots faire leur œuvre : en se nourrissant des chairs mortes, ils vont éliminer les tissus nécrosés et faciliter la cicatrisation, expliqua encore le médecin pour meubler le silence pesant.

— Quels dieux dois-je invoquer ? demanda douloureusement Lucius.

Le chirurgien releva la tête et, après un moment d'hésitation, expliqua :

— Grâce aux grands médecins grecs, et notamment un certain Hippocrate, on a appris que la maladie, la vie ou la mort ne sont pas une punition ou l'œuvre des dieux mais que cela se passe dans le corps ; que la guérison, quant à elle, siège dans la tête du malade. Ainsi, si prier tous les dieux peut t'aider à y croire, fais-le. Mais je pense, comme ces savants, que la guérison de ton ami ne dépend pas que des dieux, de même que ta cicatrice ne se serait pas résorbée aussi bien s'il n'y avait eu avant tout la volonté de guérir.

— Tu veux dire que guérir ne dépend avant tout que de lui ?

Scalus coupa un fil, lava encore la plaie puis s'affaira à une autre, lançant à Lucius :

— L'eau doit bouillir. Jettes-y les instruments qui se trouvent dans cette bassine.

Le jeune homme fit ce qu'on lui avait demandé. Les gladiateurs étaient toujours là, immobiles, silencieux, attendant on ne sait quoi.

Lucius interrogea encore :

— Tu dis qu'il a perdu beaucoup de sang ; mais si l'on recommande la saignée ou alors les sangsues pour nettoyer le corps de trop de sang, ne peut-on faire l'inverse ?

— On ne peut mélanger du sang blanc et du sang noir ! intervint l'un des gladiateurs.

Lucius le regarda, défait, puis fixa son attention sur Lisimba. Sa respiration était presque imperceptible et, par moments, il craignait bien que son ami eût rejoint le monde des mânes.

— Nous, Romains, avons longtemps décrié la médecine grecque et pourtant leurs savants ont ouvert bien des portes... Ce dont tu parles a déjà été exécuté... je veux dire mettre du sang dans le corps d'un blessé...

— Et alors ? bondit Lucius, mû par un impensable espoir.

— Malheureusement ça a échoué une fois sur deux et on ignore pourquoi, alors peu de médecins le préconisent...

— Mais toi ?

— J'avoue que je ne l'ai jamais pratiqué et que j'ignore même comment procéder. En outre, l'Africain est un esclave et...

Lucius baissa la tête, révolté, au bord de l'insulte, mais resta silencieux.

Ce fut l'un des gladiateurs présents qui réagit à sa place :

— Je sais que nos vies n'ont que peu de valeur, et encore moins celle d'un esclave soigneur. Mais ne serait-ce pas là l'occasion de t'initier à cette pratique ?

— Et le sang ? demanda Scalus après avoir considéré le blessé.

Un autre gladiateur, jusque-là simple spectateur, proposa :

— Du sang de porc ferait-il l'affaire ?

Le chirurgien les dévisagea l'un après l'autre puis, se tournant vers Lucius :

— J'avoue mon incompétence en la matière. Je vais me rendre à la bibliothèque et voir ce qu'on dit de cette méthode dans les écrits savants.

Il s'approcha du feu, retira la bassine où avaient bouilli les instruments, les sortit à l'aide d'une pince et les posa sur un linge propre. Puis, cherchant une fiole dans sa trousse, il la mit dans les mains de Lucius :

— Toi, verse du vinaigre sur son corps et, s'il se réveille, fais-lui boire ce jus de pavot qui calmera ses douleurs. S'il a soif, uniquement de l'eau avec du citron. Si on a besoin de moi, je serai à la bibliothèque.

Lui parti, les gladiateurs s'entre-regardèrent avant de quitter la pièce en silence. Seul Héraclès resta :

— Donne, je m'en occupe ; toi, va plutôt voir où est ton frère !

Beryllus ! Lucius l'avait oublié ! Reconnaissant, il quitta le *spoliarium*. Il croisa Ursius, qui posa son seau, anxieux :

— Alors ?

Lucius résuma la situation avant de s'inquiéter du sort de son frère.

— Il s'est réfugié près de l'autel des dieux Lares, fit le mutilé en suivant ses dires d'un mouvement de menton dans la direction indiquée.

Sans rien ajouter, le jeune homme s'y orienta ; il y

trouva Beryllus, assis à même le sol et en pleurs ; il avait offert en sacrifice aux dieux le cadavre d'un scarabée, des fleurs, des poils d'animaux et des pelures de fruits.

Lucius s'approcha, s'accroupit à côté de lui ; sentant une main se poser sur son épaule, Beryllus se recroquevilla davantage sur lui-même.

— Je sais que tu ne veux plus de moi parce que, à cause de moi, Lisimba a été dévoré par l'ours. Je regrette tellement ! Je ne veux pas qu'il soit mort, je veux mourir à sa place parce que c'est tout ce que je mérite ! Je vais prendre mes affaires et je vais aller dormir avec Norelia et nos parents ! On va me reprendre ma toge virile et je vais devoir porter la toge prétexte toute ma vie ! Et puis Lucretio va me faire procès à cause de l'ours qui est mort et, comme je n'aurai pas l'argent pour le rembourser, on va me condamner aux jeux !

La tête vide, Lucius ne sut quoi répondre, sauf :

— Allez, viens, on rentre !

Beryllus se dégagea de l'étreinte :

— Non, ils vont tous me battre pour ce que j'ai fait ! Et Papiria aura fait un ragoût avec Mox-Mox et je ne veux pas en manger !

Lucius le sentit complètement perdu. Il lui passa le bras autour de l'épaule :

— Comment veux-tu qu'elle fasse du mal à Mox-Mox ? Tout le monde l'adore et ta marmotte n'est pour rien dans ce qui est arrivé… Et aussi, personne ne te retirera ta toge virile et personne ne voudra que tu partes de la foulonnerie car personne ne piétine le linge aussi bien que toi !

Il sentait que, malgré sa peine, Beryllus tendait l'oreille et il poursuivit :

— Pense à Mox-Mox et à Bello-Bello : que deviendraient-ils sans toi ? Et moi ? J'ai déjà perdu notre mère, notre père et aussi Norelia ; tu es la seule famille qui me reste !

— Oui, surtout maintenant que j'ai fait mourir Lisimba ! marmonna Beryllus sur un ton endeuillé.

Lucius ramassa une touffe d'herbe, la posa sur l'autel des dieux Lares.

— Lisimba est encore en vie…

Son frère se redressa, plongea son regard désespéré dans le sien.

— Encore en vie ? Mais pour de vrai ou en vie en attendant de rendre son dernier soupir ? Parce que moi je l'ai entendu hurler jusqu'ici, et d'un coup je n'ai plus rien entendu !

Lucius serra son étreinte, posa sa tête sur l'épaule de son frère :

— Il est en vie et tes prières l'aideront à le rester. Le chirurgien a recousu toutes ses plaies et à présent Lisimba dort.

Un silence puis, encore, la voix murmurée de Beryllus :

— Il dort comme Mox-Mox quand je l'ai volée ou comme Norelia ?

— Comme toi quand tu ronfles la nuit, répondit Lucius sur un ton qu'il aurait voulu plus réjoui.

— Tu sais, j'ai prié Esculape, dieu de la médecine, et puis ses filles : Salus, la déesse de la santé, Juturne, qui guérit les malades, et puis aussi les autres dont j'ai oublié les noms… J'ai demandé aux dieux Lares d'aller les trouver et je leur ai demandé de fermer à clé les portes de l'autre monde pour que Lisimba ne puisse pas les franchir…

— Tu as très bien fait et les dieux, j'en suis sûr, regarderont tes présents. Si tu veux, nous irons au temple d'Isis et nous demanderons qu'elle veille sur notre ami.

De nouveau, il invita son frère à se relever et cette fois Beryllus y consentit.

— Je peux aller le voir ? demanda le malheureux, le regard tourné vers le *spoliarium*.

Conscient que cela pourrait lui procurer d'horribles cauchemars, Lucius répondit avec douceur :

— Scalus a dit qu'il faut le laisser dormir ; je préfère qu'on aille au temple d'Isis, et après on ira voir Bello-Bello. Si tu veux, nous passerons prendre de ses nouvelles ce soir…

Ensemble, les deux frères empruntèrent la rue de Stabies et s'arrêtèrent au temple d'Isis. Ils en gravirent les marches en silence et, après s'être purifiés, ils avancèrent jusqu'à l'immense oreille posée sur l'autel. Beryllus, qui avait passé ses mains au-dessus du vase à encens, se pencha pour délivrer sa prière, laquelle semblait ne plus prendre fin. Bien qu'impatient, Lucius attendit à quelques pas. Lorsque, enfin, Beryllus daigna taire ses murmures, il le relaya. Ils allaient ressortir quand Beryllus se ravisa :

— Attends, j'ai oublié de lui dire quelque chose !

Et il repartit confier ses prières à l'oreille aux secrets. Lucius sortit du temple et attendit au-dehors. Lorsque son frère reparut, ils remontèrent la rue de Stabies côte à côte. Arrivés au croisement de la rue de l'Abondance, Lucius sentit son aîné se roidir alors qu'un commis de la foulonnerie passait avec le charreton d'urines abandonné tantôt par Lucius.

— Qu'a dit Stephanus ? demanda Beryllus, visiblement terrorisé par la réaction du foulon à son encontre.

L'esclave haussa les épaules, penaud :

— Il a répondu que, si je vous trouve, je renvoie Beryllus pour finir son travail dans le bac et que je poursuive la collecte à la place de Lucius.

Lucius se tourna vers son frère :

— Tu vois, Stephanus t'attend. Allez, va travailler et aussi t'occuper de Mox-Mox. Pense à quel point elle doit être inquiète…

Beryllus avait une autre préoccupation en tête, dont il s'ouvrit au commis :

— Papiria n'en a pas fait un ragoût ?

— Non, ta marmotte se dresse sans cesse en chandelle, guettant l'entrée. Elle t'attend ! Va la rassurer, elle doit croire que tu as quitté la cité sans elle.

Son ton, persuasif, finit de convaincre Beryllus qui consentit à retourner à la foulonnerie, laissant les deux jeunes gens à leur sort.

— Peux-tu t'acquitter seul de la tournée ? demanda Lucius. Je dois me rendre à la bibliothèque.

L'esclave acquiesça et s'en fut.

Lucius entra dans la bibliothèque, avança silencieusement pour ne pas déranger les lecteurs ; lorsqu'il reconnut le chirurgien penché sur un rouleau, il s'en approcha et, ne voulant pas le distraire, attendit, promenant son regard sur les étagères où s'accumulaient les volumes médicaux décrivant les maladies, leurs traitements par les plantes ou par la chirurgie, les techniques médicales.

Il fallut un temps au chirurgien avant de remarquer la présence de son visiteur.

— Lucius ! murmura-t-il. Depuis combien de temps es-tu planté là ?

Le jeune homme haussa les épaules.

— J'ai trouvé quelque chose, là...

Lucius se pencha sur le manuscrit mais ses connaissances en grec étaient encore trop limitées pour qu'il pût en déchiffrer trois lignes sans peine.

— C'est un ouvrage de Dioscoride, ce Grec qui a exercé la médecine à Rome sous le règne de Néron. Il parle de cette pratique, qui consiste à donner le sang d'une personne à une autre et dit avoir vu un chirurgien s'y essayer sur un gladiateur blessé.

Lucius se pencha, piqué par l'intérêt :

— Explique-t-il comment procéder ?

Scalus se pencha de nouveau sur l'écrit, resta silencieux à mesure que son index suivait la ligne de texte. Il reprit, sans lever la tête :

— Il parle de coucher le malade à côté de celui qui donne son sang. Il pique le bras, à l'endroit d'une veine, à l'aide d'une tubulure munie d'une canule biseautée à chaque bout. L'autre bout, il le plante dans le bras du donneur, qui est mis en position élevée à la manière des vases communicants...

Lucius allait exprimer son espoir lorsque la voix du chirurgien le sapa de toute son énergie.

— Mais ici il dit que le gladiateur est mort malgré tout.

Le jeune homme se déconfit.

— Par Jupiter ! Ne peux-tu trouver un rouleau, dans cette bibliothèque, qui raconte qu'un homme a été sauvé de cette manière ? Et cet Hippocrate dont tu parlais aujourd'hui, n'explique-t-il rien à ce sujet ?

Le chirurgien le vrilla d'un regard impatient :

— Si tu cesses de poser mille questions, j'aurai peut-être le loisir de mener à bien mes investigations. Alors écoute : retourne à tes affaires et, si je trouve quelque chose, je te préviendrai !

Vaincu, Lucius obtempéra et, laissant Scalus à ses recherches, il se rendit à la foulonnerie.

À peine eut-il achevé de raconter son histoire à Stephanus que Scalus reparut :

— J'ai trouvé un autre exemple, mais le blessé est mort aussi...

Une question prit forme dans l'esprit de Lucius.

— Et ceux qui ont donné leur sang ?

— Rien n'est dit à leur sujet.

Lucius alors proposa :

— Écoute, que risques-tu sinon la mort de l'Africain ? Je suis prêt à lui donner de mon sang.

— Et si tu meurs aussi ? coupa Stephanus. Si rien n'est dit...

— Si rien n'est dit, c'est que le donneur n'est pas mort ! rétorqua Lucius avec conviction.

Scalus se tourna vers le bac où Beryllus, tête baissée de honte, piétinait son linge sans plus rien écouter autour de lui.

— Lucius a raison sur ce point. Au fond, pour lui, ce ne sera pas pire qu'une saignée...

La chose semblait acquise à Lucius, qui interrogea Stephanus d'un regard fébrile.

— Que veux-tu que j'en dise ? Je ne suis pas savant après tout !

— Alors, je t'en prie, laisse-moi essayer.

Le maître des lieux se tâta le menton, réfléchit encore un instant :

— Et combien de jours sera-t-il indisponible pour son travail ?

— Il sera faible quelques heures mais, en se nourrissant de boudin, en buvant du jus de citron, il devrait pouvoir se remettre au travail très rapidement.

Lucius restait suspendu aux lèvres du foulon, qui lâcha enfin, presque à contrecœur :

— D'accord, mais après ta journée de travail ; tu m'as déjà fait perdre assez de temps aujourd'hui.

Scalus posa la main sur l'épaule de Lucius :

— Je vais aller chez le joaillier voir s'il peut biseauter deux canules. Repasse au *spoliarium* après les thermes des écoliers.

Le chirurgien céda le passage à l'esclave qui revenait avec sa collecte d'urines ; sans se faire prier, Lucius l'aida à transvaser les brocs puis, tirant le charreton, il prit la relève.

À l'heure dite, Lucius se rendit à la caserne des gladiateurs accompagné de Beryllus, que rien au monde n'aurait envoyé ailleurs. Son frère, du reste, resta silencieux durant tout le trajet, le visage fermé, insensible aux cris des enfants, aux jeux auxquels il aimait parfois se mêler et aux attroupements autour d'une nouvelle annonce, à laquelle il n'aurait pas manqué de s'intéresser d'ordinaire.

Lorsque, enfin, ils parvinrent sur le seuil du *spoliarium*, Beryllus se figea et retrouva la parole :

— Et si Lisimba avait rejoint le monde des Lares ?

— Je pense que quelqu'un nous aurait prévenus !

Ursius, précisément, arrivait dans leur direction.

— Le chirurgien t'attend !... Je lui ai demandé si je pouvais rester et j'ai aussi proposé de l'aider en cas de besoin.

Ils entrèrent, Beryllus à leur traîne. Scalus sortait les instruments de leur bain bouillant pour les poser sur un linge propre.

Ils s'approchèrent de Lisimba, toujours inconscient.

— Il n'est pas mort au moins ? questionna Beryllus, inquiet.

— Non ; je lui ai donné du jus de pavot pour le calmer et il dort, répondit le chirurgien. *(Puis, se tournant vers Lucius :)* Allonge-toi sur cette table que j'ai fait installer en hauteur.

— Et s'il tombe ? protesta Beryllus.

— Il ne va pas tomber ! répondit patiemment Ursius, qui le fit se déplacer afin de ne gêner personne.

Lucius attendit que le chirurgien ait préparé le nécessaire, assez effrayant pour qui n'avait pas l'habitude des instruments chirurgicaux.

— Pourquoi les fais-tu toujours bouillir avant et après tes interventions ? demanda Lucius pour tromper son angoisse.

— Parce que nous avons remarqué que les blessés mouraient moins si les instruments avaient été jetés dans de l'eau bouillante, bien que nous ignorions pourquoi, répondit le chirurgien.

Lucius, qui avait appris à connaître les manies de Scalus, savait que quand il se positionnait jambes écartées en expirant longuement, c'était qu'il était prêt et qu'il encourageait le silence. Aussi prit-il les devants en adressant à son frère un ordre tranchant :

— Maintenant, tu ne bouges plus et tu te tais !

Des gladiateurs, curieux de ce spectacle insolite, étaient entrés sur la pointe des pieds.

Après que Scalus eut arrosé de vinaigre les deux bras à inciser, il commença son opération de transfusion. Les yeux rivés au plafond, Lucius écoutait les ahans des combattants, leurs jurons, le bruit sec des lames sur les billots de bois ou sur les boucliers. Une piqûre, lente, douloureuse, désagréable, figea ses traits. Autour de lui, tous les souffles étaient en suspens et, un instant, on eût pu croire que seul Lisimba respirait.

En cadence, les doigts de Scalus massaient le bras de Lucius, depuis l'aisselle jusqu'à l'endroit où il avait installé l'appareillage.

Enfin il murmura :

— Nous allons arrêter là.

Encore une douleur au moment où le chirurgien retira la canule de son bras, puis Lucius put se détendre : ce n'était rien comparé aux brûlures que le chirurgien avait infligées à son visage pour lui rendre apparence humaine !

— Reste allongé encore un instant. Lorsque tu voudras te relever, fais-le lentement et, si ta tête tourne, rallonge-toi immédiatement.

Les gladiateurs sortirent avec discrétion, excepté Ursius, qui rinça les instruments, et Beryllus, prodigieusement silencieux.

Les yeux clos, Lucius réfléchit à ce qui venait de se produire... Et si, malgré son sacrifice, Lisimba rejoignait les champs Élyséens ? Les esclaves avaient-ils un meilleur sort dans l'autre monde ou allaient-ils être contraints de faire toutes les basses besognes pour l'éternité ?

Soudain, deux doigts fouillèrent sa paupière, tentant de la soulever.

— Tu n'es pas mort, au moins ?

Reconnaissant la voix de son frère, il ronchonna :

— Beryllus ! Aurais-tu l'intention de me crever un œil ?

— Ah ! ben non alors, tu serais encore plus laid que ce que tu es déjà !

Lentement, Lucius se redressa. Sa tête tournait un peu, mais à l'assise son vertige se stabilisa.

— Ça va ? demanda Scalus.

Il acquiesça puis, voyant Lisimba toujours sans conscience, il interrogea le chirurgien du regard.

— Pour le moment on ne peut rien dire, il faut attendre...

— Combien de temps ?

— S'il passe la nuit, il devrait vivre...

Beryllus, qui avait enfin libre parole, demanda à son tour :

— Et pour ces coutures ? Tu vas faire comme avec Lucius ? Parce que s'il reste comme ça... on dirait les peaux de chèvre de Natilia quand elle les coud ensemble avec du nerf de bœuf pour faire des tapis !

Tout le monde rit ; tout le monde avait envie de se laisser aller à rire pour se décharger de la gravité de l'heure.

— Je peux le veiller ? demanda encore Lucius.

— Non, tu ne servirais à rien ; c'est moi qui vais

rester les premières heures car je dois prendre quelques notes sur son état.

Lucius osait à peine poser la question qui lui brûlait les lèvres :

— Et si…

— J'enverrai quelqu'un te chercher, affirma Ursius, tout aussi inquiet.

Après un regard à Beryllus, Lucius l'entraîna vers l'extérieur. Sur le terrain d'exercice, les gladiateurs, laniste compris, l'accueillirent par des vivats :

— *Salve ! Salve ! Salve !*

Ému, Lucius les remercia. L'un d'eux arriva avec un plateau de boudin :

— Tiens, nous nous sommes cotisés et avons commandé ceci chez Asselina. Reprends des forces avant de rentrer !

Beryllus leva la main :

— Moi aussi je peux reprendre des forces ?

Tout le monde rit et, ensemble, ils s'installèrent dans la salle des repas où on leur servit de la citronnade.

Les mains posées sur son ventre, Beryllus finit par se lever :

— Ouf ! je n'en peux plus !

Les deux frères revinrent sur leurs pas, sous le regard apaisé du mont Vésuve…

Lucius se glissa hors du lit, se vêtit en hâte puis descendit discrètement l'escalier pour ne pas réveiller son frère. Au bas des marches, il croisa Papiria, qui se frottait les yeux en allant aux latrines.

— Dis à Stephanus que je serai rentré pour ma tournée, lui souffla-t-il avant de s'éclipser.

Les rues étaient complètement désertes en cette fin de nuit. Des fenêtres ouvertes s'échappaient ronflements et grincements de dents, grognements ou pleurs de bébés. Le ciel se striait de rose et, dans les lueurs violines de l'aube, la montagne Vésuve étendait sa masse sombre et immobile sur tout l'horizon. Lucius descendit précipitamment jusqu'à la caserne encore endormie et se faufila dans le *spoliarium*.

Ursius avait tiré une chaise près de la table où gisait Lisimba et s'était endormi ainsi, penché en avant et prenant appui sur le marbre, la tête installée sur ses deux avant-bras.

La pièce était plongée dans la pénombre ; Lucius s'approcha et, posant son oreille sur la poitrine de l'Africain, il écouta son cœur. Ursius se passa la main sur le visage et, enfin, sortit de son sommeil.

— Il est toujours parmi nous ! murmura Lucius, le sourire brillant comme un nouveau quartier de lune.

— Il est tiré d'affaire ? demanda Ursius, qui avait encore besoin d'être convaincu.

— J'espère… Je cours en informer Scalus.

Ursius lui attrapa le bras :

— Tu es fou ? en pleine nuit alors qu'il l'a veillé jusqu'à l'effondrement ? Non, laisse-le dormir encore un peu.

Se ravisant, Lucius proposa :

— Toi aussi, va dormir plus confortablement, je vais rester un peu.

Sans se faire prier, l'ancien gladiateur se leva et quitta la pièce.

Lisimba ne se réveilla pas et, lorsque les premiers combattants sortirent pour soulager leur vessie, Héraclès vint prendre le relais :

— Ne t'inquiète pas, nous allons le veiller tour à tour en attendant l'arrivée du chirurgien.

Rassuré, Lucius repartit chez lui.

Les rues, qu'il avait laissées encore endormies, s'éveillaient à l'animation coutumière : les boutiques ouvraient leurs grilles, les clients commençaient à se presser devant celle du barbier, les jeunes filles se rendaient aux fontaines, leurs amphores en équilibre sur un coussinet...

Lorsque Lucius quitta la foulonnerie pour sa collecte matinale, la rue était en pleine effervescence et cette agitation lui fit du bien car elle était signe de vie. Près du forum il aperçut Karsax ; son concurrent lui adressa un signe mais, au lieu de s'échapper comme à l'ordinaire, il vint à sa rencontre. Après s'être assuré que ce que l'on racontait était bien vrai, il s'exclama avec bonhomie :

— Tu es encore plus fou que ton frère ! Tout ça pour un esclave !

Sans doute la cité entière avait-elle la même opinion que Karsax mais qu'importait au fond à Lucius ? Il avait fait ce qu'il pensait être bien et cela suffisait à sa conscience. Les deux concurrents se séparèrent sur un geste amical et chacun reprit sa tournée.

Tant bien que mal, Lucius réussit à passer chez Sema, qui le reçut avec amitié, ne manqua pas de demander des nouvelles de l'Africain et de commenter l'acte chirurgical qui avait eu un écho dans tout Pompéi. Après avoir assouvi sa curiosité, Lucius lui confia :

— Je n'ai toujours pas eu de réponse à la lettre que tu avais faite pour Julius Maïus, le préfet de l'annone, et je voudrais lui écrire.

— Tu sais, avec la mort de l'empereur sans doute aura-t-il eu bien d'autres occupations ! Écoute : tu as ton travail et aussi le souci de ton ami, sans parler de ton frère alors, si tu le veux bien, je me chargerai de lui écrire à nouveau.

Lucius afficha un sourire reconnaissant.

— C'est vrai ? Tu ferais ça pour moi ?

— Repasse après l'heure des thermes des écoliers pour la lire et, si son contenu te convient, je me chargerai moi-même de l'expédier.

Lucius se libéra de ce qui lui tenait à cœur :

— S'il te plaît, parle-lui de Lisimba et explique-lui que s'il est blessé, c'est pour avoir voulu sauver mon frère. Il comprendra... Dis-lui aussi que je m'inquiète pour son avenir si jamais il ne peut plus travailler décemment.

Sema l'écouta avec attention, puis le raccompagna à la porte tout en lui adressant quelques mots de réconfort.

— Je t'apporterai une belle page ce soir pour la mise au propre, ajouta Lucius avant de saluer.

Après avoir déposé les urines à la foulonnerie, le jeune homme redescendit vers la caserne des gladiateurs où, dans la touffeur et une poussière irrespirable, les combattants procédaient à leurs exercices. Il se rendit sans attendre au *spoliarium* où stagnait une forte odeur aigre.

— Il ne s'est pas encore réveillé ? murmura l'arrivant.

— Il a eu un moment de veille ce matin mais je lui ai administré du jus de pavot pour lui éviter de souffrir, répondit Scalus.

Voyant la mine défaite de son jeune visiteur, le chirurgien ajouta avec douceur :

— Pour l'heure, je peux assurer que le don de ton sang lui a été bénéfique, même si j'ignore pourquoi l'opération a été un succès.

— Peut-être parce que nous avons mélangé du sang noir et du sang blanc ?

Scalus se libéra d'un rire sincère, ce qui mit du baume au cœur du jeune garçon.

— S'il est bien une chose que je puis t'assurer, c'est que le sang a la même couleur quelle que soit celle de la peau !

En poussant la porte, l'épouse d'un gladiateur interrompit leur conversation. Elle tendit une fiole au médecin :

— Je suis passée chez le faiseur de potions comme tu me l'as demandé, et voilà le jus de pavot qu'il avait en réserve.

— Merci Lonia, tu m'as été d'un grand secours ! répondit le chirurgien.

— Bah ! je n'ai pas encore d'enfant, alors je n'ai pas grand-chose à faire de mes journées ! répondit-elle avant d'ajouter à l'adresse de Lucius : va maintenant, va faire ton travail, je veille sur l'Africain.

L'ayant gratifiée d'un mouvement de tête reconnaissant, Lucius s'en retourna à sa tâche.

La journée, lui sembla-t-il, se déroula à une allure vertigineuse. Il avait poursuivi sa collecte, se hâtant afin de faire tout ce qu'il avait prévu : aller voir Alba, qui devait être impatiente de l'entendre raconter comment il avait donné de son sang, retourner au chevet de Lisimba, aller trouver Sema après les bains... La chaleur oppressante eut raison de lui et, alors qu'il se trouvait aux abords de la rue de l'Abondance, il perdit connaissance.

Lorsqu'il reprit ses esprits, Lucius entendit le trille des oiseaux qui s'ébattaient dans les arbustes du péristyle, ainsi que le clapotis d'une fontaine. Ses yeux rencontrèrent une mosaïque qui l'amusa : un âne, s'écroulant sous le poids de sa charge avec deux hommes à ses côtés essayant de le relever, l'un en le soulevant par les oreilles, l'autre par la queue. Il rit, pensant à Bello-Bello et à son frère... L'ombre était douce, le courant d'air agréable et il se laissa bercer un court instant par cette fraîcheur bienvenue.

L'ayant vu bouger, l'un des esclaves s'approcha.

— Où suis-je ? lui demanda Lucius.

— Dans la demeure de Paquius Proculus ; tu t'es évanoui devant notre porte alors nous t'avons transporté jusqu'ici en attendant que tu te rétablisses... La forte chaleur sans doute !

Lucius se releva pour prendre le verre de citronnade glacée que lui tendait l'homme et but à longs traits, comblé par cette goulée rafraîchissante ; mais ce bonheur de courte durée fut dévoré par une soudaine angoisse : jamais il n'avait perdu connaissance... Et si le fait d'avoir donné de son sang l'avait affaibli, pire, empoisonné d'une quelconque manière ?

La porte d'entrée s'ouvrit sur le maître des lieux, qui revenait des thermes. Tandis qu'on l'informait de la raison de la présence de Lucius sous son toit, le jeune garçon glissa du *triclinium* sur lequel il était allongé. Ses pieds touchèrent agréablement la dalle froide.

Fraîchement rasé, élégamment vêtu d'une toge violette bordée de motifs grecs, Paquius Proculus vint à sa rencontre, libérant des senteurs d'huiles de massage coûteuses.

— Partout on raconte tes exploits dans la cité ! Comment te portes-tu ? Tu peux rester allongé encore un peu si tu le souhaites !

Du bout du pied, Lucius ramena vers lui une sandale qui avait glissé sous le *triclinium*.

— C'est fort aimable à toi, Paquius, et je te remercie de ton hospitalité, mais il faut que j'y aille sinon Stephanus va s'inquiéter.

Lucius se baissa, enfila la sandale revêche, ferma les liens sous le regard patient du patricien.

— J'admire réellement ton courage et je ne parle pas de la vie que tu mènes au quotidien pour t'occuper de ton frère ; je parle de ton intervention, le jour des jeux de cirque, mais aussi de ce que tu viens de faire : te priver d'une partie de ton sang pour l'offrir à cet esclave africain... Dis-moi ce qui peut te motiver pour accomplir de telles prouesses, pour ne pas parler de folies ? Cela m'intéresse !

Lucius hésita un instant, chercha les mots qui pouvaient le mieux refléter sa pensée.

— Je n'arrive pas à comprendre les hommes, si bons lorsqu'il s'agit d'aider leur voisin ou un ami dans la peine et qui trouvent du plaisir à voir mourir des milliers d'animaux et surtout des hommes au cours des jeux. Je voterais volontiers pour celui qui abolirait ce supplice, qui donnerait une quelconque valeur à la vie humaine…

Sans doute fatigué d'être resté trop longtemps debout, le patricien s'assit sur le bord du *triclinium*, retira ses sandales et posa les pieds sur la pierre froide.

— Ce que tu demandes, j'en ai bien peur, relève de l'impossible… Sais-tu que Sénèque pensait comme toi ?

— Qui est Sénèque ? questionna Lucius.

L'homme tapota la place vacante à côté de lui pour inviter son visiteur à se rasseoir, ce que fit Lucius.

— Qui *était* Sénèque, rectifia Paquius. C'était un philosophe romain, mais qui est mort peu de temps après le tremblement de terre qui a dévasté Pompéi au moment de ta naissance. Il a été conseiller de l'empereur Caligula et aussi précepteur de Néron, a écrit de nombreuses lettres et, dans l'une d'elles, il parle des jeux. Il n'appréciait pas ce spectacle et il l'a combattu, mais en vain puisque, comme il le dit lui-même, on ne peut rien contre une foule surexcitée… Viens, suis-moi !

Se relevant et restant pieds nus, le patricien l'entraîna dans son sillage. Ils passèrent à l'ombre des arcades, contournèrent le péristyle jusqu'à une pièce joliment décorée ; là, sur une table de marbre aux pieds de sphinx, s'étalait tout le nécessaire du travail intellectuel de cet homme, fort apprécié dans les banquets. Des niches recevaient des dizaines de rouleaux classés par catégories. Il saisit l'un des papyrus après en avoir vérifié le contenu sur l'étiquette et le déroula.

— C'est une lettre que Sénèque a écrite à son ami Lucilius[24].

24. Sénèque, *Lettres à Lucilius, VII*, extraits.

Paquius parcourut rapidement et en silence le contenu avant de lire à voix haute la partie qui l'intéressait :

« Le hasard m'avait fait tomber en plein spectacle de midi. Je m'attendais à quelque divertissement où l'œil de l'homme pût se reposer de la vue du sang humain, c'est le contraire. C'est le pur et simple assassinat. Les combattants n'ont rien pour se couvrir ; toute leur personne est exposée aux coups ; pas de casque ni de bouclier qui arrêtent le fer. Pourquoi des pièces de protection ? Quelle issue ? La mort des combattants. Et on garde le vainqueur pour un nouveau meurtre. Voilà ce qui se fait pour occuper l'arène. »

Paquius parcourut encore les lignes avec rapidité, puis enroula le papyrus autour de sa tige en résumant :

— Il fait ensuite une critique des jeux : il dit que si l'homme est condamné, certes il doit mourir ; mais comment prendre plaisir à se repaître de ce type de spectacle ? Il parle aussi de la foule qui ne réfléchit pas et qui, portée dans un élan bestial, crie comme un seul homme… Je pense que Sénèque aurait apprécié ton geste ce jour-là, dans l'amphithéâtre, car tu es allé seul contre toute une foule… Et crois-moi, tu vas encore dans le sens de Sénèque puisqu'il dit : « Il est parfois bon d'avoir un grain de folie », et je trouve que ta folie ce jour-là était délicieuse !

Il marqua un silence avant de se lever pour marquer la fin de l'entretien, raccompagna son invité jusqu'au *vestibulum*. Lucius contourna la mosaïque représentant un chien noir, dents serrées, accompagné de la mention *cave canem*, « attention au chien »…

— Je sais que toi aussi, tu es candidat aux prochaines élections. Et si tu étais élu, interdirais-tu cette cruauté ?

Paquius posa sa main puissante sur l'épaule de son jeune invité :

— Mon pauvre ! Mais que resterait-il au peuple si on lui retirait les jeux ?

Un dernier salut, et Lucius quitta le patricien.

XI

LES DERNIERS JEUX

Ides de juillet, an 79

L'état de santé de Lisimba s'améliorait. Tous les jours, Lucius commençait et finissait sa tournée par la caserne des gladiateurs pour rester un instant avec son ami ; Ursius allait le voir entre deux soins, deux corvées de nourriture ou d'eau, et Héraclès dès qu'il en trouvait le temps.

Quant à Lucretius Fronto, il ne s'était pas manifesté pour l'heure, disant que, par respect pour la mémoire de Vespasien, il verrait après la période de deuil de quelle manière il souhaitait être dédommagé de la perte de l'ours…

Lorsque Scalus arriva ce soir-là pour voir le grabataire, Beryllus en était à lui raconter la fugue de Mox-Mox chez la voisine, laquelle s'était mise à hurler comme un griffon.

— Tu vois bien qu'il sommeille, lui murmura le chirurgien en le poussant un peu pour prendre sa place.

— Mais peut-être qu'il entend ?

Scalus examina le malade.

— Alors ? demanda Lucius, qui s'était déporté pour laisser au médecin toute latitude.

— Ça progresse. Les chairs cicatrisent bien… As-tu eu une réponse à ta lettre au préfet de l'annone ?

— Pas encore, mais il est un peu tôt !

Le chirurgien sortit une missive de son bissac.

— J'avais écrit à un confrère de Rome pour lui expliquer mon intervention, ne comprenant pas pourquoi elle avait réussi, et il m'a répondu aujourd'hui.

— Un confrère ? répéta Beryllus. Tu as un frère à Rome ?

— Mais non ! un confrère, ça veut dire un autre médecin ! répondit Lucius, agacé de le voir sans cesse interrompre les conversations.

Puis, prêtant son visage attentif à Scalus, il demanda :

— Et que dit-il ?

Le chirurgien passa un baume sur les plaies du blessé.

— Il travaille et enseigne à l'*Esculapium* de Rome…

— L'*Esculapium* ? répéta Lucius, impressionné. Tu veux dire qu'il est prêtre d'Esculape et qu'il officie pour la guérison des malades ? J'ai moi-même prié tous les dieux de tous les temples de Pompéi… Crois-tu que le dieu Esculape de la capitale de l'Empire ait plus de pouvoir que celui des provinces ?

— Moi je pense que oui ! ajouta Beryllus sur un ton professoral.

Scalus tendit le pot d'onguent à Lucius :

— Tiens, continue… Non, mon confrère n'est pas prêtre et il ne prie pas le dieu de la guérison, mais exerce la médecine et enseigne son art aux futurs médecins au sein de l'*Esculapium*. Il est très intéressé par le cas de l'Africain car lui-même ignore par quel mystérieux mécanisme une transfusion de sang réussit parfois et parfois échoue. Il m'a demandé de lui consigner par écrit toutes les étapes de mon intervention, de l'état de mon patient, jour après jour...

Scalus aida Lucius à oindre les plaies de Lisimba.

— Mais l'*Esculapium* est bien le temple de guérison qui se trouve sur l'île du fleuve Tibre... Cela signifie-t-il que si on y emmenait Lisimba, il pourrait guérir ? demanda encore Lucius.

Le jeune homme suspendit son geste, attentif à la réponse du chirurgien :

— Disons que, plutôt qu'un temple de guérison voué aux seuls dieux, l'*Esculapium* est une université de talents où l'on enseigne la médecine et chacun, après avoir acquis des bases communes, y choisit une spécialité : les uns se consacrent aux maladies des yeux, les autres à tout ce qui touche à la chirurgie, etc. La croyance religieuse y a de fait une place secondaire car, plutôt que de compter sur les dieux, les médecins préfèrent observer la maladie. Bien sûr, les malades qui y séjournent peuvent prier le dieu Esculape s'ils le désirent, mais ils y sont surtout pour se reposer, y profiter des thermes, des salles de repos, de musculation, faire de longues promenades, c'est-à-dire tout ce qui peut aider à leur guérison... Et pour répondre à la question que tu te poses : non, les esclaves n'y sont pas admis et d'ailleurs, même pour un homme libre, tu peux imaginer ce qu'un tel séjour doit coûter !

Déçu, Lucius baissa la tête et soupira.

— Pourquoi… pourquoi, devant les dieux, les hommes sont-ils tous semblables – je veux dire un édile autant qu'un esclave peut espérer l'aide d'Isis ou de Jupiter – et pourquoi cessent-ils de l'être devant les hommes ? Regarde ! les Moires ont coupé le fil de la vie de bien des patriciens de cette cité, malgré leur puissance ou leur renommée, et pourtant ils ont laissé le souffle à Lisimba, qui n'est que la lie de la société.

— Ici, je répondrai que ce ne sont pas les dieux qui l'ont sauvé, mais toi, un être humain… Les dieux ne sont puissants que si les hommes y mettent un peu du leur. Si tu as faim, bien évidemment tu peux prier toutes les divinités de tous les temples et attendre qu'un pigeon rôti te tombe tout droit dans l'assiette, mais tu seras bien plus certain de manger à midi si tu te charges toi-même d'aller chasser ta pitance…

Lucius resta pensif un court instant avant de revenir à la charge :

— Tu dis que le cas de Lisimba intéresse un éminent médecin de Rome mais qu'il se contente de ce que tu lui écriras ?

— Je ne suis pas certain que, si ton ami allait à Rome, il lui serait d'un meilleur secours car l'intervention est terminée depuis des jours. Ce que je sais en revanche, c'est que l'Africain ne supporterait jamais un voyage aussi éprouvant.

Lucius regarda le corps mutilé, les coutures qui guérissaient à peine : comme sa cicatrice, à présent résorbée, lui paraissait dérisoire !

Le reste des soins se déroula dans un silence lourd, que même Beryllus n'osa plus interrompre.

Bien qu'il gardât les yeux clos, Lisimba marmonna :

— Quel calme ! Serions-nous à ma cérémonie funèbre ?

Lucius attrapa la main de son ami.

— Lisimba ! ça va ?

— Je te rassure ! Je ne voudrais pas mourir avant de connaître le sort de Mox-Mox… Approche-toi, Beryllus, et raconte-moi la fin de ton histoire !

Les visages s'émaillèrent de sourires de satisfaction. Lisimba reprit, à l'adresse de Lucius :

— Mon ami, oublie donc les médecins de Rome et réjouissons-nous du quotidien : je suis en vie grâce à toi et à Scalus, sans parler des histoires de Beryllus, alors allons de l'avant avec ça : pour moi, c'est suffisant !

L'émotion étreignit la gorge de Lucius, qui plongea son regard dans celui du chirurgien : au fond, son ami avait raison…

Trop préoccupé par le sort de l'Africain, Lucius en avait négligé Héraclès. À présent que les jeux d'été étaient clos, le gladiateur allait quitter Pompéi pour aller vers de nouvelles aventures.

Lucius s'en expliqua à Lisimba et alla trouver le combattant qui, dans sa cellule, rassemblait ses affaires.

— Je suis tellement désolé de n'avoir pas passé autant de temps avec toi que je l'aurais souhaité, s'excusa le jeune homme.

Héraclès abandonna sa tâche.

— Bah, ne t'en fais pas, il est vrai que la mort de l'empereur, puis toute cette histoire nous ont un peu chamboulés. L'essentiel est que Lisimba soit encore accroché au fil de la vie.

Il reprit un ton plus jovial et, de sa voix éraillée, il proposa :

— Mais viens, allons nous asseoir sous le péristyle, comme nous l'avons fait chaque jour depuis que je vis à l'ombre de cette cité.

Les deux amis prirent place sous le porche et laissèrent le silence s'installer. Sur les flancs du mont Vésuve, les vignes s'alignaient en un sage troupeau tandis que le ciel rassemblait ses nuages au-dessus de sa cime comme de blancs agneaux autour du sein de leur mère.

— Je vais regretter la vue de cette montagne si paisible... commença Héraclès.

— Penser que c'est là, sur ces coteaux, que Spartacus et ses hommes se sont retranchés lors de la révolte des gladiateurs !

— Un gladiateur comme moi !... soupira Héraclès.

Lucius se tourna vers le héros de l'arène :

— Alors... c'est Rome ?

Un visage nostalgique accueillit sa remarque.

— J'avoue que je me plaisais bien ici, mais que veux-tu, j'ai besoin de bouger... On parle de cet amphithéâtre, le plus grand que le monde ait jamais vu, et Titus va y organiser des jeux somptueux. Je tiens à y combattre, comprends-tu ?

— Tu reviendras peut-être ?

— De quoi est fait l'avenir ? Seuls les dieux le savent et, crois-moi, je n'en ai jamais connu un seul qui ait divulgué ce genre de secret, sauf peut-être le dieu Cérès lorsqu'il a parlé à ton frère !

Le ton était badin, Héraclès n'avait pas envie de s'enfermer dans la tristesse des adieux.

— En attendant, il a prédit qu'un deuxième lion me sauverait la vie et moi, de lion, je n'en ai plus vu ! répondit Lucius, définitivement convaincu de la simplicité d'esprit de Beryllus sur ce point.

À nouveau ils se turent et restèrent ainsi, captifs du paysage qui se déployait sous leurs yeux et qu'ils contemplaient ensemble pour la dernière fois.

Puis, après quelques recommandations et une émouvante accolade, les deux amis se firent leurs adieux.

Si les plaies de Lisimba cicatrisaient correctement, il n'en allait pas même de son humeur, malgré toute l'affection dont ses compagnons pouvaient l'entourer.

Un soir, alors que Lucius, Lisimba et Ursius étaient réunis et contemplaient les étoiles, le jeune foulon évoqua son propre accident à Ostie, forçant le soigneur à réveiller de vieux souvenirs. Porté par une vague de mal-être, Lisimba confia sa peur de rester infirme, de ne plus être utile, d'être revendu, encore, voire d'être réduit à la mendicité. Lucius revint sur le désespoir que lui avait inspiré sa défiguration et Ursius, à son tour, posa sa peine sur la table des confidences : il évoqua son rêve brisé, lui le champion que l'on venait applaudir en foule dans les amphithéâtres et que les femmes convoitaient sans retenue ; puis d'un coup la douleur, l'apprentissage d'une vie à mobilité réduite, les acclamations qui s'étaient tues, sa solitude enfin, car jamais une femme convenable n'avait été touchée par son cœur, au point qu'il avait regretté bien des fois de n'être pas mort dans l'arène…

C'était la première fois qu'ils se livraient ainsi et, en comparant leurs souffrances de l'âme ce soir-là, les trois compagnons se sentirent curieusement unis, plus forts, comme si un lien invisible les avait soudés pour faire de trois souffrances une force nouvelle.

Une surprise attendait Lucius à son retour de tournée : Stephanus brandissait une missive.

— Ça vient de Rome !

Entouré de ses compagnons, tous désireux d'entendre les nouvelles, le jeune homme descella le rouleau.

À mesure qu'il parcourait en silence le contenu du message, son visage se détendait, un sourire toujours plus franc l'illuminait.

— Alors ? s'impatienta Beryllus, qui tenait Mox-Mox dans ses bras.

Lucius balaya la couronne de visages d'un regard brillant :

— C'est une missive de Julius Maïus, préfet de l'annone de Rome.

— On sait qu'il est préfet ! coupa énergiquement Papiria. Que dit-il ?

— Il dit tout d'abord qu'il n'a pu me répondre auparavant car sa fonction l'avait amené à voyager dans l'Empire et qu'ensuite la mort de notre empereur Vespasien… Il me dit de ne me faire aucun reproche pour ce qui est arrivé à Lisimba et, par de belles phrases, il dit toute l'admiration qu'il a pour ce que j'ai accompli en me jetant dans l'arène… Il dit aussi…

Les larmes lui montèrent aux yeux, sa gorge se noua, son attention alla à son frère et il brandit un document qui était joint à l'envoi :

— Il ajoute qu'il a fait le nécessaire pour libérer Lisimba de son esclavage et voici le document officiel qui l'atteste... Il dit aussi qu'il est fier d'apprendre que j'étudie le grec et que si je veux venir à Rome pour y parfaire mes études, il m'offrira l'hospitalité... Il dit aussi qu'il réglera à Scalus tous les frais qu'aura nécessités la guérison de mon ami.

— Si on part pour Rome, on pourra emmener Mox-Mox ? demanda naïvement Beryllus.

Après que tous les rires se furent calmés, Lucius lui répondit :

— On ne va nulle part, Beryllus ! Notre vie est ici ! *(Puis, se tournant vers Stephanus :)* Je vais annoncer la bonne nouvelle à Lisimba ; ensuite je me rendrai chez Sema pour lui demander de répondre à Julius Maïus.

Il tourna les talons, sous les congratulations de ses compagnons. Beryllus courut à sa traîne :

— Attends ! Je viens avec toi...

Rien n'aurait pu l'arrêter et Stephanus ne chercha pas à le retenir.

— Tu veux bien me laisser lui annoncer la nouvelle, dis ? dis ? dis ? insista Beryllus.

Lucius y consentit et, en chemin, son frère ne fit rien d'autre que chercher les mots, répéter la formule qui siérait le mieux à la circonstance.

Les voyant arriver, Ursius, qui prenait le frais sous le porche, leur adressa un signe amical. Tout excité et ne tenant plus en place, Beryllus le houspilla :

— Soulève ta patte et dépêche-toi !

L'ancien gladiateur se leva et les rejoignit jusqu'au seuil de la chambre du soigneur ; Lisimba dormait. Lucius allait murmurer quelque chose à son frère quand celui-ci, sans plus aucun contrôle, s'approcha de la couche et secoua l'Africain comme un prunier que l'on voudrait délester de ses fruits :

— Réveille-toi, ce n'est pas l'heure de dormir avec ce qui t'arrive !

Surpris dans son sommeil, Lisimba se redressa dans la douleur.

— Beryllus ! tu n'es pas gentil de le réveiller de la sorte, tu sais qu'il est blessé !

N'écoutant personne, Beryllus posa Mox-Mox dans les bras du grabataire.

— Tu vois Mox-Mox ? demanda-t-il.

— Bien sûr que je le vois ! Je suis blessé, pas aveugle !

— Eh bien tu sais : tu n'es pas que blessé, tu n'es pas que pas aveugle, tu es aussi un homme libre à partir d'aujourd'hui.

Sa nouvelle n'eut pas l'effet escompté, puisque Lisimba lui répondit :

— Ne me dis pas que Cérès est venu te trouver dans ton sommeil !

Se tournant vers Lucius et remarquant le rouleau qu'il lui tendait, il se tut soudainement ; l'émotion dans le regard de son ami, puis dans celui d'Ursius était palpable.

— Quoi ? bégaya-t-il.

— Beryllus vient de te l'annoncer : Julius Maïus, préfet de l'annone de Rome, t'a affranchi. À compter de ce jour, tu es un citoyen romain libre d'aller et venir où bon te semble.

Il ne se passa rien pendant un temps suspendu. Le sourire même de Beryllus se délita lorsqu'il vit des larmes ennoyer les yeux de Lisimba ; le simple d'esprit se tourna vers son frère.

— Pourquoi est-ce qu'il pleure ? Il n'est pas content d'être libre ?

— Je crois... je crois que sont des larmes de joie, murmura Lucius, la gorge nouée.

Les deux frères quittèrent la cellule de l'Africain le cœur léger : maintenant, oui, maintenant Lisimba allait retrouver la force de vivre parce qu'il pouvait donner un sens à sa vie ; non par le fait des dieux, mais par la volonté et la générosité d'un homme... Scalus avait bien raison : avant que de compter sur les dieux, il fallait croire en l'homme, en sa capacité d'aider son prochain et de s'aider soi-même...

Heureux, il se tourna vers Beryllus, qui l'avait rattrapé :

— Allons annoncer la bonne nouvelle à Bello-Bello, qu'en dis-tu ?

Son aîné pouffa de manière singulière.

— Qu'as-tu donc à glousser comme les oies du Capitole ? demanda son puîné.

— Parce que tu me prends pour un idiot !

Lucius ralentit le pas, curieux :

— Moi, je te prends pour un idiot ? Et pourquoi ça ?

Beryllus caressa Mox-Mox avant de répondre sur un ton facétieux :

— Parce que je sais que ce n'est pas Bello-Bello qui est ton ami, mais Alba, et même que je t'ai déjà vu l'embrasser sur les lèvres !

Lucius s'arrêta, la mine interloquée. Son aîné lui fit un clin d'œil en ajoutant :

— Je suis peut-être crétin, mais pas idiot !

Le cadet le sonda d'un regard inquisiteur :

— Ne me dis pas que c'est toi alors qui as gravé sur le mur de la boulangerie « Lucius aime Alba » !

— Ah non ! je ne sais pas écrire ! Moi, tout ce que je sais c'est que tu aimes Alba, qu'Alba t'aime et qu'elle m'aime aussi mais pas comme elle t'aime toi et que je l'aime aussi comme je t'aime toi ! répondit son aîné en reprenant sa marche.

Le jeune homme sourit. Il était heureux.

Lucius vint trouver Stephanus.

— Je voudrais savoir combien mon frère et moi avons d'économies.

Se détachant de ses comptes, et sans poser de question, le maître de la foulonnerie chercha la cruche marquée des initiales « L B ». Il en décacheta le sceau, versa le contenu sur la table et compta la petite fortune des deux frères.

— Vous avez 1 830 deniers, 655 sesterces, 40 dupondii et 4 as[25]…

Lucius réfléchit, se perdit dans un calcul mental qui lui fit froncer les sourcils.

— Bientôt, tu auras assez pour reconstruire la maison familiale, car tel est ton vœu, renchérit Stephanus, encourageant.

Voyant l'air sérieux de Lucius et n'en obtenant aucune approbation, il insista :

— Dis-moi : aurais-tu quelque autre projet en tête ?

Lucius hésita avant de répondre :

---

25. 1 denier = 4 sesterces ; 1 sesterce = 2 dupondii ; 1 dupondius = 2 as. L'as est la plus petite monnaie. A titre indicatif, un pain = 1/4 de sesterce, un fromage 1/2 sesterce, un mulet 520 sesterces, une entrée aux thermes 0,06 sesterce.

— En fait, je dois me rendre à Rome.

Stephanus en lâcha les quelques pièces qu'il tenait en main.

— À Rome ? Pour y poursuivre tes études, comme te l'a proposé le préfet ? Mais tu sais, tu pourrais suivre l'enseignement de Potitus, ici même à Pompéi !

— Ce n'est pas à moi que je pense… Je veux emmener Lisimba à l'*Esculapium* pour qu'il y guérisse.

— L'*Esculapium* ? Lisimba ? Mais tu as perdu la tête ! Tu vas dépenser toutes tes économies pour cet… ce…

— Cet ami ; cet affranchi, rectifia Lucius.

Stephanus tenta de le ramener à la raison :

— Mais ton frère ? Tu ne peux pas l'emmener et il ne tiendra jamais en place si tu nous le laisses ! Et votre maison ? Y as-tu songé ? Si tu dilapides vos économies, il te faudra encore des années pour épargner autant d'argent !

— Je sais que tu as toujours agi en père pour moi et je t'en suis reconnaissant. Oui, j'économisais pour rebâtir notre maison ; pourtant, aujourd'hui il est des choses plus importantes à mes yeux et c'est Lisimba qui me les a enseignées. Je crois même pouvoir dire que, malgré les savants, malgré tous les personnages importants qui peuplent ma cité, c'est lui, qui n'est rien aux yeux des autres, qui m'a appris le plus de choses, sans rien faire, sans rien demander, simplement parce qu'il est là et qu'il m'a obligé à réfléchir. Laisse-moi aller à Rome. J'ai parlé à Alba, elle accepte de prendre en charge Beryllus en dehors des heures de travail à la foulonnerie.

— Tu sais que ton frère n'est pas un problème et qu'ici nous tous veillerons sur lui ; c'est pour toi que je me fais du souci : partir à Rome avec ce blessé…

Lucius suivit des yeux la fresque qui se trouvait sur le mur libre de l'officine et dont il connaissait par cœur chaque détail pour les avoir admirés depuis sa plus tendre enfance.

– J'ai retenu une citation de Sénèque, que m'a enseignée Sema : « Ce n'est pas parce que les choses sont difficiles que nous n'osons pas, c'est parce que nous n'osons pas qu'elles sont difficiles. » Ce qui te semble insurmontable ne l'est pas pour moi, car j'ai envie d'oser…

Stephanus sourit malgré sa déception :

– Alors va, si une forte motivation mène ton cœur… Mais laisse-moi t'aider à préparer ce voyage afin de t'éviter tous les désagréments que ton jeune âge ne discerne pas.

Lucius remercia, ému par le ton paternel et grave, puis alla annoncer la nouvelle à Beryllus et à ses compagnons.

– Je pourrai coucher Mox-Mox dans ton lit ?

La question de Beryllus provoqua l'hilarité générale.

– Et Lisimba ? Est-il au moins au courant de ton projet fou ? demanda Lullo.

– Non, pas encore, répondit malicieusement Lucius, mais je vais lui en parler ce soir !

Après les thermes, et fraîchement vêtus, Lucius et Beryllus se rendirent à la caserne des gladiateurs.

Ursius avait porté et installé Lisimba sous le portique ; assis côte à côte, les deux compagnons bavardaient tandis que l'ancien gladiateur polissait une série de boucliers.

– Dis donc, l'ami, tu vas te ramollir à te faire dorloter ainsi ! plaisanta Lucius en guise de salut.

— Viens et installe-toi avec nous ! répondit le jeune Noir.

— Il vient t'apprendre que tu pars pour Rome… commença Beryllus.

Le regard comminatoire de son cadet le fit taire instantanément et il grognassa de frustration.

Impuissant à contenir les questions de l'Africain, Lucius ne put faire autrement que de lâcher la nouvelle sans autre préambule.

Lorsqu'il eut expliqué son projet, l'Africain roula des yeux ronds :

— Je ne sais pas, de toi ou de ton frère, lequel a l'esprit le plus dérangé !

Seuls les gloussements moqueurs de Beryllus répondirent à la réflexion du soigneur.

Il fallut quelques jours pour régler les détails du voyage : ayant laissé à Stephanus une partie de leurs économies pour parer à l'entretien de son frère, Lucius se rendit chez Jucundus, le banquier, pour changer ses sesterces en *aureus* et en deniers, que Cissa cousit dans divers plis de son vêtement. Pour arrondir son pécule, Lucius profita de ses tournées pour courir la sportule : en échange de quelques services qu'il se proposait de rendre à l'occasion de son voyage à Rome – parent à visiter, missive ou paquet à remettre en mains propres, achat d'un objet particulier –, il gratifia sa bourse de quelques sesterces supplémentaires ; Paquius Proculus, le patricien devant la villa duquel le jeune homme avait un jour perdu connaissance, lui proposa une carriole à deux roues en contrepartie d'une livraison de rouleaux précieux à faire à son ami Pline, qui vivait à Misène. C'était là une aubaine pour Lucius, qui pourrait ainsi transporter sans peine la réserve de nourriture que lui préparerait Asselina, pains et gâteaux confectionnés par Alba pour le compte de Modestus, mais aussi et surtout y installer son ami. Ses sacs de cuir contenant les rouleaux en bandoulière, il redescendit vers la foulonnerie.

Tout était prêt, Lucius allait pouvoir profiter du lendemain, jour de féries en l'honneur des jeux organisés par Lucretius Fronto, pour saluer amis ou familiers et passer un peu de temps en leur compagnie.

Lucius, Beryllus, Alba et Lisimba – porté par Ursius – suivirent la foule qui se rendait à l'amphithéâtre ; pour la première fois, Lisimba pourrait voir le spectacle depuis les gradins.

Tous les Pompéiens étaient dans la rue malgré la chaleur écrasante du plein été, proprement vêtus, affluant vers le quadriportique d'où démarrerait la parade.

En tête, sur un char fraîchement repeint aux couleurs de Jupiter, se tenait Lucretius Fronto, l'initiateur des jeux du jour. Derrière lui les bestiaires, puis des comédiens, tous des hommes, vêtus à la manière grecque, pour illustrer dieux et héros de la mythologie ; ils portaient les masques que Lisimba et Ursius avaient eu tant de peine à restaurer, surmontés des perruques d'usage : blanches pour simuler les vieillards, rousses pour représenter les esclaves, blondes pour symboliser la jeunesse.

Leurs costumes, faits par les ateliers de Mussona sans aucun doute, jetaient un bel éclat et sortaient de l'ordinaire ; sans conteste, Lucretius Fronto avait voulu cette mise en scène de rue pour pallier le manque d'animaux : ainsi suivaient les deux paons, un troupeau de chèvres rayées, des sangliers et quelques loups.

— Lucretius Fronto va avoir bien du mal à tenir les spectateurs en haleine avec aussi peu de bêtes ! confia Lucius.

Les musiciens firent virevolter leurs notes de fête sous les acclamations joyeuses de la foule, qui se mit en marche.

Lorsque la musique s'affaiblit, Lisimba confia :

— Comme l'ours a été tué, il a fait venir à grands frais un lion qui, transporté de Sicile par mer, est arrivé de justesse, très tôt ce matin, et attend dans un endroit gardé secret, ainsi que les quatre condamnés de la secte des chrétiens venus de Nola.

Cette nouvelle ne manqua pas d'interpeller Beryllus :

— Un lion ! comme dans la prophétie de Cérès quand il a dit qu'un lion te sauverait la vie !

— Eh bien ! Cérès avait vu juste ! plaisanta Lucius comme il le faisait lorsque son frère revenait sur cet événement improbable.

Après les sacrifices aux dieux devant le temple de Jupiter, la procession revint vers l'amphithéâtre. Les *vomitoria*, qui permettaient aux spectateurs d'aller s'installer sans mélanger les classes sociales, laissèrent Alba se diriger vers les gradins du haut, réservés aux femmes, tandis que Lucius, Beryllus et Lisimba, toujours porté par Ursius, regagnèrent leurs places sur les gradins destinés à la plèbe.

Les paons furent intégrés dans une *fabula crepidata*, à savoir une tragédie grecque racontant l'histoire d'Argos, le gardien aux cent yeux qui, puni par Jupiter pour avoir failli à sa tâche, se vit retirer les yeux, que le dieu de l'Olympe plaça sur un paon, expliquant ainsi la légende des yeux présents sur la queue de l'animal. Les costumes somptueux, le jeu des acteurs que Lucrétius Fronto avait fait venir de différentes provinces, les masques, la codification bien orchestrée ainsi que les chants lyriques qui avaient accompagné les tableaux reçurent l'ovation du public.

Le deuxième tableau, qui s'apparentait à une chasse, vit se confronter un bestiaire et les sangliers. Excitée par ce combat long et sanglant, la foule apprécia et, bon public, applaudit à tout rompre.

Enfin arriva le troisième tableau, que le récitant appela « *secta christiana* » et présenta, non comme la mise à mort traditionnelle de la pause de midi, mais comme un tableau à part entière. Pour lui donner plus de résonance, il le dédia à la mémoire de Vespasien.

On fit entrer les quatre condamnés, presque nus, sans aucune protection ni arme autre qu'un bâton. Effrayés, les malheureux se tenaient dos à dos, tournant sur eux, regardant la foule dans les gradins, cherchant le piège dans l'arène déserte.

Le récitant, chargé d'annoncer chaque tableau, se leva et déclama :

— Il est une secte, adepte d'un dieu unique qu'ils nomment avec beaucoup d'imagination… « Dieu », tout simplement…

Il se tut, satisfait d'avoir provoqué l'hilarité générale. Levant la main, il poursuivit après avoir obtenu le silence :

— Sont-ils bien inspirés pour avoir inventé un nom aussi original !... Il paraît que ce dieu à lui seul a tous les pouvoirs : nous qui invoquons Isis, Osiris, Junon, Mars, Jupiter, Diane, la Fortune Auguste et... *(mettant la main à son front et jouant la tragédie)* il y en a tant que je les ai oubliés !

Une fois encore, la foule s'esclaffa devant ses mimiques de tragédien.

— Eux, poursuivit-il, avec un temple et un seul dieu, ils ont tout : il protège les plus faibles, guérit des maladies, rend la vue aux aveugles, ressuscite même les morts !

À nouveau, il prit une mine consternée et, le front levé au ciel, y posa le dos de la main ; à nouveau, on rit à gorge déployée dans les tribunes. Le récitant se tourna vers les quatre condamnés :

— Lucretius Fronto, ici présent et à qui nous devons ce divertissement, a pu s'entendre avec les magistrats de justice pour que, contrairement aux condamnés d'ordinaire livrés aux chiens pour être exécutés, vous bénéficiiez d'un régime spécial. En effet, si vous survivez à ce tableau, vous serez graciés... et, qui sait ! peut-être qu'alors, convaincus que le dieu « Dieu » vous aura sauvé la vie, lui édifierons-nous un temple et l'accepterons-nous parmi nos propres divinités ?

Il marqua un temps d'arrêt, regarda la foule avant de conclure :

— Mais si vous le permettez, il faudra qu'on trouve à ce dieu un autre nom que « Dieu » ! Parce que c'est d'un banal !

Une nouvelle fois, l'assemblée rit grassement pendant que le récitant faisait un signe de la tête tout en s'asseyant à côté de Lucretius Fronto.

Le silence se fit lorsqu'on traîna le chariot savamment décoré supportant une cage jusqu'au centre de l'arène. Les esclaves éloignés, un machiniste tira sur une corde qui actionna le loquet d'ouverture du caisson.

Les quatre malheureux chrétiens s'agglutinèrent, armés de leur seul bâton, tandis que le fauve s'extirpait de sa cage avec lenteur.

Mais curieusement, et pour le plus grand étonnement de la foule, le lion ne se jeta pas sur les condamnés ; désemparé, il divaguait autour de l'arène comme s'il cherchait une issue.

— Que se passe-t-il ? demanda Beryllus. Tu crois que c'est leur dieu « Dieu » qui fait ça ?

— Mais non, rien de divin dans tout ça ! lui souffla Lisimba. Simplement, ce fauve est complètement étourdi par le voyage et totalement désorienté devant les remous et les cris du public. Ça arrive lorsque les fauves ne sont pas acclimatés… De plus, il n'a pas été accoutumé à manger de la chair humaine, ainsi qu'on les y prépare d'ordinaire à Ostie…

Bien qu'il sût que l'on cessait de nourrir les fauves deux à trois jours avant les jeux pour les rendre plus agressifs, Lucius n'avait jamais vu tel spectacle. La foule elle aussi s'était tue, le souffle en suspens, le regard allant de l'animal aux condamnés, des condamnés à Lucretius Fronto qui, déconcerté, parlait à l'oreille du récitant, tout aussi désarçonné.

Enfin, l'animateur des jeux se leva et fit un signe

aux esclaves massés derrière les grilles menant au sous-sol d'attente. Le fauve était venu s'allonger devant l'une d'elles comme s'il attendait qu'on la lui ouvrît. Armés de piques, les hommes portant tenues et masques de circonstance vinrent titiller la bête, qui se redressa, rendue agressive par la douleur des coups portés. Mais cela n'eut pas l'effet escompté car, les acteurs sortis, le fauve divagua à nouveau dans l'arène.

Voyant la foule bruire et s'impatienter de ce peu de spectacle, Lucius, le premier, se leva et pointa le pouce vers le ciel en s'écriant :

— *Mitte !*

Après un moment de flottement, les premiers pouces se levèrent :

— *Mitte !*

Quelques-uns des spectateurs les plus cruels baissèrent leur pouce en s'exclamant fiévreusement :

— *Jugula !*

Par un revirement inattendu, le spectacle se déplaça dans les gradins : les rares ayant demandé la mise à mort furent roués de coups et bientôt, seuls des *mitte* se relayèrent, toujours plus hardis. Enfin Lucretius Fronto, commanditaire des jeux auquel appartenait la décision finale, se leva, faisant asseoir la foule comme un seul homme. D'une voix claire, il proclama :

— Puisque tel est le souhait du bienheureux peuple de Pompéi, ces quatre malheureux sont libres !

Dans les gradins, ce fut une effusion de joie que Lucretius contempla avec bonheur : il avait assuré des jeux mémorables malgré le manque de bêtes. Puis, baissant le regard dans l'arène, il haussa les épaules de dépit. Sur un signe de lui, on ouvrit l'une des grilles menant aux couloirs souterrains et le lion, étourdi par le bruit, s'enfuit par ce passage tel un chat apeuré.

— Jamais, non jamais, nous n'aurons vu spectacle plus curieux à Pompéi, commenta un spectateur. Crois-tu que ce qu'on dit de ce dieu « Dieu » est réel ? Crois-tu que c'est lui qui a protégé les croyants de sa secte ?

Tout en écoutant ces commentaires, Lucius et ses amis se mêlèrent à la foule qui se déversait par un *vomitorium* pour aller se restaurer.

Alba vint se glisser aux côtés de Lucius :

— Tu m'as l'air bien soucieux ; à quoi penses-tu ?

— Je ne sais pas ce qui m'attend à Rome, mais je pense à tout ce qui va me manquer ici...

Elle se pencha encore et lui susurra sur le ton de la confidence :

— Et si, au lieu d'assister aux combats, nous allions simplement nous asseoir au bord de la mer ?

Il acquiesça, à la fois heureux et triste de ce qu'il savait être leur dernière promenade avant des mois.

Ils remontèrent la rue de Stabies, main dans la main, passèrent la porte Marine, descendirent jusqu'à leur endroit secret. Là, ils s'installèrent, la mer à leurs pieds.

— Je n'ai pas eu l'occasion de te dire à quel point je suis fière de ce que tu fais, dit-elle calmement, plongeant en lui un regard débordant d'amour.

Elle se tut un instant pour cacher sa tristesse et poursuivit :

— Et si tu finissais par te plaire à Rome ? Je veux dire que, accueilli par le préfet, la vie risque d'y être plus plaisante qu'ici et... les tentations d'y rester seront peut-être nombreuses !

Lucius posa les yeux sur la chevelure flamboyant au soleil. La prédiction de Lisimba lui traversa l'esprit avec fulgurance, qu'il chassa brutalement. Il lui prit la main :

— Tout ce que j'aime est ici et je reviendrai, sois-en persuadée.

Il posa un baiser sur les lèvres de la jeune fille, puis ils restèrent un long moment silencieux à regarder la mer, où les voiles des navires claquaient au vent avec la même cadence que les ailes des mouettes majestueuses qui s'ébattaient dans le ciel serein.

XII

La prédiction de Cérès

Calendes d'août, an 79

Au chant du premier coq, Beryllus secoua son frère comme s'il avait pour mission de réveiller un mort.

— Debout, c'est l'heure !

— Ça va, grommela Lucius qui, trop anxieux à la perspective de cette folle aventure, n'avait sombré dans le sommeil qu'aux primes lueurs du jour.

Il s'assit dans son lit, se frotta les yeux, bâilla.

Pour une fois, ce fut Beryllus qui dévala les marches le premier, et avec une telle délicatesse qu'il s'attira les foudres de tout un chacun !

Papiria s'activa aux préparatifs de dernière minute, Beryllus l'aida à disposer le sac de nourriture et les ballots de linge dans le charreton puis, Mox-Mox dans les bras, il attendit l'arrivée d'Alba, ou plutôt des gâteaux aux noix, aux noisettes, aux figues et au miel qu'elle avait promis d'apporter avant l'ouverture des boutiques. Après que Lucius se fut débarbouillé et vêtu, il alla vérifier la complétude de ses effets. Ursius apparut, soutenant Lisimba.

— Mais pourquoi n'avoir pas attendu à la caserne que je passe te chercher ? protesta Lucius, gêné.

— Bah ! nous étions réveillés depuis l'aube, alors nous avons décidé de prendre les devants.

Les commis, levés par la force des choses, accueillirent joyeusement Asselina portant un plateau :

— Tenez ! Stephanus offre le premier déjeuner !

Elle déposa sa part à Lucius avant de repartir en pressant le pas. Stephanus passa son visage froissé par la porte de son appartement privé et tous se réunirent pour ce petit déjeuner bien plus animé qu'à l'ordinaire, chacun y allant de sa joie, de ses recommandations, de ses promesses.

Enfin Alba arriva en compagnie d'une esclave, toutes deux chargées de gâteaux. Beryllus se précipita, l'œil gourmand :

— Tout ça prendra trop de place dans sa carriole ! Et puis ils ne vont pas tous les manger, ça les rendrait malades !

Alba lui tendit l'un des contenants, souriante :

— Mais non, tout n'est pas pour eux ; tu penses bien que j'en avais prévu pour toi aussi !

Beryllus se saisit du paquet avec bonheur :

— Là, nous venons de manger et je n'ai plus faim ; mais je les partagerai avec mes compagnons plus tard et aussi avec Mox-Mox !

Lucius remercia Alba, qui jeta un regard attristé à la charrette prête à donner le premier tour de roue du long voyage.

Ce fut le moment du départ, où l'enthousiasme des

uns contrastait avec la vague de chagrin de la jeune fille.

Ursius fit l'accolade aux deux voyageurs :

— Que Mercure, dieu des voyageurs, guide chacun de vos pas.

Papiria embrassa Lucius avec sa bonhomie toute maternelle :

— Viens dans mes bras, avant que je ne sois recouverte de craie à blanchir ! *(Puis, se tournant vers Lisimba :)* Viens que je t'embrasse aussi !

À leur tour, les autres compagnons leur souhaitèrent bon voyage, sous le regard attendri de Beryllus, qui se présenta le dernier :

— Je t'apporterai des gâteaux de Rome, lui souffla Lucius, mais pour les mériter, il faudra que tu sois sage, n'est-ce pas ?

Beryllus réfléchit avant de rétorquer, l'air le plus sérieux du monde :

— Et comment sauras-tu si je suis sage si tu ne me vois pas ? hein ? Il faudra bien que tu m'achètes des gâteaux et que tu me les rapportes ! Et une fois revenu, tu ne pourras pas les jeter, hein ?

Son raisonnement provoqua l'hilarité générale.

— Finalement, je crois qu'il est plus sensé qu'il n'y paraît ! lança Cissa tout en préparant la presse à repasser.

Lucius plongea ses yeux dans ceux de son frère, à la fois ému de ne pouvoir l'emmener et coupable d'en laisser la charge aux autres.

— Moi, ce que je veux surtout, c'est que tu reviennes vite ! souffla Beryllus.

Lucius le prit longuement dans ses bras, étreinte dont son frère se libéra bientôt.

—Si tu empruntes la via Appia, tu regarderas si Spartacus y est encore crucifié[26] ?

— Comment veux-tu qu'il y soit encore après tout ce temps ?

— On ne sait jamais, regarde quand même ! répondit Beryllus.

Ce fut au tour d'Alba. Les deux jeunes gens s'éloignèrent et Lucius lui prit les mains :

—Ton image me suivra partout où j'irai... Je reviendrai aussi vite que je le pourrai... commença-t-il.

—Ne t'inquiète pas, je t'attendrai ! s'empressa-t-elle de dire avec émotion.

Ils se jetèrent dans les bras l'un de l'autre, s'étreignirent longuement, puis relâchèrent leur étreinte.

Enfin, en tête du petit attelage, Lucius quitta la foulonnerie.

Bien que n'ayant pas encore ouvert boutique, Verecundus était sorti sur son seuil :

—Je voulais vous souhaiter un bon voyage ; tous les jours, j'adresserai une prière à Mercure et à Isis en votre nom ; *valete !*

Lucius et Lisimba lui rendirent son adieu.

Ils traversèrent les rues encore désertes. De temps à autre, Lucius levait les yeux vers une fenêtre, un balcon, un détour de rue ou sur le mont Vésuve, tout ce qui avait bercé sa jeunesse. Ils remontèrent jusqu'à la porte d'Herculanum, empruntèrent la voie des Sépulcres, laissant leur cité derrière eux.

—Après Herculanum nous remonterons sur

26. Après l'écrasement de la révolte des gladiateurs, Crassus avait fait crucifier le long de la voie Appienne six mille des esclaves capturés lors de sa victoire, dont Spartacus.

Capoue, où nous prendrons la via Appia jusqu'à Rome. De Capoue à Rome, nous n'aurons plus que cinq jours de marche avant d'arriver.

Le périple, qu'ils prenaient davantage comme une parenthèse que comme une corvée, leur parut très distrayant d'emblée malgré la chaleur étouffante.

Ils s'étaient arrêtés dans une auberge installée sous d'épaisses frondaisons et à proximité d'un frais ruisseau.

Une patronne ventrue leur servit le plat du jour – des pâtes arrosées de sauce à la noix – dans les creux taillés directement sur le plateau de la table.

Lucius avala sa bouchée, demanda enfin :

— Crois-tu que ce que disent les augures s'accomplisse toujours ?

Lisimba haussa les épaules, comme s'il lui semblait plus urgent de vider son creuset que de parler de l'avenir.

Son ami hésita à poser la question qui lui brûlait les lèvres, finit par se lancer :

— Comme cette histoire à propos de celle qui partagera ma vie, avec les cheveux de neige… Eh bien moi, je n'y crois pas !

— Ce que disent les runes s'accomplit toujours, répondit l'Africain comme une évidence.

Intrigué, Lucius insista :

— Mais tu veux dire que je la rencontrerai à Rome ?

Lisimba, qui avait nettoyé son creuset à l'aide de mie de pain, loucha sur la portion de son compagnon.

— Tu ne finis pas tes pâtes ? demanda-t-il, visiblement affamé.

À ce moment même, la terre se mit à vibrer sous leurs pieds.

— Que se passe-t-il ? demanda Lucius, inquiet.

Son ami le fixa droit dans les yeux avant de répondre d'une voix caverneuse :

— C'est Pluton, le dieu des Enfers, qui vient de tousser !

— À moins que ce ne soit Vulcain, dieu des forges, qui tape sur son enclume à grandes volées !

Les deux amis s'amusèrent de leurs mots d'esprit.

Ayant réglé leur note, Lucius se leva :

— Viens, allons nous tremper un peu les pieds dans l'eau fraîche ; nous reprendrons notre route lorsque le char du soleil sera sur le déclin de sa course.

Pluton, s'il toussait, ou Vulcain, s'il s'était mis à la forge, se manifestèrent à maintes reprises les jours suivants. À chaque vibration du sol sous ses pieds, Lucius jetait un regard inquiet en direction de Pompéi. La montagne Vésuve, bleutée dans le ciel à peine teinté de nuages, gardait sa cité comme un immense rempart.

Les jeunes voyageurs longèrent la côte en direction de Naples. L'état de Lisimba était très fluctuant : fatigué par les cahots de la route, tiraillé par ses plaies, il faisait son possible pour ne pas être une charge. Il avait encore du mal à marcher normalement et bien souvent il n'avait d'autre choix que de rester dans la carriole, laissant à son ami le soin d'aller faire les provisions d'eau ou de nourriture ; d'autres fois, ayant profité d'un sommeil réparateur et se sentant en veine, il accompagnait Lucius jusqu'à une taverne ou allait tremper ses pieds dans l'eau d'un ruisseau avec son compagnon de route.

Ils avaient quitté Naples lorsqu'ils notèrent un silence à tel point constant qu'il en était angoissant ; soudain, la terre qu'ils foulaient se disloqua comme le dessus d'un pain qui éclate à la cuisson le long de la ligne marquée au couteau. Plus de plaisanteries cette fois, il n'était plus question de Vulcain ni de Mercure mais d'une réelle frayeur qui s'inscrivait sur le visage des deux voyageurs. Ils échangèrent un regard terrifié et Lucius eut à l'esprit le souvenir, tant de fois raconté, du tremblement de terre qui avait mis à bas la cité pompéienne quinze ans plus tôt.

— Il faut que j'y retourne ! lâcha-t-il. Je vais te laisser à Misène car tu me retarderais : seul j'irai plus vite ; il faut...

Tout aussi inquiet que lui, Lisimba approuva.

— Inutile de donner toutes ces explications !

Ils redescendirent vers la mer à marche forcée, poursuivirent leur route, concentrés sur les frémissements de plus en plus sentis de la nature. Habitué à traîner son charreton d'urines, Lucius n'eut aucun mal à accélérer le pas et à jongler entre les passants pour arriver, enfin, à Misène.

Il frappa à la porte des Pline. Ce fut Pline, mais le plus jeune des deux, qui les accueillit.

— Puis-je parler au général ? demanda Lucius après lui avoir remis le sac contenant les rouleaux confiés par Proculus.

Le jeune homme lui céda le passage pour le faire entrer.

— Ce ne sera pas possible : mon oncle, en bon naturaliste, a mis le cap pour Stabies à la tête de sa flotte.

Désappointé, Lucius expliqua ce qui le chagrinait.

— Tu peux me confier ton ami blessé, nos gens lui prodigueront les meilleurs soins. C'est regrettable que tu sois arrivé si tard, autrement mon oncle t'aurait pris à bord, t'évitant ainsi une perte de temps considérable... J'avoue que, pour un peu, tu ne me trouvais pas non plus car il souhaitait que je l'accompagne ; mais comme je n'avais pas terminé le travail qu'il m'avait ordonné, j'ai préféré rester ici...

Ils étaient parvenus sur la terrasse, qui offrait une vue imprenable sur la mer ; de là, on pouvait encore apercevoir les voiles de la flotte de Misène qui se dirigeait vers Stabies. Un gros nuage, de plus en plus dense, marquait l'horizon.

La cime de la montagne Vésuve vomit une nuée, qui s'éleva en colonne comme un gros tronc, éclatant à son sommet, faisant penser au feuillage touffu d'un arbre[27]. Soudain, s'affaissant sur lui-même, comme si la partie feuillue le dévorait jusqu'à la base, le tronc de fumée noire s'écrasa et se répandit, dévalant les flancs de la montagne et noyant tout sur son passage, déclinant toutes les teintes entre le blanc et le noir.

Lucius et son hôte sentirent des secousses et s'agrippèrent à la rambarde.

— Ne crois-tu pas hasardeux de t'y rendre, à présent ? Je te conseille d'attendre ici que mon oncle soit revenu, il sera davantage en mesure de nous dire ce qui s'est réellement passé, conseilla le jeune Pline.

---

27. D'après la description de Pline le Jeune, *Épîtres, livre VI, lettre 16.*

— Je ne le puis, répondit Lucius. Les personnes qui sont chères à mon cœur… Il faut que j'aille m'assurer qu'elles vont bien !

L'horizon s'obscurcit mystérieusement sur le lointain, parfois zébré d'éclairs rougeoyants, et Pline remarqua que les oiseaux, qui d'ordinaire piaillaient dans son jardin, s'étaient tus.

— Que se passe-t-il ? Pourquoi ce silence ? Nous l'avons remarqué à diverses reprises en chemin, demanda encore Lucius, inquiet.

Fasciné par le spectacle, Pline fronça les yeux :

— Il est difficile de dire, d'ici, ce qu'il en est, mais il semblerait que la nuit plonge ce côté de la côte dans le noir et que les vents poussent cette obscurité jusqu'à nous… Je te déconseille vivement d'y aller. Attends au moins demain !

Mais le jeune homme ne voulut rien entendre. Se souvenant de Lisimba qu'il avait laissé dans la rue avec la carriole, il marqua sa résolution. C'est ainsi que, seul, Lucius reprit la route en sens inverse sans tarder[28].

Lucius avançait à marche forcée sans quitter l'horizon du regard ; il ne sentait plus ni faim ni fatigue, torturé à l'idée que Beryllus était seul et désemparé et qu'Alba… Au loin, il apercevait des flammes qui semblaient éclairer par moments l'obscurité, parfois un roulis de braise indistinct, tandis que des détonations retentissaient et que la terre grondait… Sur sa droite, la mer, si calme d'ordinaire, était houleuse comme à

28. 35 kilomètres séparent Misène de Pompéi.

l'approche de vents violents et des vagues venaient battre la côte avec véhémence.

Pourquoi les dieux s'étaient-ils soudain mis en colère ?

La pénombre fumeuse, à peine éclairée par quelques torches, ne laissait plus rien distinguer à travers les ténèbres et il devint bientôt impossible d'aller plus avant. Se sentant perdu dans cette nuit en plein jour, Lucius se laissa choir. Il vit Beryllus tenant Mox-Mox dans les bras ou foulant le linge ; il vit sa belle et douce Alba dans la lumière de l'été, cheveux cuivrés, pétrissant la farine tandis que Bello-Bello poussait ses hi-han gutturaux...

Des habitants couraient en direction de la plage, des coussins attachés sur leur tête, tandis que d'autres gisaient, assommés par des chutes de roches ou par l'effondrement de maisons, recouverts d'une fine pellicule... un peu comme Papiria, mais au lieu d'une poudre de craie c'était... Lucius tendit la main : il pleuvait de la cendre !

À voir ce jour sans lumière, à y distinguer des maisons abattues, si loin de Pompéi, ces corps sur les routes, cet air irrespirable, il comprit avec accablement qu'il ne pourrait aller plus loin. Dès que Mercure calmerait sa colère, ou que Vulcain quitterait sa forge, il pourrait reprendre sa route et rejoindre ceux qui lui étaient chers.

Il resta en ce lieu durant plusieurs jours, assailli par des vagues d'air piquant que le vent rabattait à intervalles irréguliers. Enfin, lorsque le nuage glauque qui nappait les contours se dissipa, Lucius reprit sa route avec une seule obsession : retrouver Beryllus et Alba.

Le soleil était encore masqué par la suie qui tombait en épaisses particules, mais le ciel peu à peu se dégagea et une chétive lumière reparut : non pas la clarté d'une aube naturelle, mais une lueur incertaine ; par endroits, il semblait même qu'il avait plu des mottes de terre, des scories, tant le sol était abîmé.

Combien de jours avait-il marché et à combien de haltes forcées avait-il dû se résoudre lorsque le sol sous ses pieds était fournaise ? Un souffle chaud dissipa un instant le brouillard olivâtre, le plongeant dans la plus grande désolation : devant lui s'étendait une mer boueuse et fumante, striée de feu, qui crépitait et éclatait encore çà et là. Il aurait voulu avancer mais la chaleur qui montait du sol, insupportable, rendait la chose impossible. Des gens couraient sur la plage, affolés. Il les interpella :

— Sommes-nous encore loin d'Herculanum ?

— Tu y es mais Herculanum n'existe plus ! lança une femme dans un soubresaut d'horreur.

— Comment ça, *n'existe plus* ? insista Lucius en la retenant par le bras.

L'inconnue lui lança un regard dévoré par la terreur.

— Les dieux se sont mis en colère et ont recouvert la cité de cette boue de feu.

Abasourdi par ce qu'il venait d'entendre, Lucius lâcha l'étreinte et la femme reprit sa course. Son cœur partit en vrille et il se tourna vers la mer, à présent apaisée ; il ne comprenait plus rien… Il n'avait plus qu'une obsession à présent : reprendre sa marche au plus vite sans jamais s'arrêter.

Ne pouvant poser le pied sur la boue incandescente

qui tapissait le sol, il décida de contourner l'endroit par la mer, l'esprit hagard, l'œil vissé sur ce paysage digne des Enfers…

Après bien des efforts et des aléas, ayant perdu la notion du temps qui passait car le jour et la nuit se confondaient dans la continuité, Lucius arriva à hauteur de Pompéi et longea la voie des Tombeaux…

Passé la porte d'Herculanum, il tomba à genoux : du berceau de son enfance il ne reconnut qu'à peine la montagne Vésuve au col fumant. Où étaient les coteaux riches de vignes et de potagers ? Tout était enseveli sous une couche noirâtre dont le jeune homme, d'où il se tenait, ne pouvait distinguer s'il s'agissait de terre ou de suie. Au pied de l'immense géant, ce qui fut Pompéi avait disparu… Il chercha en vain des repères : sa cité, avec tous ses habitants, tous ses souvenirs, avait été engloutie par les enfers : il ne subsistait rien d'autre qu'un sol tapissé de pierres ponces, de cailloux calcinés, de rocs effondrés, avec parfois, çà et là, des branches consumées qui sortaient leurs doigts de terre comme un enterré vivant voulant s'extirper de son tombeau. Et ce silence… Une phrase lui revint à l'esprit, fulgurante, celle de Carminox : « S'il y avait un moyen pour éteindre le bruit le soir comme on souffle une bougie pour obtenir l'obscurité… » Le dieu du silence existait bel et bien, car ces mots étaient la réalité du moment : les dieux avaient soufflé la bougie du bruit, Pompéi n'était plus qu'une plaine de silence : plus un cri d'oiseau ni même l'aboiement d'un chien… Orpheo… Bello-Bello…

Un moment, Lucius eut l'impression d'être devenu fou. Il courut, escalada des monticules de scories, de boue de cendres durcie par endroits et encore fumante. Il tourna sur lui-même, effaré par le décor qui s'offrait à lui, incapable même de localiser la rue de l'Abondance.

Au loin, il distingua un groupe qui creusait la terre avec ses mains ; il s'y précipita, reconnut l'un des vanniers de la cité.

— Massico ! Massico ! hurla-t-il.

Les deux hommes retinrent leur geste jusqu'à son arrivée, le reconnurent enfin :

— Lucius !

— Qu'est-il advenu de Pompéi ? hoqueta-t-il, presque embarrassé par le ridicule de sa question.

Massico posa le regard sur la terre :

— Il n'y a plus de cité ; elle a été engloutie il y a une semaine, peut-être un mois – je ne sais plus –, par la colère des dieux...

— Où se sont réfugiés les Pompéiens ? demanda encore Lucius avec la fièvre du désespoir.

L'homme fut secoué d'un long sanglot ; lorsqu'il fut en mesure de s'exprimer, il lâcha, montrant le sol :

— Là-dessous.

Lucius ne voulut se résoudre à cette fatalité.

— Mais toi, tu es bien là ! Il y a bien d'autres survivants !

Massico s'assit à même les scories comme si toute force l'avait abandonné.

— Je vais te raconter ce qui s'est passé : c'est Vulcain et Neptune qui ont dû se battre avec violence ! D'abord, la terre a tremblé pendant plusieurs jours ; il y en a qui, apeurés par le souvenir du tremblement de terre d'antan, ont fui avec quelques effets, mais les autres ont vaqué à leurs occupations, se contentant de remplir les temples pour prier tous les dieux. Les fontaines et les puits se sont asséchés d'un coup, comme si Vulcain, poussé par une soif inextinguible, les avait vidés pour se désaltérer. Nous avons fait des sacrifices à Isis au cours d'une cérémonie. Mais alors le sommet de la montagne s'est ouvert, libérant des nuages virant du blanc au noir tandis que des détonations assourdissantes fracassaient le ciel... Puis il y a eu une pluie de cendres, de lapilli, de scories, et une mer de feu a déferlé de la montagne et s'est déversée avec la fureur destructrice d'une armée de barbares. Parfois, la montagne crachait des colonnes de flammes, qui ravivaient les ténèbres toujours plus épaisses ; mais le soleil avait disparu à nos yeux, si bien qu'il faisait sombre comme une nuit sans lune, au point qu'il a fallu allumer torches et lanternes pour distinguer son chemin à travers le brouillard épais. Neptune à son tour a fait chavirer la mer, d'abord comme s'il l'aspirait de sa grande bouche, puis qu'il la recrachait sur le rivage en houle sauvage. Alors nous avons commencé à fuir ; les gens affolés se sont précipités dans les rues, laissant grandes ouvertes les portes des maisons et des boutiques. D'autres avaient pris soin de courir avec des sacs contenant quelque objet précieux, une caissette, une statue de déesse ou la petite monnaie de sa caisse. Dans cette tentative désespérée de se soustraire à la colère des dieux, on se réfugiait où l'on pouvait, sous un porche, dans une boutique ouverte, chez son voisin... Tout ça se faisait dans un désordre confus, dans les hurlements des mères essayant de rassembler leurs enfants, les cris d'horreur, les pleurs des petits perdus dans cette marée humaine qui courait comme un fleuve dans l'écheveau des rues, allant droit devant, ne sachant plus où se diriger. J'ai fui vers la mer avec Drusius, mon esclave, qui avait trouvé une barque le jour précédent... Oui, j'avais eu peur dès le premier tremblement. Nous avons quitté la terre dans la nuit la plus épaisse, ramant comme deux forcenés, espérant nous échapper par la mer. C'est à ce moment-là, comme je le racontais tout à l'heure, que la mer s'est retirée brutalement, et nous nous sommes retrouvés aspirés par le lointain horizon comme si Neptune en personne nous projetait vers le soleil. Puis une vague d'une hauteur impressionnante est arrivée en reflux, projetant notre coque dans les airs. Nous nous sommes de justesse réfugiés dans le creux d'un rocher et de loin, hagards, nous n'avons pu que voir la nuit noyer toute la côte. L'air était irrespirable mais nous étions suffisamment éloignés pour y survivre malgré les brûlures aux yeux, à la gorge... C'est seulement au bout de trois jours que l'air s'est vaguement éclairci. À l'aide d'une planche de notre barque fracassée, lentement, nous sommes revenus vers la côte...

Un sanglot étouffa la voix de Lucius :

— Mon frère ? et Alba ? et Stephanus ? et tous mes proches ?...

— La cité n'était que chaos ! Mais s'ils ont réussi à fuir ils sont peut-être à Herculanum ?

Lucius s'affaissa, anéanti.

— Je suis passé aux abords d'Herculanum... Il ne reste rien, pas plus qu'ici...

Massico posa une main lourde de désespoir sur l'épaule de Lucius.

— J'ai bien peur alors que tu ne les revoies jamais.

— Peut-être ont-ils pu s'échapper par la plage, comme toi ?

— Malheureusement, lorsque j'ai touché terre, il n'y avait que des noyés. La vague immense, celle dont j'ai parlé, a dû les engloutir d'une lampée.

Lucius s'effondra en pleurs amers, cherchant désespérément des repères : les images défilèrent devant lui comme dans un songe, avec des détails d'une extraordinaire vérité : Verecundus, son voisin, qui le saluait tous les matins… Asselina, penchée sur son comptoir à préparer ses bons mets… les gladiateurs, morts sans gloire… Ursius, ne pouvant traîner sa jambe, qui avait dû être enseveli sur place… le bébé de la voisine, qui s'était tu à jamais… Scalus, le chirurgien, surpris dans un soin… Taxos, l'éternel mauvais élève de Sema, qui avait définitivement échappé à sa punition… Carminox, le parcheminier, dont les pigments et les encres se mêlaient à présent à la terre… Æmilius, le plus célèbre *scriptor* de la cité, dont personne ne lirait plus les affiches… Trebius Valens, cet amoureux des thermes, surpris peut-être sur sa table de massage… Orpheo, le chien de Vesonius Primus, attaché à sa chaîne, qui pas plus ce jour maudit que les autres n'aurait pu arracher le mur pour sauver sa vie… Bello-Bello, dont les braiments n'accompagneraient plus aucune marche autour de la meule… Modestus discutant avec sa clientèle… Stephanus peut-être surpris durant sa sieste… Cissa la repasseuse… Papiria couverte de poudre à blanchir… Lullo avec sa cage d'osier et ses marmites fumantes... Beryllus, que Mox-Mox aurait sans doute retardé dans sa fuite... Et Alba... Alba... l'amour de sa vie... « *Hoc habitat felicitas* » : ce panneau au-dessus de l'entrée de la boulangerie de Modestus, qui résumait ce qu'elle représentait pour lui, comme il aurait voulu en ce moment même le serrer contre son cœur ! Il n'était plus rien, il avait tout perdu : sa vie, son quotidien, ses habitudes, les gens qu'il aimait et qu'il ne chérirait plus... Las de vivre, Lucius s'allongea sur le linceul de cendres qui recouvrait son passé et pleura longuement, jusqu'à sombrer dans un sommeil lourd et empli de cauchemars.

Ne pouvant se décider à rebrousser chemin, Lucius arpenta coteaux et rochers à la recherche de son frère ou au moins d'un signe de lui. Mais il dut se résoudre à renoncer : Pompéi, Stabies, Herculanum, Oplontis n'étaient plus qu'un immense champ exempt de vie[29]. Ceux qui n'avaient pas été ensevelis sous le manteau de la mort n'avaient pu survivre : les centaines de rescapés qui avaient espéré se réfugier sous des arcades ou dans des cavités de fortune étaient complètement carbonisés ; sous l'effet de la chaleur, leurs chairs avaient fondu, leurs boîtes crâniennes avaient explosé... Même la flotte de Pline n'avait pas surmonté le cataclysme et les birèmes, écrasées par le feu et la cendre tombé du ciel, avaient fini par couler. Sa vie tout entière gisait dans un même tombeau... Ce que lui racontait Beryllus à propos de la prophétie de

29. Toute la région fut engloutie sous une croûte de matériaux éruptifs, épaisse de 20 à 30 mètres.

Cérès lui percuta la mémoire : était-ce ça, la vision de la Solfatare ? Si seulement il avait écouté son frère ! Si seulement il avait eu davantage confiance en lui ! Comme il regrettait ! Comme il aurait voulu revenir en arrière ! Mais une fois la pluie tombée du ciel, aucune force ne peut l'y faire retourner…

Au bout d'une semaine, ayant écumé en vain toute la région, Lucius dut se résoudre à repartir : Lisimba l'attendait ; il s'était donné pour devoir de le conduire à Rome et il lui restait cela à accomplir. Après… après il reviendrait dans la ville où il avait vu le jour et s'y laisserait mourir, au milieu des siens.

Pour Lucius, le chemin du retour vers Misène se déroula dans la pire noirceur de l'âme, à l'image des paysages qui défilaient, couverts d'une couche de cendres et de scories. Toute vie s'était tue et ce silence le rendait fou ! Où étaient le chant des coqs, les braiments des ânes, les pleurs et les cris des enfants se rendant à l'école ? Le tintamarre quotidien des marchands eût aujourd'hui été la plus douce des musiques à ses oreilles…

Reclus dans sa douleur, il marcha les yeux sur ses sandales pour ne plus voir le désert de l'horizon, le néant qu'était devenue sa vie. Seules les images défilaient dans sa tête, encore et encore : il revivait chaque geste du quotidien, revoyait, l'un après l'autre, les visages connus et aimés, figés à jamais dans leurs habitudes… En tenant Alba dans ses bras, ce matin de départ, si belle dans sa tunique couleur noisette, comment aurait-il pu se douter que c'était la dernière fois ?

Jusqu'à Misène, les maisons et les rues étaient couvertes d'une pellicule de cendres, de plus en plus blanches à mesure qu'il s'était éloigné de l'endroit maudit...

Lucius frappa à la porte de la villa des Pline, où l'on était également en deuil puisque le commandant de la flotte, Pline l'Ancien, avait lui aussi péri : on avait retrouvé son corps sur une plage proche, recouvert de cendres, mort pour avoir voulu étudier le phénomène de la nature de près, mais aussi pour s'être porté au secours d'une amie en pensant qu'ils pourraient fuir par la mer...

Avec grand-peine, la voix régulièrement meurtrie par les sanglots, Lucius raconta ce dont il avait été témoin. Lisimba, qui avait recouvré quelque force, pleura avec lui.

À bout de courage, le jeune Pompéien se laissa sombrer dans une profonde mélancolie durant des jours entiers.

Enfin, un matin, il retrouva un semblant d'énergie et s'intéressa au visage soucieux de Lisimba.

— Nous ne pouvons abuser indéfiniment de l'hospitalité de Pline ; il faut nous remettre en route ! murmura-t-il.

S'il n'y avait cette ironie du sort, le jeune Africain aurait proposé à son ami de rentrer chez eux. Mais où aller à présent sinon à Rome ? Lisimba, qui n'avait pourtant aucune envie de se lever, soupira sans grande conviction :

— Tu as raison !

Après s'être restaurés et avoir remercié leur hôte pour ses largesses, ils reprirent leur chemin.

La joie du début avait été bouleversée par une tristesse endeuillée et les amis parlèrent peu.

Un jour, ils atteignirent l'ouverture de la via Appia près de Capoue.

— Plus que cinq jours de voyage, rappela Lisimba sans grand enthousiasme.

— Oui… même si cela n'a plus la même résonance qu'avant, répondit Lucius tout aussi tristement.

Bordée d'un trottoir en terre battue pour les cavaliers et ceux qui allaient à pied, pavée de dalles de basalte, la « reine des routes », comme on l'appelait, était suffisamment large pour permettre à deux charretons de se croiser sans manœuvre fastidieuse ; heureusement, car le ravitaillement par voie de terre de Rome et des provinces rayonnantes transitait par elle. Le charreton y croisait la litière, les charrois marchands à quatre roues attelés de bœufs ou de chevaux, les convois de la poste impériale, les chariots citernes, ainsi que les diplomates ou les hommes d'affaires accompagnés d'une solide escorte ou des légionnaires à cheval. Il semblait que l'Empire entier transitait par ces pavés.

À chaque demi-journée de marche s'alignaient tavernes ou relais qui permettaient aux convoyeurs de changer les attelages et aux voyageurs de se restaurer et dormir.

Enfin, au bout d'un long périple d'une semaine, ils arrivèrent en vue de Rome. La via Appia y débouchait par la porte San Sebastiano, bordée de monuments funéraires et de villas majestueuses.

Une taverne bien ombragée offrait à ceux qui le souhaitaient une dernière étape avant leur entrée dans la cité. Leurs provisions épuisées et ne sachant dans quelle animation ils se perdraient pour n'être jamais venus dans la capitale de l'Empire, les deux amis décidèrent d'y faire une halte.

Le tavernier posa un cruchon devant eux.

— Purée de lentilles à la menthe et aux herbes fraîches, fruits frais, gâteaux au miel de fleurs, un sesterce la portion ; sinon j'ai des fouaces, pour un quart de sesterce.

Ils allaient répondre quand l'homme, le regard vissé à l'extérieur, marmonna :

— Encore ce mendiant !

Il se tourna vers un commis :

— Toi ! vois aux cuisines s'il reste des invendus mais ne lui en donne que s'il promet d'aller plus loin. J'en ai assez de ces traîne-misère !

Puis, arborant un sourire commercial à l'attention de Lucius et Lisimba :

— Nos aimables citoyens auront choisi ?

Soucieux de leur maigre pécule, les deux amis commandèrent des fouaces au fromage et au lard qu'ils attendirent longtemps vu l'affluence.

— Quand je pense qu'avant la fin du jour nous serons à Rome ! commenta Lisimba après avoir vidé d'un trait un godet d'eau de légionnaire.

Lucius sentit un chien lui frôler la jambe et le repoussa gentiment d'un coup de pied. L'animal revint le titiller avec une telle insistance que, las de s'en plaindre à son compagnon de voyage et excédé, le jeune homme finit par lui donner un coup mat.

« Ouille ! »

— Je n'ai jamais entendu de chien qui parle ! commenta Lisimba, qui avait suivi l'énervement progressif de son ami.

Tout aussi intrigué, Lucius se pencha sur son tabouret et resta un long moment silencieux.

— Ça va ? demanda Lisimba, inquiet par la pâleur soudaine du teint de son ami.

Ignorant la question, Lucius articula :

— Mais que fais-tu là ?

Interloqué, Lisimba entendit une voix familière expliquer :

— Mox-Mox avait faim et comme je n'ai pas d'argent je ramasse les miettes !

À son tour, et promptement, l'Africain se pencha sur son banc et regarda sous la table.

— Par Jupiter ! Mais c'est ton frère !

Le tavernier, qui avait surpris la scène, vint tirer Beryllus par le collet :

— Dis donc, toi, je t'ai déjà demandé d'aller mendier plus loin avec ton rat puant...

Mais, sourd à l'ordre de l'aubergiste, Beryllus se jeta dans les bras de son puîné. Après une accolade d'une intense émotion, le simple d'esprit nargua le restaurateur :

— Tu vois, je te l'avais bien dit que tôt ou tard mon frère passerait par ta taverne et j'avais raison de l'attendre ici ! C'est lui !

Le regard du gargotier passa du mendiant à Lucius qui, sans plus vouloir desserrer son étreinte, expliqua :

— Bien qu'il soit sale et puant comme un cloaque, il s'agit bien de mon frère.

Surpris, l'homme fixa plus longuement Lisimba avant de lâcher :

— Mais alors, cette histoire de foulonnerie, de cet Africain blessé que tu emmènes à Rome, du préfet de l'annone... c'était vrai ?

Beryllus sautillait de joie :

— Oui, regarde comme il est moins moche maintenant que le chirurgien lui a amoindri sa cicatrice ; et tu as vu ? Je t'avais bien dit que tu n'aurais jamais vu un Africain aussi noir que Lisimba !

Tout ce que disait son aîné retrouvé, Lucius le trouva touchant. C'était un peu comme de l'eau fraîche arrosant un sol asséché... Il reprenait vie ! Le bonheur l'enivrait, il avait l'impression que son cœur allait exploser de joie.

— Finalement, je crois que nous prendrons tous les trois un plat du jour !

Le tavernier éloigné, les trois jeunes gens s'installèrent. Lucius demanda :

— Mais comment as-tu fait pour te retrouver ici sain et sauf ?... Et les autres ?

Beryllus posa Mox-Mox sur les genoux de son cadet :

— Tiens, je suis sûr qu'elle t'a manqué ! Caresse-la !

Décontenancé, Lucius prit la marmotte dans ses bras, la dorlota. Ce contact doux et soyeux, souvenir d'un passé révolu, lui fit monter des larmes aux yeux. Beryllus raconta :

— Quand vous avez quitté la cité et que je parlais de ton retour, les autres se sont moqués de moi ; ils ont dit que je n'avais pas compris, que tu ne serais sans doute pas rentré avant les calendes de janvier. Quand j'allais voir Bello-Bello, Alba, inquiète, pleurait parfois. Elle craignait que, bien accueilli par le préfet de l'annone, tu n'aies plus envie de revenir... Et puis un soir, le sol a vibré sous nos pas. Les autres ont parlé de Vulcain, mais moi j'ai eu très peur parce que ça m'a fait pareil que quand nos parents et Norelia nous ont quittés. Et aussi j'ai pensé à ce que m'a dit Cérès et j'ai eu encore plus peur ! Comme la première fois, j'ai voulu me réfugier dans les bois... Mais là, je me suis dit que peut-être tu courais un danger et que, comme j'ai endossé la toge virile, je devais te rattraper pour te protéger, parce que je suis plus âgé que toi et que c'est mon devoir d'aîné. Alors j'ai pris Mox-Mox sous le bras et je suis parti en direction de Rome ! Je suis passé par la voie des Tombeaux, comme la dernière fois, et puis j'ai vu un chariot et j'ai demandé au conducteur s'il voulait bien m'emmener aussi loin qu'il pouvait car je devais te rejoindre. Il m'a emmené un bout de chemin et après je me suis débrouillé... enfin... sans argent, parce qu'à ça je n'avais pas pensé !

La simplicité d'esprit de son frère lui avait, une fois encore, sauvé la vie... Conscient que Beryllus avait quitté Pompéi bien avant la catastrophe et qu'il ignorait le sort funeste réservé à la cité, Lucius préféra ne pas gâcher l'instant des retrouvailles par de tristes nouvelles.

Voyant leur repas arriver, il lança une œillade douloureuse à Lisimba avant de s'inventer une joie légitime :

— Allons ! Fêtons nos retrouvailles !

Une femme au visage avenant posa le chaudron sur la table et remplit les trois creusets de lentilles ; sensible au regard suppliant de Beryllus, et pour le connaître à force de le voir mendier chaque jour devant sa porte, elle lui ajouta une louchée :

— Pour ton rat puant !

Immédiatement, Beryllus picora dans chaque portion les brindilles de menthe et d'herbes aromatiques, les posa devant Mox-Mox.

— Tiens ! mange ma fille !

La remarque fit rire la tablée. Puis Lucius redevint sérieux et, s'adressant à Lisimba :

— Que faut-il penser des dieux et des augures ? Cérès a dit qu'un lion me sauverait la vie et pourtant c'est faux... Toi, tu m'as dit... *(sa gorge se noua...)* que celle qui sera ma femme aura les cheveux de neige...

Lisimba fixa Beryllus, naïvement penché sur Mox-Mox, et répondit :

— Pour les cheveux de neige, je n'en sais rien et seul l'avenir nous le dira... Mais pour cette histoire de lion... je puis t'assurer qu'au moins cette prophétie s'est réalisée.

Lucius le harponna d'un regard incrédule :

— Tu veux parler de ce lion apeuré qui errait dans l'arène en ignorant les chrétiens ?

L'Africain sourit malicieusement :

— Sans que tu t'en doutes, un lion a vraiment sauvé ta vie... Car mon nom, Lisimba, signifie « lion » dans la langue de mes ancêtres.

Lucius resta muet un long moment, réalisant ce que son ami venait de lui révéler : c'est bien parce qu'il avait décidé de le sauver qu'il avait quitté Pompéi et ce départ lui avait épargné une mort certaine. Son regard triste se posa sur Beryllus, ses yeux s'emplirent de larmes.

— Mais elle... miaula-t-il ; elle était l'amour de ma vie !

Ignorant les tourments qui préoccupaient son frère

et Lisimba, Beryllus commença à s'impatienter et les poussa à se lever, pressé qu'il était de voir le plus grand amphithéâtre jamais construit. Les trois voyageurs se remirent en route.

À la porte de Rome s'agitait une foule bruyante, composée essentiellement de voyageurs et de mendiants. Le bruit encore une fois trouva grâce aux yeux de Lucius, car il signifiait la vie grouillante d'une cité... La vie !

Le regard de Lucius fourmilla, s'accrocha à la silhouette d'une femme dont il ne remarqua que les cheveux blancs comme la neige, et la prédiction de Lisimba lui sauta une fois de plus à l'esprit.

— Que t'arrive-t-il ? demanda l'Africain.

Devant le silence consterné de son ami, il suivit la direction de son regard et comprit.

— Tu ne vas tout de même pas voir dans chaque femme aux cheveux blancs...

Il n'eut pas le loisir de terminer sa phrase. L'inconnue s'était retournée et offrait à Lucius un regard lumineux. Son visage tout entier se détendit de grâce.

— Alba ? murmura Lucius, incrédule.

Elle s'était approchée de lui, avait levé la main, porté le bout de ses doigts sur la cicatrice... Pas de doute, c'était bien elle.

À son tour, Lucius toucha les cheveux blancs. Sema lui avait expliqué un jour que, sous un choc ou une peur terrifiante, les cheveux de l'être humain étaient capables de blanchir en une seule nuit...

— Alba ! murmura-t-il encore.

Des larmes montèrent aux yeux de la jeune fille qui, enfin, se jeta dans ses bras. Une embrassade collective s'ensuivit et, étrangers au monde qui les entourait, ils savourèrent la joie des retrouvailles.

— Mais comment… bégaya enfin Lucius.

— J'avais la responsabilité de Beryllus et, quand j'ai su qu'il avait encore fugué, je suis partie à sa recherche. Voyant qu'il avait emporté Mox-Mox, j'ai compris qu'il était parti te retrouver à Rome. Je ne pouvais le laisser faire ce voyage aventureux tout seul car, s'il lui était arrivé quelque chose, tu ne me l'aurais jamais pardonné… En chemin, j'ai erré un moment et j'ai vu la colère de la montagne Vésuve : une telle frayeur… J'ai cru que les Enfers ouvraient grand leurs portes pour nous engloutir… Je n'en ai réchappé que par miracle et grâce à la fugue de ton frère !

— Moi aussi, j'ai vu les Enfers, et aussi Cérès, coupa fièrement Beryllus.

Alba posa sur lui un regard attendri et, sur un signe de Lucius, elle comprit que le jeune homme ne savait rien de ce qui s'était passé. Elle reprit :

— Ne pouvant revenir en arrière, je n'avais donc d'autre choix que d'accomplir le périple jusqu'à Rome, guidée par l'espoir qu'avec le nom du préfet de l'annone j'aurais une chance de retrouver votre trace. Voilà comment je me retrouve ici !

Beryllus s'impatienta :

— Bon, ben vous compterez les pois chiches plus tard ! Pour le moment, je veux qu'on aille voir le plus grand théâtre du monde connu !

Ils rirent de la préoccupation dérisoire du jeune homme. Ensemble, ils se dirigèrent vers la porte San Sebastiano, qui s'ouvrait sur la capitale du monde, sur leur nouvelle vie…

Ce qui est vrai, ce qui est inventé

L'HISTOIRE DE POMPÉI

Assise au cœur d'une région fertile de la baie de Naples, au pied du volcan Vésuve, Pompéi a été fondée vers le VIIᵉ ou VIIIᵉ siècle av. J.-C. ; la cité tire son nom du fait qu'elle résulte du regroupement de cinq villages osques (*pompaios* = cinq).

En 80 av. J.-C., la cité florissante attire les riches colons romains, qui s'installent dans de somptueuses villas. Pompéi s'agrandit et se développe dans tous les domaines grâce aux activités liées au commerce et au trafic maritime ; car, outre son climat et ses terres fertiles, la ville est située à l'embouchure du fleuve Sarno, ce qui en fait une route navigable alimentant les villes à l'intérieur des terres.

En 62 apr. J.-C. (date souvent évoquée dans le roman), Pompéi est victime d'un terrible tremblement de terre qui la détruit en grande partie. Même si les travaux de restauration sont immédiatement entrepris, la priorité est donnée aux temples (comme celui d'Isis) et aux édifices privés, au détriment de nombreux bâtiments publics ou des maisons de la population la moins fortunée ; les maisons de ceux qui n'ont pas les moyens de reconstruire, comme celle des parents de Lucius et Beryllus, restent à terre.

Quelques années plus tard, un nouveau tremblement de terre, moins intense que le premier, fait peur aux habitants, qui quittent la ville après avoir bradé leurs habitations. Une nouvelle couche de population émerge après le départ des grandes fortunes et le rachat de leurs propriétés. Certains riches ruinés par les séismes, comme c'est le cas pour Julia Felix, restent à Pompéi mais transforment leurs grandes demeures en appartements qu'ils mettent en location.

Au moment où survient l'éruption fatale du 24 août 79, la cité compte entre douze et quinze mille habitants. Une grande partie des édifices publics n'est alors pas reconstruite.

L'éruption du Vésuve entraîne la destruction de Pompéi, Herculanum, Oplontis et Stabies, toutes proches, et fait plus de trente mille morts.

Pompéi est ensevelie sous une énorme couche de cendres, de lapilli et de lave allant de vingt à trente mètres. Les habitants trouvent la mort à l'intérieur même de leurs maisons ; quant à ceux qui ont fui vers la mer, ils meurent étouffés par les émanations de gaz ou par l'air brûlant saturé de cendres. Enfin, la mer est aspirée puis « recrachée », comme le raconte le témoin dans le roman ; à l'époque, on ignore également ce qu'est un tsunami.

La chute de cendres dure du 24 au 27 août et pendant tout ce temps, on ne voit plus le soleil. Pline le

Jeune raconte que, jusqu'à Misène, tout est comme couvert de neige en raison de l'épaisse couche de cendres blanches.

À NOTER

Les textes de Pline le Jeune fixent aux calendes de septembre (24 août 79) la date de l'éruption et cette date est celle retenue dans le roman. Toutefois, les indices révélés par les fouilles semblent indiquer que l'éruption a eu lieu en automne. Dans les maisons de Pompéi, les jarres de vin sont en effet scellées et les braseros allumés. Les corps des victimes portent des vêtements chauds et non des tuniques légères. Les fruits et légumes d'été sont déjà en conserve ; ceux d'automne sont frais et vendus dans les boutiques. De même, la découverte de pièces de monnaie à l'effigie de Titus, devenu empereur à la mort de son père Vespasien, confirme la datation d'octobre.

UN SITE EXCEPTIONNEL

Si l'éruption a détruit entièrement la ville, elle l'a en même temps protégée des pillages et des ravages du temps pour nous donner le plus précieux témoignage de ce qu'étaient une cité de l'Empire romain et son quotidien, puisqu'on a mis au jour une ville surprise de plein fouet par l'éruption du Vésuve.

La cité, ensevelie sous une couche de cendres d'une vingtaine de mètres, est oubliée pendant plus de mille cinq cents ans, jusqu'aux travaux de creusement d'un canal entre 1594 et 1600, qui mettent au jour, par hasard, quelques édifices antiques auxquels on accorde en fait peu de prix.

C'est un siècle plus tard que des fouilles sont entreprises à Herculanum puis à Pompéi, qui est identifiée en 1763. Mais la finalité de ces fouilles est surtout de découvrir des objets précieux pour les collections particulières ou les musées ; on cherche ensuite à sauvegarder, autant que possible, l'intégrité des habitations (décorations murales, mosaïques, objets de la vie quotidienne).

Le nouveau roi de Naples, beau-frère de Napoléon Ier, relance l'intérêt des excavations sur le site (1808-1815). Mais là encore, on se préoccupe avant tout d'exhumer murs, œuvres d'art et objets du quotidien. Les corps des Pompéiens, emprisonnés dans les coulées de l'éruption, ne résistent pas aux excavations et tombent en poussière. En fait, on n'a trouvé aucun moyen pour en sauver un seul.

La révolution arrive en 1860, avec Giuseppe Fiorelli et son idée tout simplement géniale : dès que l'on identifie une forme creuse, il verse du plâtre liquide par un petit orifice pour remplir les espaces vides laissés par la décomposition et c'est ainsi que des dizaines de corps humains, d'animaux, des arbres et des objets en bois sont restitués dans l'attitude même où la mort les a surpris.

Certains ont été déplacés (comme le fameux chien Orpheo) et sont désormais exposés à l'Antiquarium de Pompéi ou aux thermes de Stabies ; d'autres ont été laissés à l'endroit même où on les a découverts, et on peut donc toujours les y voir lors de la visite de ce site incomparable.

Par son état de conservation exceptionnel, Pompéi constitue un étonnant témoignage ponctuel de la civilisation romaine.

Les lieux

Les deux *rues* principales de Pompéi, en croix, sont :

La rue de *l'Abondance*, qui traverse la cité d'est en ouest et relie le cœur de Pompéi à son port par la porte Marine. Elle tient son nom d'une fontaine ornée d'une corne d'abondance. Après le tremblement de terre de l'an 62, le forum n'a pas été entièrement restauré et la rue de l'Abondance est devenue la plus commerçante de la cité.

La rue de *Stabies*, qui coupe Pompéi du nord au sud.

La caserne des gladiateurs

Derrière la scène du Grand Théâtre, le quadriportique aux soixante-quatorze colonnes était initialement destiné aux spectateurs. Il leur permettait de se promener et de bavarder pendant les pauses du spectacle. Après le tremblement de terre de l'an 62, il est transformé en caserne de gladiateurs, car l'ancienne maison des gladiateurs rue de l'Abondance n'a pas été restaurée. On crée alors de nouvelles pièces, le long des portiques, pour loger les combattants et leur famille. À l'étage se trouve l'appartement du laniste, chargé de l'instruction des gladiateurs.

La maison des gladiateurs, faute de restauration, s'est totalement effondrée le 6 novembre 2010.

Le forum

Cœur de la vie politique et religieuse de la cité, le forum regroupe tous les édifices municipaux évoqués dans le roman.

Les thermes

Les thermes du forum, constitués d'une partie réservée aux femmes et d'une autre destinée aux hommes, sont les seuls en fonction lors du tremblement de terre de l'an 62.

Les travaux d'élaboration des thermes centraux (au croisement de la rue Nola et de la rue de Stabies) ont été commencés après le tremblement de terre de l'an 62, mais ne sont pas achevés au moment de l'éruption du Vésuve.

La rue des Tombeaux (ou des Sépulcres), passée la porte d'Herculanum, au nord de la cité, constitue le cimetière le plus vaste et le plus fameux de Pompéi.

Les principales rues extra-urbaines qui relient Pompéi aux autres cités sont bordées, selon la coutume, aussi bien de tombeaux que de villas. On vient y profiter de la fraîcheur, à l'ombre des arbres, on s'y promène, on s'y assoit. C'est là que reposent les parents de Lucius et Beryllus et que s'effectuent les rites funéraires (Lémurales et Férales) destinés à honorer les morts.

À NOTER

Feralia *(21 février) est la fête en l'honneur des mânes. Comme on le voit dans le roman, pendant ces célébrations, des festins sont servis sur les tombes. Si les mânes (âmes des morts) ne reçoivent pas les sacrifices qui leur sont dus (vin et sang), ils peuvent persécuter les impies sous la forme de lémures (ou larves), d'où la crainte de Beryllus.*

Lemuria *(mi-mai) est l'autre fête des morts, destinée à conjurer les revenants.*

Un mot sur les ***Lares***, également présents dans le roman et qui étaient les dieux ou génies chargés de protéger chaque carrefour, maison et famille : les Lares sont considérés comme protecteurs de la famille, de la maison, du domaine. Il existait un temple public des Lares, mais chaque foyer disposait lui-même d'un autel. On pensait ainsi que les ancêtres, même disparus, gardaient une autorité morale sur le foyer qu'ils avaient fondé. On les représentait sous forme de statuettes de cire ou de bois, on leur offrait un sacrifice en les invoquant.

La ***Solfatare*** existe bel et bien et, selon certaines croyances, elle abritait effectivement l'entrée des enfers. C'est un volcan à fond plat de deux kilomètres de périmètre, situé à l'ouest de Naples, près de la ville de Pouzzoles. Son sol nu est recouvert de cendres et de soufre. Des fumerolles (vapeurs d'eau et soufre) jaillissent de la terre, dégageant en effet une odeur d'œuf pourri.

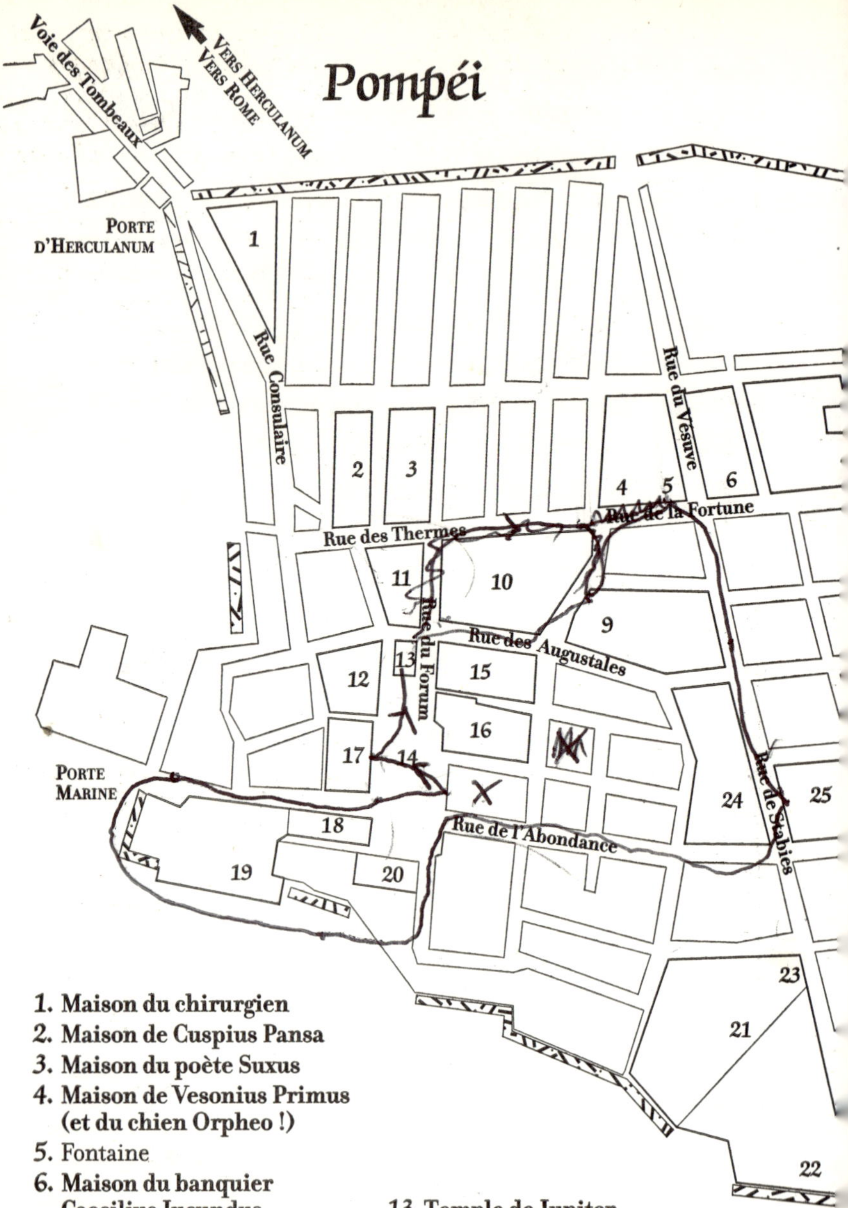

1. **Maison du chirurgien**
2. **Maison de Cuspius Pansa**
3. **Maison du poète Suxus**
4. **Maison de Vesonius Primus (et du chien Orpheo !)**
5. Fontaine
6. **Maison du banquier Caecilius Jucundus**
7. **École de Julius Helenus**
8. **École de Potitus**
9. **Boulangerie de Modestus**
10. Temple de la Fortune
11. **Thermes du Forum**
12. Greniers du Forum
13. **Temple de Jupiter**
14. **Forum**
15. Macellum
16. **Sanctuaire des Lares Publics**
17. Temple d'Apollon
18. **Basilique**
19. Temple de Vénus

20. Administration publique
21. Grand Théâtre
22. Quadriportique des gladiateurs
23. Temple d'Isis
24. Forum triangulaire
25. Boutique de Carminox
26. Foulonnerie de Stephanus
27. Atelier de Verecundus
28. Rôtisserie d'Asselina
29. Maison du prêtre Amandus
30. Maison de Trebius Valens
31. Maison du moraliste
32. Maison de Loreius Tiburtinus, prêtre de la déesse Isis
33. Maison de Julia Felix
34. Maison de Sema
35. Amphithéâtre
36. Grande Palestre

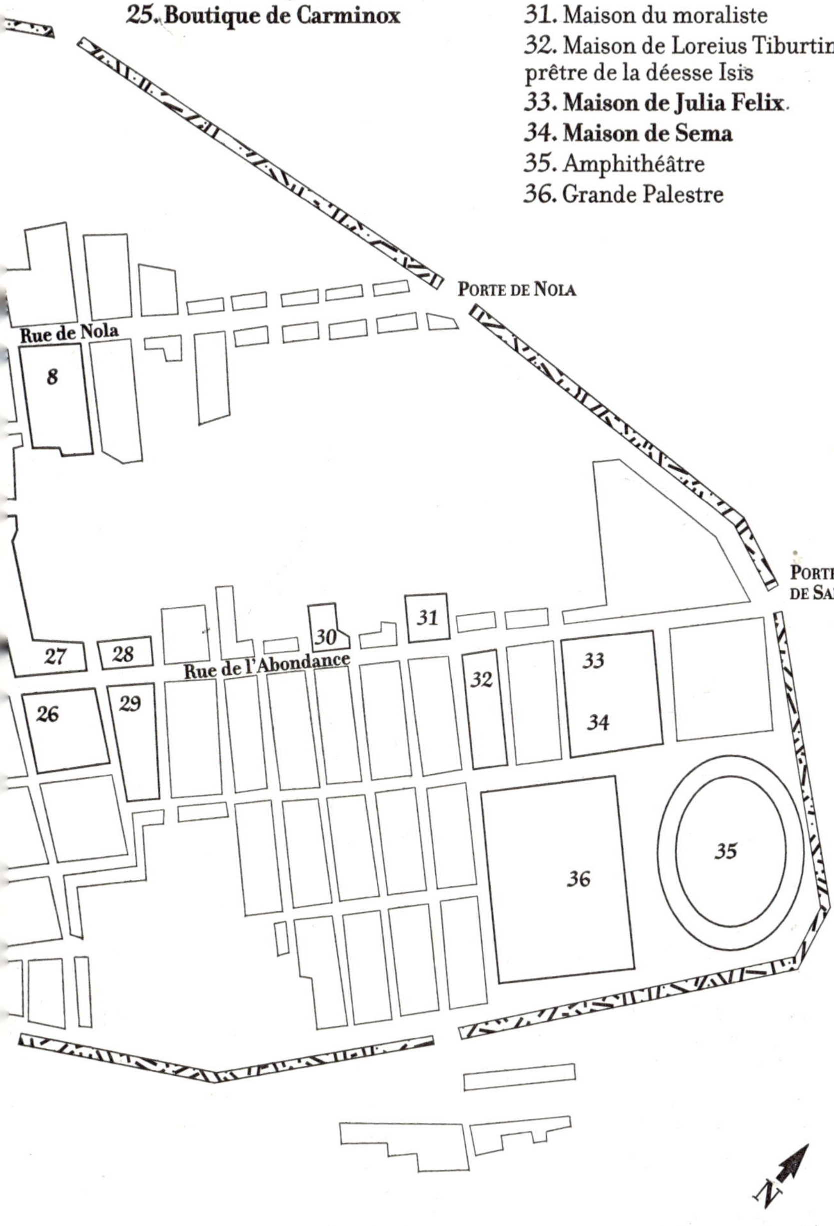

Les personnages

Si **Lucius**, **Beryllus** et leurs compagnons de foulage portent des noms fictifs, ils occupent néanmoins les véritables postes d'une foulonnerie bien réelle, qui se situait rue de l'Abondance.

La *fullonica* de **Stephanus** (un affranchi qui portait bien ce nom et avait racheté cette maison pour la transformer en foulonnerie) est l'une des quatre blanchisseries de Pompéi et la mieux conservée. On y a retrouvé les corps de plusieurs personnes près du portail d'entrée. L'une d'elle tenait en main une cassette contenant près de 1 090 sesterces... Peut-être s'agit-il de Stephanus lui-même ?

On peut voir au musée de Naples un pilier qui détaille une à une toutes les étapes du travail des foulons tel que décrit dans le roman.

Verecundus, leur voisin d'en face, a lui aussi existé ; dans son atelier, on fabriquait des étoffes, des objets de feutre et des vêtements. C'est sur la façade de sa boutique que l'on a découvert une célèbre peinture représentant Vénus, sur un char tiré par quatre éléphants.

La rôtisserie (ou *thermopolium*) d'**Assellina** – qui en fait s'appelait Asellina – est également voisine de la foulonnerie de Stephanus. On y a trouvé la fameuse lampe mentionnée dans le récit ; posée sur le comptoir, elle avait pour fonction d'éloigner le mauvais œil.

Le *thermopolium* (il y en a beaucoup à Pompéi) est une sorte de traiteur qui sert des repas et boissons chaudes à toute heure. Les plats, préparés le matin, sont conservés dans les *dolia* (des jarres encastrées dans la maçonnerie du typique comptoir en équerre).

✎ **À NOTER**

Le nom d'Assellina apparaît plusieurs fois sur les murs de la cité.

Alba est un personnage fictif, mais la boulangerie de **Modestus**, dans laquelle elle est employée, est bien réelle et se situe rue des Augustales. La plaque portant l'inscription « *Hic habitat felicitas* » (« C'est ici qu'habite le bonheur ») y a été extraite lors des fouilles. Par ailleurs, même si son nom n'est pas passé à la postérité, un âne actionnait bien la meule !

Vesonius Primus, le riche propriétaire d'Orpheo, est gestionnaire d'une teinturerie. Candidat à l'élection, son nom apparaît sur une affiche électorale. C'est dans son domicile qu'a été découvert un chien enchaîné pour l'éternité, dont on peut voir le moulage dans l'Antiquarium.

Marcus Lucretius Fronto, membre d'une des familles les plus en vue de Pompéi, a bien été candidat aux dernières élections de la cité. De nombreuses affiches évoquent cet homme, qualifié d'honorable et modeste. Bien que de petite dimension, son habitat possède des décorations parmi les plus raffinées.

Paquius Proculus est juge à Pompéi. C'est devant sa porte que Lucius perd connaissance. La mosaïque humoristique qu'aperçoit Lucius en revenant à lui est encore visible de nos jours. On y surprend un âne écroulé sous le poids qu'il transporte, entouré de deux hommes s'efforçant de le relever, l'un le tirant par les oreilles, l'autre par la queue. La mosaïque qui couvre le sol du vestibule est elle aussi conservée : elle figure un chien enchaîné, avec l'avertissement « *cave canem* » (« gare au chien »).

Le prêtre *Amandus*, que Lucius consulte après l'arrestation de son frère, est également un personnage réel. Neuf personnes ont trouvé la mort dans sa maison lors de l'éruption.

Le domicile de *Trebius Valens* est reconnaissable à sa décoration à damiers dans le péristyle. Il devait être utilisé pour l'affichage public, étant donné le grand nombre d'affiches qui couvrent ses murs (plusieurs programmes électoraux et trois annonces de spectacles). Par ailleurs, le nom de Trebius Valens apparaît onze fois sur des panneaux électoraux et d'autres types d'affiches.

C'est sans doute suite au séisme qui a secoué Pompéi en l'an 62 que la riche propriétaire *Julia Felix* a découpé et loué une grande partie de sa demeure, ainsi que ses bains privés, en appartements et en magasins. On a retrouvé un avis de location sur le mur du bâtiment (conservé au musée de Naples). Dans son jardin, on peut voir les moulages de plusieurs victimes de l'éruption du Vésuve. L'une d'elles est une femme fuyant avec un coffret rempli de bijoux. Peut-être s'agit-il de Julia Felix elle-même ?

On a décelé chez **Scalus**, le chirurgien, une série d'instruments chirurgicaux, dont plusieurs sont encore en usage de nos jours : ciseaux, scalpels, ventouses, spatules, lancettes, tenailles (musée de Naples). On a également mis au jour l'inscription « *EME HABEBIS* » (« Si tu paies, tu auras »), gravée sur deux plaques.

Scalus pratique dans le roman une transfusion sanguine. **Hérophile**, qui a vécu au IIIe siècle av. J.-C., est le véritable créateur de l'anatomie, le premier à pratiquer la dissection du cerveau ; il démontre que les artères contiennent du sang (et non pas de l'air) ; il décrit les différents organes...

À NOTER

Chez les Égyptiens, on pratiquait déjà le « don de sang » et le Traité d'anatomie *d'Hérophile en fait mention. On utilise néanmoins du sang animal, notamment de porc ou d'agneau (il faut attendre 1818 pour que les premières transfusions de sang humain soient expérimentées). Toutefois, les médecins soignant les gladiateurs étant amenés à de nouvelles expériences, on peut concevoir la scène de cette transfusion dans le roman. En effet, grâce aux gladiateurs, les médecins ont réalisé de grands progrès. Ainsi* **Galien**, *médecin grec né à Pergame en 129, a-t-il commencé sa carrière en soignant les gladiateurs blessés. Après quatre années à leurs côtés, il a acquis une grande expérience du corps humain et pratiqué des opérations* *audacieuses (notamment au cerveau et aux yeux). Il est devenu le médecin des Romains les plus illustres, dont l'empereur.*

Cuspius Pansa se représente au poste d'édile. À l'instar de celle de Julia Felix, sa maison, très imposante, a été partagée en plusieurs petits appartements à louer, avec entrées indépendantes.

Lucius Caecilius Jucundus est effectivement banquier et possède une très belle villa. Des tablettes de cire (sans doute des reçus) ont été retrouvées dans son coffre ; il n'en reste la plupart du temps que le cadre, la cire ayant fondu, ainsi que les bijoux mentionnés dans le roman.

Sema enseigne sous le portique du forum, son nom y est en effet mentionné (il existait cependant d'autres écoles en plein air). Lors des leçons, l'instituteur est assis sur une chaise, les élèves sur des escabeaux pliants ou directement dans les escaliers et écrivent sur leurs genoux, parfois protégés des intempéries par une tenture. L'anecdote relative au clou, dont il se sert pour avoir donné son stylet à un écolier, est réelle.

Julius Helenus est un maître privé. Il fait l'école à domicile et enseigne notamment Cicéron et Virgile, la poésie et la rhétorique et assure des répétitions.

Potitus enseigne dans une pièce de la maison dite « du centenaire » à une quinzaine d'élèves. C'est son cours que Lucius interrompt. L'endroit est fidèlement décrit dans le roman.

Taxos, l'éternel puni, est un personnage imaginaire, qui illustre la sanction la plus courante menaçant les mauvais élèves (*compedes*) : attaché par les pieds et les mains, souvent à un piquet, l'élève est exposé à l'humiliation publique.

Il existe cependant deux autres types de châtiment. La *ferula* consiste en un coup de férule (tige) sur les doigts, en cas de manquement ou d'erreur. *Catomidiare*, punition la plus lourde, est infligée à coups de fouet sur les reins de l'élève fautif, maintenu par deux de ses camarades (on en voit une représentation sur l'un des murs de la villa de Julia Felix).

Vespasien est empereur de 69 à 79. Il meurt en juin, deux mois avant l'éruption du Vésuve, et c'est son fils **Titus** qui lui succède. On doit à cet empereur la fameuse formule : « L'argent n'a pas d'odeur. » En effet, voyant les foulons se servir des urines pour leurs ateliers, Vespasien décide de mettre un impôt sur les urines ; humilié, son fils Titus lui rapporte un jour les blâmes du peuple à ce sujet. Vespasien lui met une poignée de pièces sous le nez et lui demande quelle odeur elles ont. « Aucune », répond Titus. Et Vespasien de rétorquer : « Tu vois ? L'argent n'a pas d'odeur ! »

Lors de l'éruption du Vésuve, **Pline l'Ancien**, général et naturaliste, commande la flotte romaine stationnée à Misène. En bon scientifique, au moment de l'éruption (on ignore à cette époque ce qu'est un volcan), il se précipite pour étudier le phénomène et pour secourir la population locale par la mer. Mais il périt sur la plage de Stabies, étouffé par l'air épaissi de cendres.

Son neveu *Pline le Jeune*, âgé de dix-sept ans, aurait dû l'accompagner. Contraint de finir un devoir imposé par son oncle, il demeure à Misène, ce qui lui sauve la vie. C'est grâce à une lettre envoyée par Pline le Jeune à son ami Tacite que l'on sait ce qui est advenu ce funeste jour.

Julius Maïus, que Lucius rencontre sur le navire l'emmenant à Ostie, est réellement préfet de l'annone de Rome et porte bien ce nom. Il est en charge de l'approvisionnement en blé de tout l'Empire.

Spartacus est un gladiateur qui s'évade avec une trentaine de compagnons et appelle d'autres esclaves à se révolter. Sept mille hommes le suivent. Cette armée se retranche réellement sur les flancs du Vésuve. Traqués par Crassus, Spartacus et ses partisans décident de fuir par la mer. Trahis par les pirates qui devaient les emporter, Spartacus et six mille esclaves sont crucifiés le long de la via Appia (d'où la question de Beryllus).

Le quotidien à Pompéi

On parle *trois langues* à Pompéi :
Le *latin* est la langue officielle.

Le *grec* est la langue des personnes cultivées, d'une part parce qu'elle est nécessaire pour lire les classiques, d'autre part parce que les meilleurs enseignants sont grecs.

L'*osque* est la langue parlée par les familles riches refusant de s'assimiler aux Romains. C'est un cousin lointain du latin. Son alphabet est inspiré de l'étrusque (lui-même inspiré de l'alphabet grec). Si le vocabulaire possède une similitude avec le latin, il a ses mots propres. Ce sont les tribus venues s'implanter dans la partie centre et sud de l'Italie qui l'ont importé bien avant la domination romaine. Ainsi, les peuples ne voulant pas se soumettre à cette domination, même si le latin est la langue officielle, continuent à parler la langue de leurs ancêtres. L'osque a peu à peu disparu après le Iᵉʳ siècle.

L'*école* n'est pas obligatoire. Voici les différentes étapes de l'enseignement romain, pour ceux qui y ont accès :

7 ans : école primaire, où l'on apprend à lire, écrire, compter.

11 ans : école secondaire où l'on étudie les rudiments de toutes les autres disciplines.

16 ans : coïncide avec le passage de l'adolescence à l'âge adulte (toge virile) ; enseignement supérieur, étude du droit, de la rhétorique, de l'art oratoire ou d'une spécialité.

À NOTER

La journée d'étude dure de cinq à six heures. À la sortie de classe, tous les élèves vont aux thermes.

La journée est ponctuée par **trois repas** :

Le **jentaculum**, pris au lever du soleil, est constitué de pain frotté d'ail, de fromage et d'un verre d'eau pour les plus modestes. Chez les patriciens, on déjeune plus copieusement : de pain, de miel, de lait, de fruits, d'olives et d'œufs.

Le **prandium** : la journée de travail ne s'interrompant pas, on prend un repas rapide vers midi, souvent debout. Ce repas est frugal ; on finit généralement les restes de la veille.

La **cena** : repas principal, qui se prend après la journée de travail et le passage aux thermes.

Le **garum** est le condiment de base de la cuisine. Il est produit par macération de certains poissons dans de l'eau salée, au soleil ; il existe plusieurs qualités de *garum* : la fleur de fleur, à base de thon, de maquereau de Carthagène et de murène, est destinée à la table des riches (mille sesterces la barrique de 6,5 litres environ) et fait dire à Pline qu'« aucun produit liquide ne possède de valeur plus élevée, le parfum mis à part ».

Pour les plus pauvres, on fait macérer dans la saumure tout ce qui tombe sous la main : des poissons de moindre qualité, très petits ou peu comestibles, des huîtres, des oursins, des orties de mer, et souvent le résidu qui reste lorsque l'on a recueilli le *garum*.

À NOTER

La conserverie de garum *d'Umbricius Scaurus est la plus importante de Pompéi.*

La région autour de Pompéi est un **paradis agricole**. Elle compte des vignes, des oliviers, des céréales, des légumes variés et du fourrage, des plantes aromatiques, du lin, du chanvre, du genêt qui procurent les fibres d'origine végétale. On y élève le mouton, qui fournit à l'industrie textile une indispensable matière première, mais aussi des chèvres, qui donnent lait et fromage, et des abeilles. L'emplacement en bord de mer permet l'arrivage du poisson frais. Grâce à son port, Pompéi est une ville florissante qui exporte de nombreux produits (vin, *garum*, tuiles, laine...).

À NOTER

Samedi est jour de marché, mais toute la semaine de nombreux colporteurs assurent le ravitaillement de la ville.

Campagnes électorales

Dans le roman, nous sommes en pleine période de renouvellement des magistratures municipales (justice, gouvernement de la cité, fonctionnement municipal).

Pour la campagne électorale, on favorise l'utilisation des inscriptions murales ou « affiches », écrites à la main et reproduites en plusieurs exemplaires. Elles sont placardées partout où l'on trouve un support, sans respect pour les édifices publics ou privés, les monuments religieux ou les tombes. Les candidats organisent des jeux et des banquets, passent leurs journées aux thermes, aux latrines publiques, pour tenter d'y récolter quelques voix. On courtise par ailleurs les corporations de métiers (on le voit avec les muletiers dans le roman), car celles-ci sont puissantes.

L'élection se déroule démocratiquement, comme de nos jours. Le bulletin de vote est une tablette de cire sur laquelle l'électeur inscrit le nom de ses candidats aux différents postes de la cité. Après le dépouillement et le décompte des voix, un magistrat proclame les résultats. Si deux candidats arrivent à égalité, l'homme marié l'emporte sur le célibataire ; si les deux sont mariés, on privilégie celui qui a le plus d'enfants ; s'ils en ont le même nombre, celui qui a le plus de fils l'emporte.

À NOTER

Même si elles n'ont pas le droit de vote, les femmes sont toujours considérées par les candidats parce qu'elles peuvent influencer leur entourage.

Les affiches et graffiti

Les **affiches** (ou inscriptions officielles) traitent des élections, des sentences des tribunaux, des nouvelles légales, etc. Æmilius tient l'échoppe la plus réputée de Pompéi. Le *scriptorium* est un « bureau d'affichage » qui emploie des ouvriers : en premier lieu, un *dealbator*, juché sur une échelle, qui blanchit la partie du mur à utiliser. Cela se fait la nuit en raison de la circulation. Puis le *scriptor* vient y écrire le texte à l'encre rouge ou noire. Aucun mur n'est épargné, pas même les tombeaux ou les maisons des particuliers.

Les **graffiti**, réalisés par tout un chacun, sont apposés à l'encre ou gravés à l'aide d'une pointe ou d'un clou. Dans la langue latine, *graffiti* est le pluriel de *graffito* et ne prend pas de "s". Le "s" a été ajouté par la francisation.

✎ **À NOTER**

Tous *les* graffiti *mentionnés dans le roman sont authentiques. Dans Pompéi, les propos les plus antagonistes s'entrecroisent. Ainsi,* « Élisez édile Caius Cuspius Pansa, il est digne des charges publiques. C'est Saturninus et ses écoliers qui vous le demandent » *va côtoyer* « Nous avons pissé au lit. Si tu demandes pourquoi : il n'y avait pas de pot de chambre » *ou encore* « Passant, ne pisse pas sur ce tumulus, les ossements de l'homme enterré ici t'en supplient ».

PANEM ET CIRCENSES : DU PAIN ET DES JEUX

Lorsque l'on parle des jeux du cirque, on évoque surtout les gladiateurs. Pourtant, les **chasses** (*venationes*) revêtent une importance majeure. Ces combats dans les arènes sont la cause principale de l'extermination de milliers d'animaux et de l'extinction de certaines espèces, telles que les éléphants et les lions en Afrique du Nord, ou les hippopotames en Basse-Égypte.

Pour exemples :

Titus, qui succède à Vespasien, sacrifie neuf mille bêtes lors de l'inauguration du Colisée.

Pour le millénaire de la fondation de Rome, une semaine de jeux a raison de dix tigres, soixante lions, trente léopards, trente-deux éléphants, dix élans, dix hyènes, six hippopotames, un rhinocéros, dix girafes, vingt onagres, quarante chevaux sauvages, et une infinité d'animaux de diverses espèces (sans compter les combats de mille couples de gladiateurs) !

Pour l'anniversaire de sa sœur Drusilla, Caligula offre deux jours de jeux durant lesquels sont massacrés cinq cents ours et cinq cents fauves (lions et panthères).

Trajan, pour célébrer son triomphe contre les Daces, organise cent vingt jours de jeux : onze mille animaux sont sacrifiés.

Pour inaugurer son théâtre, Pompée fait massacrer plusieurs centaines de lions, de panthères et autres animaux exotiques, en deux jours seulement.

Pour célébrer son triomphe, l'empereur Probus assiste au massacre de mille daims, mille cerfs, mille autruches et mille sangliers.

Pour acheminer les bêtes, la légion est mobilisée dans tout l'Empire. On considère alors que c'est un excellent exercice militaire et les légionnaires les plus doués deviennent des chasseurs spécialisés. Capturées, les bêtes sont transportées dans des caisses sur des milliers de kilomètres et Ostie devient la plaque tournante de cet approvisionnement. Arrivés là, les animaux sont parqués dans des enclos pour reprendre des forces et s'acclimater. Ils sont aussi préparés aux jeux (on leur apprend notamment à manger de la chair humaine). En raison des conditions de transport, des naufrages, de la maladie, un grand nombre ne survit pas au voyage.

À NOTER

Les animaux atteignent des prix astronomiques (par exemple, un lion coûte 125 000 deniers[30] !). De fait, les jeux peuvent coûter l'équivalent de plusieurs millions d'euros.

Les jeux se succédant à un rythme élevé, le public est avide de nouveautés. On peaufine alors la mise en scène des spectacles, pour mieux surprendre. Par ailleurs, les animaux morts dans l'arène sont dépecés, cuits et offerts au public.

À NOTER

Pour neutraliser les odeurs, des brûle-parfum sont répartis dans les arènes et les esclaves vaporisent directement des senteurs sur les notables. Les hommes qui combattent les bêtes (les bestiaires) sont considérés comme la plus basse catégorie de combattants.

En 301, un édit de l'empereur Dioclétien interdit les venationes *ou massacres d'animaux.*

Le combat des gladiateurs

L'origine du combat de gladiature remonte aux Étrusques avec le jeu du Phersu, qu'une fresque de la tombe des Augures à Tarquinia représente. Un condamné, entièrement nu, la tête enveloppée dans un sac, pourvu d'une massue, est livré aux assauts d'un chien furieux. On fait également combattre deux hommes entre eux, soit des prisonniers de guerre, soit

30. La solde de base d'un soldat est de 225 deniers par an, donc un lion vaut 556 années de solde d'un soldat ! *Voir aussi la note n° 25 page 252.*

deux condamnés. Ces affrontements sont organisés à titre privé, notamment à l'occasion de funérailles, le sang versé devant apaiser les mânes.

Ces combats deviennent des spectacles en soi et, étant donné la demande toujours croissante, Delos devient la plaque tournante des prisonniers de guerre, comme Ostie l'est pour les fauves.

On parle dans le roman de la *damnatio ad ludum* : un criminel condamné par un tribunal peut avoir le choix entre les travaux forcés dans les carrières, le supplice de la croix ou les jeux.

Celui qui choisit de se battre dans les arènes jouit d'un avantage : s'il survit au combat durant trois années, sa peine peut être commuée. S'il est souvent victorieux, il peut même être gracié. Certains y voient une reconversion et deviennent combattants professionnels, gardes du corps ou lanistes.

✎ À NOTER

On a tort de croire que les gladiateurs ne sont que des esclaves ou des condamnés. Ce sont souvent des combattants professionnels, des hommes libres qui suivent un entraînement rigoureux et apprennent à se battre en fonction de leur spécialité. Ils se déplacent et se « vendent » selon leur vouloir, comme le montre le personnage d'Héraclès dans le roman. Suivant le rythme des combats, les gladiateurs voyagent d'un bout à l'autre de l'Empire.

Les femmes descendent elles aussi dans l'arène et sont autant glorifiées que les hommes. Leur première apparition est attestée sous Néron, Suétone en parle dans ses Vies des douze Césars *(l'empereur Domitien les fait mettre en scène), et une inscription retrouvée à Pompéi parle de ces* gladiatrix. *C'est l'empereur Septime Sévère qui a permis ces types de combats, mais il a également fini par les interdire (en 200 apr. J.-C.).*

Une fois un contrat signé, ils sont liés à un homme : le laniste, souvent lui-même un ancien gladiateur, qui recrute dans tout l'Empire de nouveaux combattants, libres ou captifs. Après avoir entraîné ses hommes dans une école de combat (le ludus*), il propose et vend ses services soit à l'empereur, soit au magistrat désireux d'organiser des jeux.*

Ces hommes lui ayant coûté très cher, le laniste les ménage. Il n'y a pas de mise à mort systématique pour le perdant comme on pourrait le croire. Le laniste (son nom dérive de lanius, *le boucher) est très mal considéré.*

Les meilleurs gladiateurs deviennent de vrais héros, portent des noms d'arène (**Ursius** et **Héraclès** ont réellement existé) et disposent de leur « fan club » : les parieurs, les enfants, les femmes qui leur tombent dans les bras, l'estime de l'empereur. Ils amassent beaucoup d'argent et ont un niveau de vie correct, même si leur espérance de vie est précaire (elle ne dépasse souvent pas les trente ans).

Ces gladiateurs ont le droit de faire venir leur femme pour vivre avec elle dans la caserne, sont autorisés à posséder des animaux familiers et sont de repos tous les samedis… Un métier comme un autre, donc !

À NOTER

Une grande solidarité existe dans la corporation. Si un gladiateur meurt et qu'il n'a pas de famille, il est enterré aux frais de ses compagnons.

Le soir précédant les combats a lieu un banquet : *la cena libera*. C'est en quelque sorte le « dernier repas du condamné » et l'on paie pour s'asseoir à la table des combattants du lendemain. D'autres convives restent debout et considèrent ce repas comme un spectacle, pariant parfois sur l'un ou l'autre des gladiateurs.

Quant aux combats de gladiateurs, ils sont définitivement interdits et supprimés par un édit de l'empereur Honorius en 404 apr. J.-C.

Table des chapitres

Anne Pouget est historienne, spécialiste du Moyen Âge. Depuis son premier titre, *Le Fabuleux Voyage de Benjamin*, qui a reçu le Prix du roman pour enfant en 1994, elle continue de publier des livres tant pour la jeunesse que pour les adultes et anime des ateliers de recherche et d'écriture dans les écoles.

Du même auteur

Aux éditions Casterman

Les Brumes de Montfaucon
Prix du Roman jeunesse du ministère de la Jeunesse et des Sports 2005
Prix NRP Collèges 2005
Prix Val Cérou sur l'univers médiéval 2006
Prix du Roman jeunesse de la ville d'Aumale 2006

Les Énigmes du vampire

Si Dieu le veut Inch'Allah

Le Mystère des pierres

CET OUVRAGE
A ÉTÉ ACHEVÉ D'IMPRIMER
SUR CAMERON
PAR L'IMPRIMERIE NIIAG
À BERGAME (ITALIE)
EN AVRIL 2011